MAYOTTE
Etat des lieux, Enjeux et Perspectives

Sous la direction de
François HERMET

MAYOTTE

Etat des lieux, Enjeux et Perspectives

Regards croisés sur le dernier-né des départements français

Préface de Françoise Rivière

L'Harmattan

5-7, rue de l'Ecole-Polytechnique, 75005 Paris

http://www.harmattan.fr
diffusion.harmattan@wanadoo.fr

ISBN : 978-2-343-05682-1
EAN : 9782343056821

Sommaire

Avant-propos 9

Préface 11

Mayotte, un département français méconnu 13

Une histoire « improbable » :
statuts politiques et développement économique à Mayotte 21

Itinéraire pour devenir département français 55

L'évolution du contentieux juridique et politique
entre la France et les Comores 69

L'avenir (incertain ?) du statut personnel mahorais 85

La pauvreté à Mayotte :
une évaluation par l'Indice de la Pauvreté Humaine 97

Les caractéristiques du chômage à Mayotte 115

Alimentation en eau potable et gestion des déchets à Mayotte :
un état des lieux 137

La rupéisation de Mayotte 159

Le commerce extérieur de Mayotte :
analyse comparative avec les autres DOM 187

Le syndrome hollandais dans les DOM : leçons pour Mayotte 205

L'émigration des natifs de Mayotte 225

AVANT-PROPOS

Cet ouvrage est un recueil d'articles visant à dresser un panorama sur le dernier né des départements français : l'île de Mayotte. Les contributions constituent une version écrite et actualisée d'une sélection de papiers présentés oralement lors d'un colloque pluridisciplinaire organisé les 29 et 30 novembre 2012, sous l'égide de l'Observatoire des Sociétés de l'Océan Indien (OSOI), à l'Université de La Réunion.

Préface

« *Il y a deux manières de se perdre : par ségrégation murée dans le particulier ou par dilution dans l'* « *universel* » »

Aimé Césaire, lettre à Maurice Thorez, octobre 1956.

De par son Histoire, Mayotte se distingue des autres territoires de l'« Outre-mer » français, notamment des quatre « vieilles colonies » de la France (Martinique, Guadeloupe, Guyane, La Réunion), colonies de plantation qui ont connu l'esclavage et un processus de créolisation, mais aussi de Saint-Pierre-et-Miquelon ou encore des Collectivités du Pacifique aux histoires singulières.

Alors que, dans le sillage des mouvements de libération nationale des années 1950-60, les autres îles des Comores ont opté pour l'indépendance, et que la demande de la plupart des départements et collectivités de l'« Outre-mer » français est allée, au cours des dernières décennies, dans le sens d'une plus grande autonomie institutionnelle pour une meilleure prise en compte de leurs spécificités, Mayotte semble être allée « à contre sens de l'Histoire ». Pourtant, lorsque l'on se penche sur l'histoire longue de Mayotte, on se rend compte que dès 1841, les liens avec la France laissent entrevoir une trajectoire singulière du territoire par rapport aux autres îles comoriennes. En effet, Mayotte devient colonie française le 25 avril 1841, à la différence la Grande-Comore, Anjouan, et Mohéli, placées sous protectorat français à la fin du dix-neuvième siècle, puis annexées peu avant la guerre de 1914. La question géopolitique, liée à l'appartenance à l'ensemble comorien, fait encore débat aujourd'hui, engendrant des dissensions entre la Nation comorienne, l'ONU, les instances nationales françaises et les instances locales mahoraises.

Les Outre-mer, absents de la plupart des rapports et des ouvrages collectifs sur la « France », sont le plus souvent des points aveugles dans la pensée française. La carte mentale de la France reste hexagonale, y compris dans le monde académique et le « dernier-né » des départements français, le « 101ème » depuis 2011, est sans doute le plus méconnu. Les recherches, les outils d'analyse, en premier lieu les statistiques, font encore défaut malgré les efforts réalisés par l'Insee pour combler ce déficit. Plus qu'ailleurs, se révèle impérieuse la nécessité d'interroger des grilles de lecture, qui se sont déjà révélées pernicieuses pour les autres territoires « ultramarins », le biais « jacobin » consistant à tout lire à l'aune d'un « centre » ou d'une moyenne nationale.

L'intérêt de cet ouvrage inédit est de croiser les regards et les approches de chercheurs de différentes disciplines (histoire, droit, sciences politiques, économie…). Il s'agit du premier du genre sur Mayotte. Il pose les défis auxquels est confronté le territoire en termes de développement économique, social, et environnemental. Le défi posé par la démographie, en lien avec l'immigration, est le premier qui vient à l'esprit. Sans en minimiser l'importance, nous ne pouvons faire l'économie d'une réflexion sur les solutions, et les pistes de développement à la lumière de ce que nous avons pu observer dans les quatre Dom « historiques ». Force est de constater que ces territoires ont souvent été pensés en termes de coûts pour la « métropole » et plus rarement, comme des territoires présentant des potentialités en termes de développement économique, des territoires situés dans des zones composées de pays émergents, à fort potentiel de développement. Des îles de taille similaire et sans ressources naturelles du sous-sol ont pourtant eu, avec les mêmes contraintes, des trajectoires différentes. Comme dans les autres Dom, l'origine de l'augmentation du niveau de vie mahorais est en grande partie exogène mais la faiblesse relative du secteur marchand y est encore plus marquée. La difficulté consiste à créer les conditions d'un développement endogène, à identifier des niches d'activité à fort potentiel de valeur ajoutée et d'emplois en tirant partie de la position géographique de Mayotte, sur un cercle Europe-Afrique-Asie et ce, alors même que le territoire doit faire face à des contraintes plus fortes (pression démographique, niveau de qualification faible, absence de cultures de rente, tissu d'entreprises réduit...).

Sur un plan moins économique, et à un moment où la société française place la laïcité au cœur du débat citoyen en lien avec les polémiques suscitées par la place de l'Islam et des autres composantes religieuses, la départementalisation de Mayotte et son statut de région européenne posent un autre défi à la République, celui d'être à la hauteur des valeurs qu'elle porte depuis le départ : la promesse d'une société pluriculturelle et pluricultuelle respectueuse des différences.

Françoise Rivière
Économiste, Responsable adjointe de la Division Recherches et Développement
Agence Française de Développement, Paris

Mayotte, un département français méconnu

François HERMET
Université de La Réunion

Le 1er janvier 2014, Mayotte accède au statut de Région ultrapériphérique de l'Union européenne. Peu de temps auparavant, le 31 mars 2011, l'île qui est une terre française depuis 170 ans devient le 101ème département français et par la même le 5ème département d'outre-mer (Dom) ; 65 ans après ses homologues de la Guadeloupe, la Martinique, la Guyane, et La Réunion.

Malgré ces événements institutionnels majeurs, cet étroit territoire de 374 km² situé dans le canal du Mozambique reste peu connu de bon nombre de Français. Il paraissait donc opportun de mettre en avant certaines caractéristiques de cette économie et d'attirer l'attention sur les problématiques propres à ce territoire. Pour ce faire l'ouvrage vise à établir, à travers onze contributions d'universitaires, un diagnostic complet de ce nouveau département. Les différents articles permettent en effet de rendre compte de l'essentiel des réalités, et proposent des pistes de réflexion sur les dynamiques de développement de ce nouveau département.

Peuplé aujourd'hui d'un peu plus de 212 000 habitants, l'île est distante de 8000 kilomètres de l'hexagone. Son peuplement originel, probablement d'origine bantoue, aurait eu lieu entre le Vème et le VIIIème siècle. Jusqu'au XIIIème siècle, des relations commerciales sont nouées avec les autres îles du Canal du Mozambique, Madagascar et l'Afrique. Entre le XIIIème et le XVème siècles, plusieurs invasions arabes dans l'archipel des Comores placent Mayotte sous la domination de sultans musulmans. C'est à cette époque qu'apparaît la religion musulmane aux Comores. La présence européenne est attestée quant à elle dès la première moitié du XVème siècle ; les îles de l'archipel étant un point de ravitaillement majeur des navires en route vers les Indes, le Golfe Persique et l'Extrême-Orient. A la fin du XVIIIème, de violentes attaques extérieures, principalement malgaches, sont recensées. Ces troubles sont facilités par des querelles dynastiques et l'absence de pouvoir central fort dans ces îles. S'ensuit une période d'instabilité marquée par des divisions internes. Le 25 avril 1841, le sultan d'origine malgache Andriantsouli cède l'île de Mayotte à la France.

C'est à partir de ce moment que débutent réellement les relations de Mayotte avec la France. Selon Jean-Yves Rochoux, cette histoire est tout à fait « improbable » sur le plan politico-administratif. Il existe en effet à partir de 1841 « une certaine valse des statuts » qui pose la question de l'impact des incessantes modifications statutaires sur le développement. L'auteur propose un examen complet des profondes transformations de la relation entre statut et développement à travers un découpage en trois périodes : (i) la colonie (1841-1975), (ii) la collectivité territoriale (1976-2000), (iii) la collectivité départementale (2001) et le cheminement vers la départementalisation de 2011.

Cette départementalisation était souhaitée depuis longtemps par les Mahorais : avec ses « promesses » égalitaires, l'ancrage dans les institutions républicaines offre les conditions d'un avenir prospère. Cette reconnaissance statutaire fut cependant longue à se dessiner et résulte d'un long parcours sur le plan politique. L'île est longtemps considérée comme le parent pauvre de l'outre-mer français. Elle revendique son appartenance à la nation pendant des décennies mais comme l'écrivait l'ancien Sénateur Marcel Henry, Mayotte est une île amoureuse de la France mais qui voit ses avances repoussées. Constamment repoussée ! Yvan Combeau nous offre un riche panorama de ce combat politique à travers un imposant florilège de déclarations certifiant l'attachement de cette île à la République française et sa volonté indéfectible de s'y enraciner.

Sur le plan géopolitique, le rattachement de Mayotte à la France ne se fait pas sans heurts. Il est en effet à l'origine d'un contentieux international et entraîne de vives tensions diplomatiques entre la France et l'État des Comores. Le 22 décembre 1974, lors d'un référendum d'autodétermination, le Territoire d'outre-mer des Comores se prononce globalement pour l'indépendance à l'exception toutefois de l'île de Mayotte. La question se pose alors de savoir s'il convient d'apprécier les résultats à l'échelon du Territoire dans son ensemble, auquel cas l'ensemble deviendrait indépendant, ou d'apprécier les résultats île par île, auquel cas seules les îles d'Anjouan, de Grande-Comore et de Mohéli deviendraient indépendantes, Mayotte restant au sein de la République. C'est la deuxième solution qui est adoptée par les autorités étatiques françaises. Au nom de l'intangibilité des frontières, la nouvelle République des Comores conteste cette décision et revendique toujours sa souveraineté sur Mayotte, quatrième étoile de son drapeau. La même île de Mayotte reste ainsi toujours considérée par deux États souverains comme faisant partie de leur territoire national. Mita Manouvel nous propose ici une analyse rigoureuse de l'évolution de ce contentieux juridique et politique.

Sur un plan juridique, l'accès à la départementalisation de Mayotte pose aussi la question de l'avenir du « statut civil de droit local applicable à Mayotte ». En France, les règles juridiques applicables devraient être celles du droit civil mais certaines catégories de personnes bénéficient d'un régime juridique dérogatoire au droit commun pour l'application de règles spéciales. Ces dernières, souvent d'origine coutumière, ne s'appliquent qu'à un groupe déterminé de personnes. A l'instar des Kanaks de Nouvelle-Calédonie, des Mélanésiens de Wallis et Futuna et des Amérindiens de Guyane, les Mahorais de Mayotte bénéficient de règles spéciales. A l'annonce de sa départementalisation, qui conduit nécessairement à l'identité législative, la doctrine avait annoncé la disparition de ce statut personnel particulier propre aux Mahorais. Ce ne fut pourtant pas le cas : une ordonnance du 3 juin 2010 réaffirme, de manière très officielle, l'existence du statut personnel mahorais et rappelle son régime juridique. Selon Élise Ralser cependant, cette « survie » du statut personnel mahorais n'est qu'apparente : son agonie est bien réelle et son avenir semble bien incertain.

A ces transformations institutionnelles profondes, s'ajoutent de nombreux défis à relever sur le plan économique et social. Mayotte enregistre en la matière un retard très significatif par rapport aux autres régions françaises et européennes. Malgré une croissance de l'ordre de 10% par an au cours de ces dernières années[1], cette économie reste encore aujourd'hui structurellement à mi-chemin entre pays du sud et pays du nord. On note la coexistence d'une activité de subsistance (agriculture, pêche) et d'une activité de services, dominée par les administrations publiques dont le poids relatif est extrêmement important. Près des deux tiers du PIB (62%) émane en effet de la dépense de consommation finale de ces dernières, soit nettement plus qu'à La Réunion (37%) ou qu'au niveau national (26%). Le deuxième contributeur au PIB est la dépense de consommation finale locale des ménages. Celle-ci est dynamisée par la hausse des rémunérations versées par les administrations publiques qui doublent entre 2005 et 2011 du fait principalement d'une hausse des effectifs. Le rattrapage du Smig vers le Smic national et l'extension progressive des prestations sociales (allocations familiales, assurance chômage, retraite, etc.) contribuent également à l'accroissement du revenu des ménages. Malgré ces progrès manifestes, une part significative de la population continue à vivre dans une grande précarité. Fin 2011, un long

[1] Le produit intérieur brut (PIB) augmente de 65 % entre 2005 et 2011.

conflit social contre la vie chère a paralysé l'activité économique de l'île pendant 43 jours. Il faut admettre qu'une certaine désillusion s'est emparée de la population face à une départementalisation qui était perçue, à tort, comme une amélioration immédiate des conditions de vie. Le PIB moyen par habitant, même s'il progresse, reste 2,4 fois inférieur à celui de La Réunion et 4 fois inférieur à celui de la France hexagonale. Au sein même de la population, les inégalités sont encore plus marquées. Dans un tel contexte, la question du niveau de pauvreté relatif de Mayotte devient essentielle. Ce niveau doit être comparé à ceux de la métropole, des autres Dom, en particulier de La Réunion distante de 1500 kilomètres, et des autres îles voisines de l'océan Indien. C'est l'objectif que se fixent Michael Goujon et François Hermet : évaluer le niveau de la pauvreté au sein de ce nouveau Dom et procéder ensuite à une comparaison territoriale des inégalités. Les auteurs ont pour cela recours au calcul de l'indice de pauvreté humaine. Cet indicateur, utilisé par les Nations Unies, révèle des privations significatives dans trois éléments essentiels de la vie humaine : la longévité, la connaissance et les moyens économiques. A la lumière de cette analyse, le niveau de pauvreté à Mayotte apparaît particulièrement élevé.

Parmi les causes reconnues de la pauvreté figure celle relative à l'exclusion du marché du travail. Les caractéristiques de celui-ci sont analysées par François Hermet et Michel Paul. A Mayotte, le marché du travail rencontre un nombre significatif de difficultés. Certaines catégories de la population comme les femmes, les peu qualifiés et les personnes de nationalité étrangère sont davantages touchées que la moyenne. Le chômage de longue durée est exeptionellement élevé (plus de huit chômeurs sur dix le sont depuis plus d'un an) et les taux d'activité sont extrèmement bas, notamment chez les jeunes. Paradoxalement, le taux de chômage au sens du Bureau international du travail (BIT) - 19,5% soit 9500 personnes en 2013 - est le plus faible des cinq Dom ! Ce chiffre est néanmoins trompeur : environ 30 000 Mahorais, déclarés inactifs au sens du BIT, appartiennent en réalité au halo autour du chômage. Dans la plupart des cas, ils souhaitent travailler mais n'étant pas dans une prospection pleinement active de recherche d'emploi, ils ne rentrent pas dans les statistiques « officielles » du chômage. Tous ces indicateurs témoignent de la difficulté de l'économie mahoraise à mettre dans l'emploi une partie de sa population. Ce constat est d'autant plus inquiétant que les créations d'emploi n'apparaissent pas soutenables à terme, puisque majoritairement tirées par le secteur public. Mayotte dispose toutefois d'atouts économiques réels. Leur valorisation requiert cependant des choix politiques forts.

Sur les plans sanitaire et environnemental, la faible superficie de Mayotte conjuguée à une forte croissance démographique soulève inéluctablement des questions cruciales en matière d'alimentation en eau potable - dont 25 % de la population reste encore privée - et de gestion des déchets. Daouda Diakité et Freddy Huet estiment que l'augmentation prévisible des besoins domestiques, agricoles et industriels en eau pourrait à terme se traduire par des tensions sur la ressource. De son côté, l'élimination des déchets nécessite que soient réalisés de sérieux et donc coûteux efforts pour mettre à niveau les infrastructures et optimiser l'organisation des filières.

Face à cette situation globalement dégradée, il ne fait aucun doute que d'importants transferts publics s'avèrent encore nécessaires. Ces fonds permettent de reproduire à Mayotte le processus de convergence en termes de niveau de vie qui fut observé pour les quatre premiers Dom. La mise en place du Revenu de Solidarité Active depuis le 1er janvier 2012 constitue un exemple de mesure contribuant à la lutte contre la pauvreté. Son montant de 119 euros lors de sa mise en place, soit quatre fois moins que le niveau national, est revalorisé chaque année[2]. Comme pour les quatre premiers Dom, l'égalité des droits avec la métropole prendra en effet plusieurs décennies[3]. Parallèlement, le rattrapage en matière d'équipements et d'infrastructures de développement nécessite d'avoir recours aux fonds européens. Pour en bénéficier cependant, s'est posée la question du statut à choisir à l'égard de l'Union Européenne. Région ultrapériphérique (RUP) ou pays et territoire d'outre-mer (PTOM) ? Mayotte a choisi de délaisser ce dernier parce qu'elle enviait aux RUP l'accès aux fonds structurels. Les conditions de la rupéisation qui ont été appliquées à Mayotte sont ici décrites par Hélène Pongerard-Payet. L'auteur s'attache également à fournir une analyse objective des avantages et des contraintes inhérentes à ce statut.

Pour autant, le changement statutaire de Mayotte, et l'augmentation des transferts publics qui en découle, ne pourra garantir à lui seul la croissance économique. Mayotte reste handicapée par l'étroitesse de son marché intérieur qui reste un frein à l'investissement (difficulté à réaliser des économies d'échelle par exemple), par son isolement des grands centres industrialisés qui pèse sur les coûts de transport, et par le manque de débouchés extérieurs. D'ailleurs, la forte contribution des administrations à la valeur ajoutée totale n'est pas imputable à un poids excessif de l'administration publique, au regard des standards nationaux, mais à la trop faible part des entreprises dans la production économique. « L'île

---

[2] Il atteint 255 euros pour une personne seule depuis le 1er septembre 2014, soit la moitié du niveau national.

[3] Suivant cette logique, aucune des prestations sociales n'est appliquée à taux plein à Mayotte.

aux parfums » dispose pourtant d'atouts sur lesquels elle pourrait asseoir son développement : (i) des avantages comparatifs traditionnels dans les productions d'ylang-ylang, de vanille ou de cannelle ; (ii) un environnement idéal pour développer le tourisme et le secteur de la pêche et (iii) une situation géographique à l'entrée du Canal du Mozambique qui devrait en faire un point de passage privilégié pour le commerce maritime entre l'Asie du Sud, l'océan Indien, l'Afrique et l'Europe. Dans ces conditions, les flux commerciaux de Mayotte peuvent représenter un bon révélateur du potentiel économique de l'île. L'analyse de ces flux, proposée ici par Fabien Candau et Serge Rey, renseignent sur les performances en matière de compétitivité et donnent des indications sur les capacités de l'île à se développer de manière endogène.

En présence de transferts massifs de revenu, ce développement risque néanmoins d'être entaché par un déséquilibre bien connu en économie : celui du syndrome hollandais. Il s'agit du risque d'hypertrophie du secteur abrité de la concurrence internationale au détriment des activités du secteur exportateur, notamment le tourisme. A l'aide de statistiques récentes, Zoulfikar Mehoumoud-Issop cherche à déceler des manifestations du syndrome hollandais dans le développement économique des « anciens » Dom. Pour limiter ce phénomène à Mayotte, l'auteur fait vœu que cette économie puisse tirer des leçons de l'expérience de ses homologues domiens en la matière.

Sur le plan démographique, de nombreuses études ont mis l'accent sur les spécificités de ce territoire au regard des indicateurs traditionnels. Mayotte est le département français où le taux de natalité est le plus élevé. La moitié de la population a moins de 18 ans et le taux de fécondité s'élève encore à 4,1 enfants par femme en 2012. L'effectif de la population a été multiplié par 19 en un siècle et par 9 en 50 ans : 11 000 habitants en 1911, 23 364 en 1958, 212 645 en 2012. En outre, en raison de la difficulté à évaluer l'importance de l'immigration clandestine, le nombre réel d'habitants est probablement supérieur à celui des statistiques officielles de l'INSEE. La population illégale est estimée entre un quart et un tiers de la population totale de l'île. La forte disparité des conditions économiques entre Mayotte et l'Union des Comores explique que chaque année au moins une dizaine de milliers de personnes franchissent dans de frêles embarcations (*kwasa kwasa*) le bras de mer large de 70 km séparant l'île d'Anjouan de Mayotte. L'île française apparaît attractive : le PIB moyen par habitant est en effet dix fois supérieur à celui des Comores[4], l'un des

[4] Le dernier relevé disponible à ce jour du PIB de Mayotte a été publié en octobre 2014 par l'INSEE. Il établit à 7896€ le PIB/hab pour l'année 2011 (contre 742€ pour les Comores soit 10,6 fois moins).

pays les plus pauvres du monde ! Cette forte immigration clandestine entraîne de fortes tensions sociales compte tenu de l'étroitesse du territoire. Selon Roinsard (2012), les deux mesures actuellement en vigueur ne semblent pas être à même d'inverser le phénomène : d'une part, l'aide au développement accordée par la France aux Comores est insuffisante ; d'autre part « *la répression de l'immigration clandestine s'apparente quelque peu au mythe de Sisyphe. A peine reconduits à la frontière, beaucoup d'expulsés organisent leur retour à Mayotte.* » (Roinsard N., Le 101ème département, 2012, p. 8).

A l'opposé, pour faire face aux faibles perspectives économiques sur l'île, de nombreux mahorais choisissent de quitter le « pays » pour s'installer, dans la majorité des cas, en métropole ou à La Réunion. Des recherches restent cependant à mener sur les caractéristiques de cette forte émigration des natifs de Mayotte. Le travail de Didier Breton, Carole Beaugendre et François Hermet cherche à combler ce manque, en étudiant la population des natifs de Mayotte vivant en métropole et à La Réunion. A combien peut-on estimer la proportion de natifs de Mayotte vivant en métropole et à La Réunion ? Cette proportion est-elle ou non en augmentation ? Les Mahorais vivant en métropole ont-ils des profils démographiques et socioéconomiques proches de ceux vivant à La Réunion ? Existe-t-il des échanges migratoires des natifs de Mayotte entre La Réunion et la métropole ? Autant de questions auxquelles les auteurs s'attachent à apporter des éléments de réponse.

En définitive, par son positionnement interdisciplinaire, cet ouvrage propose une analyse globale des spécificités de Mayotte et révèle les nombreux challenges que ce jeune département français doit relever. Formulons l'espoir que la mise en œuvre des politiques susceptibles de répondre à ces enjeux ne soit pas entravée par les deux menaces majeures auxquelles est aujourd'hui confrontée « l'île hippocampe » : celle de l'immigration illégale, susceptible de mettre à mal la cohésion de la société mahoraise, et celle des difficultés financières récurrentes des collectivités locales. Si les mesures pour y mettre fin s'avèrent inefficaces, ces deux obstacles au développement auront vraisemblablement un effet aggravant sur l'ensemble des difficultés que ce livre met en avant.

Une histoire « improbable » : statuts politiques et développement économique à Mayotte

Jean-Yves ROCHOUX
Université de La Réunion

Si toutes les îles sont uniques, Mayotte l'est peut être un peu plus que les autres. Surtout si l'on ajoute aux fortes particularités humaines (métissage) et géographiques (grande barrière de corail) le fait qu'elle présente une histoire tout a fait improbable sur le plan politico-administratif. Il y a en effet à Mayotte « une certaine valse des statuts ». Cela pose la question de la relation entre statut et développement. L'examen de cette relation sera conduit au travers d'un découpage en trois périodes :

– la colonie (1841-1975),
– la collectivité territoriale (1976-2000),
– la collectivité départementale (2001) et les débuts de la départementalisation (2011...).

Le temps de la colonie (1841-1975)

Mayotte vendue à la France

Juste avant la colonisation, il est difficile de savoir si elle est indépendante ou vassale d'Anjouan, « l'île-État », mais « la puissance publique y appartenait à l'aristocratie arabisée, d'origine anjouannaise avec un chef établi à Tsingoni qui prenait le titre de sultan[1]».

Les razzias malgaches de la fin du XVIIIe siècle et les querelles dynastiques de la première moitié du XIXe siècle l'affaiblirent encore. Jusqu'à ce qu'un roi malgache (Adriantsouli, chassé de Madagascar par les Merina) prenne le contrôle de l'île puis la revende à la France pour une pension annuelle (25 avril 1841).

---

[1] Guy Fontaine, *Mayotte*, éditions Karthala, 1995, p. 15.

La valse des rattachements politico-administratifs

Elle devint donc à cette date, colonie française et rapidement médiocre économie sucrière. Elle fut placée sous la dépendance de La Réunion, replacée ensuite dans un ensemble baptisé Nossi-Bé et dépendances, puis nommée colonie de Mayotte et dépendances (avec Nossi-Bé et l'Ile Sainte-Marie). Tout cela en 1843 et 1844[2] !

En 1886-1887, elle est intégrée à l'archipel des Comores devenu protectorat français. Elle y perd son caractère d'unique représentante de la Métropole dans la région, mais le gouverneur de Mayotte a autorité sur le « résident » chargé de l'exercice du protectorat dans chaque sultanat.

Il reste que, sur le plan économique, la situation n'est guère brillante : l'économie sucrière est à l'agonie, les essais de café, de coton et le développement de la vanille et de l'ylang-ylang ne parviennent pas à restaurer la prospérité, l'autosuffisance alimentaire n'est pas assurée...

La valse des statuts politico-administratifs va continuer. Ainsi en 1896, les Comores sont rattachées au gouvernement de la Réunion. Puis, à compter de 1908, la colonie de Mayotte et des autres Comores est rattachée au gouvernement général de Madagascar. En 1914 la colonie des Comores est devenue « une simple province d'une colonie malgache unitaire », l'intégration est totale. En 1925, face aux inconvénients de cette assimilation, la France revient à une décentralisation administrative au profit des Comores avec un poste d'administrateur supérieur et un conseil consultatif à Mayotte. En fait, c'est le flou administratif et l'ensemble se trouve livré à lui-même jusqu'en 1946.

Après plus d'un siècle de colonisation et des situations politico-administratives nombreuses et diverses, « l'économie de Mayotte est marquée par la dépendance alimentaire, la dépendance par rapport aux cours mondiaux, les micro-productions, le caractère erratique des productions et des échanges[3]».

Après la seconde guerre mondiale, les Comores deviennent un TOM

Après la seconde guerre mondiale, la nouvelle politique française vis-à-vis de ses colonies (association et décentralisation) entraîne un nouveau changement de statut pour Mayotte et la perte définitive de sa primauté.

---

[2] Edmond Maestri, « L'histoire de Mayotte dans le sud-ouest de l'océan Indien », dans *Mayotte, 2e édition*, sous la direction de O. Gohin et P. Maurice, Université de la Réunion, L.G.D.G., 1996, p. 169.
[3] Edmond Maestri, « L'histoire de Mayotte dans le sud-ouest de l'océan Indien », dans *Mayotte, 2e édition*, sous la direction de O. Gohin et P. Maurice, Université de la Réunion, L.G.D.G., 1996, p. 179.

Les Comores deviennent un territoire d'outre-mer (TOM) en 1946 avec une relative autonomie administrative et financière. En 1952, le Conseil général devient Assemblée territoriale et son siège est transféré à Moroni. En 1958, cette assemblée vote une motion qui demande le transfert de la capitale de Dzaoudzi à Moroni, cela ne sera effectif qu'en 1966.

Mayotte se sent très concrètement mise à l'écart et « on évoque déjà l'hégémonie comorienne[4] ». A la fin des années 1950, le début de progrès économique et social qui se manifeste sur l'archipel va être totalement masqué par l'opposition politique de Mayotte au reste des Comores. En 1958, les Comores décident de rester TOM, alors que les élus mahorais réclament un statut de département d'outre-mer.

De l'opposition à la séparation

Ensuite l'opposition entre les deux ensembles va se radicaliser. Mayotte, traumatisée par les pertes d'emploi (départ des fonctionnaires) et par la minceur des crédits consacrés aux équipements (routes en particulier) va s'organiser en Mouvement populaire mahorais. Le « parti-soldat » milite pour un statut qui maintiendrait son identité au sein de la République française. Les autres îles des Comores vont progressivement s'orienter vers la demande de l'indépendance.

En 1974, les quatre îles sont consultées sur l'indépendance : 95 % des Comoriens y sont favorables et Mayotte refuse à 65 % cette indépendance. En 1975, les Comores proclament unilatéralement leur indépendance et Mayotte déclare rester française. La France décide de séparer le cas de Mayotte des autres îles et lance une nouvelle consultation en 1976 (referendum favorable à 99,4 %) qui confirme le choix des Mahorais.

Mais la France ne désire pas aller vers la départementalisation de Mayotte. Elle choisit donc un statut hybride qui pourrait lui permettre, c'est ce que semble penser certains responsables français, de réintégrer les Comores à plus ou moins long terme. Mayotte devient « une collectivité territoriale de la République ». L'impasse juridique est totale entre la France et Mayotte, d'une part, et les Comores et l'ONU d'autre part : Mayotte est française pour les premières ou comorienne pour les secondes ! « C'est le début de l'affaire mahoraise[5]».

---

[4] Guy Fontaine, *Mayotte*, éditions Karthala, 1995, p. 26.

[5] Guy Fontaine, *Mayotte*, éditions Karthala, 1995, p. 28.

Une boucle défavorable

Sur le plan économique, au moment de la séparation, aucunes de ces îles n'est à même d'assurer son équilibre économique[6]. Le niveau de vie de la population est très faible, l'emploi rare et la production agricole très insuffisante. À Mayotte, on doit, et de plus en plus, faire appel à l'importation pour les besoins alimentaires. Les importations de riz sont, en valeur, supérieures au total des exportations mahoraises. Il n'y a pas vraiment d'industrie de transformation, uniquement des activités de services et de commerce. Cela reste dans une logique coloniale qui ne permet pas le développement. Il y a des recettes d'exportation, mais elles sont faibles, des transferts publics métropolitains assez modestes et très peu d'investissements publics et privés. Le résultat c'est un capital humain très sous-développé (santé, formation, nutrition...) et des infrastructures publiques très insuffisantes. C'est la période des « îles oubliées ».

À la fin des années 1970, Mayotte a donc connu une trajectoire historique politico-administrative très improbable, elle présente « une indéniable singularité[7] » ! Elle est passée par une multiplicité de statuts et d'appartenance à des ensembles variés. Il est difficile de savoir si cette instabilité institutionnelle et organisationnelle a eu une influence négative sur son développement, c'est possible, même probable. D'une manière habituelle, on considère que la stabilité des institutions et des organisations publiques est plutôt favorable au développement des entreprises et des échanges, de l'économie en général.

Mais la multiplicité des rattachements à des ensembles divers est aussi le signe de la recherche par la France d'une solution qui permette à Mayotte un certain développement. Du moins un développement selon la logique coloniale de l'époque, c'est-à-dire au travers d'une spécialisation agricole, d'une culture de rente comme la canne à sucre ou au pire de cultures vivrières pour les îles voisines. Mais cela n'a pas fonctionné, et les tentatives non sucrières ont tourné court ou sont restées marginales. Les raisons de l'échec du développement d'une économie sucrière à Mayotte sont multiples mais l'épuisement rapide des terres, l'isolement maritime de l'île et le marasme sur le marché mondial du sucre (la période faste est passée) en sont sans doute les principaux facteurs explicatifs. L'échec économique colonial s'est accompagné de l'échec d'un développement des cultures vivrières. Sur la période, Mayotte devient de plus en plus dépendante de l'extérieur pour son alimentation. C'est assez

[6] Guy Fontaine, *Mayotte*, éditions Karthala, 1995, p. 27.

[7] Edmond Maestri, « L'histoire de Mayotte dans le sud-ouest de l'océan Indien », dans *Mayotte, 2e édition*, sous la direction de O. Gohin et P. Maurice, Université de la Réunion, L.G.D.G., 1996, p. 189.

normal dans la mesure où la logique coloniale et ses cultures de rente bloquent, le plus souvent, le développement des cultures vivrières. Il reste, au total, que l'île semble présenter peu de possibilités de développement.

Si l'on peut penser que la fréquence des changements statutaires n'a pas favorisé le développement de Mayotte, on peut aussi considérer que l'échec initial d'un développement colonial « sucrier » explique les différentes tentatives organisationnelles de la France. Il y a donc vraisemblablement interrelation entre non développement et modification statutaire. Il y a là une sorte de cercle vicieux, de boucle appauvrissante, ou pour le moins non développante.

Le temps de la Collectivité Territoriale (1976-2000)

Le statut change encore, l'économie moins !

La période est doublement paradoxale pour Mayotte. D'une part, le statut de Collectivité territoriale (CT) qui est adopté initialement n'engage pas, à priori, Mayotte sur la voie de la départementalisation, mais en fait, cela évolue assez vite en ce sens. D'autre part, l'économie reste très largement traditionnelle malgré ces changements politiques importants, même si une Mayotte « moderne » commence à se développer.

Progressivement, vers une quasi-départementalisation

Avec le statut de CT (loi du 24 décembre 1976), Mayotte dispose d'un Conseil général avec les compétences des conseils généraux de métropole et le Préfet assure l'exécutif.

Même si cela n'est pas encore complètement évident sur le plan de l'organisation politique, ce n'est pas une organisation départementale, la Collectivité de Mayotte est clairement en voie de départementalisation dans la pratique avec la fin des années 1980. « À la française » et sous la pression politique locale, on installe en effet des administrations, des infrastructures diverses (réseaux, port...) qui font penser à un processus d'intégration, plutôt départemental ! La temporisation du gouvernement français n'a pas eu raison de la détermination mahoraise. C'est ce qui permet au député mahorais Henry Jean-Baptiste en 1991 de faire remarquer à un ministre que : « nous avons ainsi le sentiment que Mayotte s'installe progressivement dans une véritable départementalisation de fait. Mais il faudra bien un jour, Monsieur le Ministre, que le Gouvernement se décide à accorder le droit avec ces réalités[8] ». Le mouvement, sous la

[8] Guy Fontaine, *Mayotte*, éditions Karthala, 1995, p. 29.

pression de l'opinion et des politiques mahorais, est clairement dans le sens d'une intégration à la France au travers du statut de Dom.

Une économie à double face, dominée par la tradition

Lorsqu'elle devient CT, Mayotte est encore essentiellement « une économie à structure traditionnelle, qui la rapproche plus de l'Afrique de 1905 du docteur Schweitzer que de l'économie contemporaine de la plupart des pays africains, même les plus pauvres »[9]. Ce jugement sévère porté par les économistes qui travaillent au Plan de développement (1979-1985) correspond à des sociétés archaïques dans lesquelles l'homme, avec ses deux mains, est le pivot de toute activité. Il s'efforce de survivre avec une faible maîtrise de la nature, une puissance technique infime et donc de très faibles possibilités excédentaires.

En fait, la situation est plus complexe. Avec une économie à double face, l'une traditionnelle, l'autre plus « moderne ». Cela correspond au lent processus de monétarisation, à l'impact économique et culturel engendré par les colons et à une économie de plantation, même très peu développée. Il reste qu'au début de cette période, la fin des années 1970, Mayotte est encore largement dans la configuration d'une économie traditionnelle, d'une économie de subsistance où l'agriculture (essentielle), l'artisanat, la pêche et l'élevage utilisent toujours des principes ancestraux.

L'économie à structure traditionnelle

L'agriculture, le pivot de l'activité

C'est l'activité la plus importante avec 60 % des actifs (88 % pour les femmes[10]). Ce sont de petites exploitations (2 hectares au plus), souvent morcelées, éloignées. Elles sont consacrées à l'autosuffisance en priorité et cultivées par le paysan lui-même (peu de salariat) et les membres de son foyer. L'essentiel de la surface agricole est consacré aux cultures vivrières (9 700 hectares dont 3 300 de riz pluvial sur 14 550 en 1987), puis aux cultures de rentes (moins de 10 %) et enfin aux cocotiers et arbres fruitiers.

Les systèmes de culture sont fondés sur un assolement avec jachère et des cultures en association. La priorité absolue est celle de la culture du riz sur essart forestier, c'est une nécessité alimentaire mais c'est aussi socialement important dans l'univers mahorais (fête et récolte du riz). Le défrichement et le sarclage nécessaires au riz pluvial consomment beau-

---

[9] Guy Fontaine, *Mayotte*, éditions Karthala, 1995, p. 87.

[10] D'après le recensement INSEE de 1985.

coup de travail. Les autres cultures nécessitent des techniques moins complexes, elles sont aussi moins exigeantes en travail et elles sont moins suivies qu'elles ne devraient l'être du fait de la priorité rizicole[11]. Les cultures de rentes bouleversent les techniques traditionnelles et les paysans mahorais n'acceptent de les pratiquer que marginalement. Techniquement, les outils sont rudimentaires (machette, pioche...), la traction attelée est rare, la motorisation et l'irrigation absentes... En l'état, il y a peu de marges de progrès.

Les agriculteurs de l'économie traditionnelle ont des activités de complément, ce sont le plus souvent des pluri-actifs. Ces activités sont indispensables au système car elles « apportent de précieux compléments pour l'alimentation, les combustibles et les revenus des familles mahoraises[12] ». La forêt est fortement exploitée, considérée comme un bien commun, souvent utilisée de manière illicite. Mais la ressource s'épuise rapidement : le couvert forestier représente 15 000 hectares en 1968 et 5 500 en 1974. L'élevage est assez marginal (bovins, caprins surtout et animaux de basse cour) et les bêtes sont plutôt chétives. Les ressources animales les plus importantes sont fournies par la pêche (lagon et barrière récifale) pour une nourriture d'appoint. 90 % des pêcheurs sont, aussi et surtout, agriculteurs. L'artisanat est souvent une activité dans le prolongement de l'agriculture. Toutes ces activités sont donc très fortement mêlées, il y a une très faible spécialisation, des techniques assez rudimentaires et un niveau de productivité du travail très modeste.

Une économie bloquée ?

Cette économie traditionnelle à dominante agricole semble peu susceptible d'évoluer. Ainsi le programme de réformes de l'agriculture du début des années 1980, destiné à améliorer l'autosuffisance alimentaire, n'a pas eu l'effet escompté. De 1984 à 1988, la population de Mayotte a augmenté de 10 % et les importations alimentaires de 50 %. Cela peut s'expliquer par l'existence de différents blocages.

Le premier tient sans doute d'abord à l'histoire coloniale. La logique coloniale est de spécialiser les territoires en fonction du plus grand rapport économique possible pour sa métropole. Cela passe par une culture de rente. C'est, à priori, peu favorable au développement agricole équilibré du territoire et au développement tout court !

Du fait de son isolement et de sa pauvreté naturelle, Mayotte correspond de plus au cas d'une colonie à handicaps économiques marqués : pas de matières premières locales, des sources d'approvisionnement très

[11] Guy Fontaine, *Mayotte*, éditions Karthala, 1995, p. 96-99.
[12] Guy Fontaine, *Mayotte*, éditions Karthala, 1995, p. 107-111.

lointaines et une desserte maritime aléatoire et peu dense. A cela s'ajoute de fréquents blocages des initiatives privées ou publiques par le problème du foncier. L'occupation et la propriété des sols posent souvent des problèmes inextricables du fait de la superposition historique des traditions et du droit français.

Au problème du foncier s'ajoute celui du comportement des acteurs. Pour les Mahorais, la recherche sécuritaire domine celle d'une augmentation éventuelle du revenu par une innovation (technique, commerciale...). L'autarcie fermière va donc dominer puisque lorsqu'un acteur est dans un « mode survie » toute adoption d'innovation est perçue comme compromettant sa survie.

Avec la fin des années 1980, les débuts de Mayotte « la moderne »

C'est avec ce statut de CT que Mayotte va connaître le début d'une dynamique économique et sociale « moderne », surtout lorsque l'État va engager des transferts financiers importants à compter de la fin des années 1980.

La croissance des transferts financiers publics (TFP)

La situation va commencer de changer avec la convention État-Mayotte 1987-1991 complétée par le contrat de plan État-Mayotte 1989-1993. À partir de 1987, les engagements de l'État vont prendre la forme d'une intervention massive. Les dépenses nettes de la Collectivité passe de 30 millions de francs en 1977 à 338 millions en 1989 et 400 en 1992. Cette croissance considérable ne doit pas faire illusion car le point de départ est très modeste et les besoins sont considérables. Les subventions de l'État[13] et les ressources de la Collectivité conduisent à un ratio d'intervention par habitant extrêmement modeste : 4 500 francs, contre 20 000 à la Réunion et 25 000 en métropole (fin des années 1980, début des années 1990[14]).

Durant la seconde moitié des années 1990, les dépenses de l'État continuent de croître. Elles progressent de plus de 900 millions de francs en 1995 à près de 1,4 milliard en 1999, soit près de 53 % de croissance en quatre années. Elles sont consacrées essentiellement à un effort d'investissement. C'est la mise en place d'infrastructures (voirie, travaux

[13] En fait Mayotte peut aussi recevoir des fonds européens (4,2 millions de francs de 1986 à 1990 pour le FED) car l'île est un PTOM, associé à la Communauté économique européenne, non intégrée à son domaine financier et douanier.

[14] Guy Fontaine, *Mayotte*, éditions Karthala, 1995, p. 141.

d'assainissement et d'électrification) et, à compter de 1996, le développement des équipements scolaires[15]. Cela ressemble fort à un processus de départementalisation, sur le plan du financement public, du moins. Les transferts en cause sont relativement modestes, mais dans une économie encore peu monétarisée cela peut être porteur d'importants et multiples effets. On est par conséquent dans la logique d'un moteur financier externe et public et l'on peut s'attendre à l'apparition de certains effets caractéristiques de la mise en place de la départementalisation.

La mise à niveau de l'administration et des équipements de base

Il y a d'abord une augmentation considérable des emplois dans les administrations. Les salariés des services non marchands passent de 1 391 en 1978 à 9 108 en 1997, c'est une multiplication par plus de 6,5. C'est une progression beaucoup plus rapide que celle du total de l'emploi sur la période (+ 77%)[16]. Cela correspond à la volonté de l'État de doter l'île d'une administration plus efficace avec le développement de ses propres services, mais aussi de ceux du Conseil général, des communes, de la Chambre professionnelle...

Les TFP sont aussi destinés a mettre en place les infrastructures de base (desserte maritime, aérienne, réseau routier, distribution d'eau, réseau électrique...) et les grands services publics (enseignement et santé). Il s'agit de mettre à niveau le territoire, en matière de services publics, compte tenu de son « nouveau statut » de quasi (futur ?) département. Cela suppose souvent la mise en place d'infrastructures matérielles lourdes qui vont exiger du temps pour être opérationnelles (les différents réseaux). Il s'agit aussi de services personnels ce qui va exiger une main d'œuvre importante et particulièrement formée, souvent extérieure (santé et éducation).

Des effets économiques « domiens » ?

Ce point concerne l'effet économique des TFP. À priori, la transformation induite est importante, même si nous savons déjà que l'économie traditionnelle occupe toujours une place essentielle. On peut remarquer que, dans différents domaines économiques des évolutions structurelles rappellent ce qui a pu se passer dans les Dom, ce sont les phénomènes

---

[15] INSEE, *Tableau économique de Mayotte. Édition 2000/2001*, données disponibles au 30 juin 2000, direction régionale de l'INSEE de la Réunion, antenne de Mayotte, p. 104-105.

[16] INSEE, *Tableau économique de Mayotte. Édition 2000/2001*, données disponibles au 30juin 2000, direction régionale de l'INSEE de la Réunion, antenne de Mayotte, p. 80-81.

« classiques domiens » de la départementalisation. D'autres évolutions apparaissent comme étant plus spécifiques à Mayotte.

Des effets classiques

On peut en relever trois principaux qui sont habituellement présents dans les petits territoires intégrés[17], éloignés du reste du territoire national, et qui ont connu des entrées très importantes de capitaux publics, comme les Dom.

Ainsi le solde du commerce extérieur devient fortement déficitaire avec des importations qui suivent le rythme des TFP et des exportations traditionnelles qui plafonnent. En 1976[18], le solde de la balance commerciale à Mayotte était déjà négatif, à hauteur de 15 millions de francs environ avec un taux de couverture modeste (26%). Durant les années suivantes ce taux fluctue largement, mais, en tendance longue, il diminue assez nettement pour atteindre un très bas niveau historique de 2%en 1999[19].

Ensuite, directement ou indirectement, les dépenses publiques dans le territoire ont eu aussi un effet dynamisant sur le taux de croissance du PIB (revenus) pendant la période. Le Pib semble progresser rapidement avec un taux de croissance annuel moyen de 10% en valeur (1989-1991). L'effet multiplicateur des TFP y est sans doute pour quelque chose, mais le caractère ponctuel de l'estimation du Pib et l'absence de données à prix constants rendent difficile l'appréciation de l'effet.

Au-delà de ces effets macroéconomiques, le processus de départementalisation développe aussi des effets sectoriels. Cela concerne surtout le développement du commerce, du BTP et de l'industrie. On les retrouve assez nettement dans le cas de Mayotte dès l'instauration de la CT.

Le BTP occupe par nature une place essentielle dans le processus de quasi-départementalisation centré sur la construction d'infrastructures matérielles car le bien produit ne peut l'être que localement. Au début des années 1990, le secteur concentre ainsi 2 000 des 5 000 salariés de l'île (40 %)[20] et au 1er janvier 2000 près de 50 % (4 797 sur 9 636). C'est logiquement un secteur très important de l'économie marchande.

---

17 C'est-à-dire qui sont intégrés à un espace national plus vaste.

18 Rochoux Jean-Yves, « Macroéconomie mahoraise. Les indicateurs macroéconomiques et les autres », contribution présentée devant le *Groupe de Réflexion sur l'Avenir Institutionnelle de Mayotte* en 1997.

19 INSEE, *Tableau économique de Mayotte. Édition 2000/2001*, p. 101.

20 Guy Fontaine, *Mayotte*, éditions Karthala, 1995, p. 146.

Au début de la période de la CT, l'industrie est marginale à Mayotte[21] avec des entreprises artisanales (12 % des actifs en 1990). Pour l'essentiel cette « industrie » est liée à la transformation des produits agricoles pour l'exportation. Il reste que ce blocage « colonial » de l'industrie ne dure qu'un temps du fait de l'augmentation de la taille du marché, des stratégie d'alliances entre importateurs et producteurs locaux[22]... Ce sont des entreprises de l'agro-alimentaire comme la Rizomay (rizerie et provenderie), la Laiterie Oula (lait et yaourts)... ou des producteurs de matériaux de construction (menuiserie PVC, préfabrication, briqueterie... C'est le début de l'import-substitution. Mais au total le développement industriel reste très modeste. En % de salariés au 1er janvier 2000, l'industrie occupe 1 093 personnes, soit 11,3 % du total. Cela semble peu différent de la situation 10 ans avant : 12 % des actifs en 1990[23].

Le commerce (import-distribution) est l'activité dominante (plus de 50 % des CA en 1989[24]) du fait de l'insuffisance de la production locale et de la progression de la demande induite par les TFP. Sur la période le secteur est encore peu structuré mais assez concentré (quelques grosses sociétés sont à la fois importateurs, grossistes et détaillants) et en croissance forte. S'il n'y a qu'une centaine d'entreprises commerciales en 1980, elles sont 781 en 1989[25] et 2 133 au 1er janvier 2000.

Des effets plus spécifiques

Mais la quasi-départementalisation a touché l'ensemble des secteurs de l'économie de manière plus ou moins directe et plus ou moins spécifique. C'est surtout le cas de trois secteurs, un nouveau, le tourisme et deux traditionnels, l'agriculture et la pêche.

On peut considérer que le tourisme est un produit de la quasi-départementalisation mahoraise. En effet cette activité va commencer de se développer lorsque le territoire va bénéficier d'un début de stabilisation de son statut politique avec la CT et la perspective de l'obtention du statut départemental. Il s'agit donc d'une activité récente liée, directement et indirectement, au statut politique, présent et futur.

---

21 Guy Fontaine, *Mayotte*, éditions Karthala, 1995, p. 145.

22 Le même déblocage est apparu à la Réunion durant les années 1980 sous l'influence des mêmes facteurs et du fait également de la politique volontariste de l'État (subventions, défiscalisation...).

23 Selon une donnée de Guy Fontaine, *Mayotte*, éditions Karthala, 1995, p. 145. Il reste que le chiffre de 1990 comprend un tiers d'entreprises du secteur informel.

24 Même si l'utilisation de l'indicateur « chiffre d'affaires » avantage par nature le commerce.

25 Guy Fontaine, *Mayotte*, éditions Karthala, 1995, p. 148.

Durant les années 1980, « le tourisme reste encore à l'état embryonnaire », du fait du relatif isolement de l'île, du coût des liaisons aériennes, de la faiblesse des infrastructures hôtelières[26] et d'une image extérieure quasiment inexistante. Ensuite il s'y développe d'une manière assez régulière. Il n'y a que 1300 touristes en 1985 et 3470 en 1989, cela reste une activité balbutiante et hésitante[27]. Mais en 1995 ils sont 6700 et 21000 en 1999, il s'agit essentiellement de voyageurs venant de la Réunion (51 % du total en 1999) et de Français venant de métropole (41 %).

Si la quasi-départementalisation a « inventé » le tourisme à Mayotte, elle va aussi commencer de transformer l'agriculture. Même si cette dernière va rester largement traditionnelle sur la période. Au début des années 1990, l'agriculture reste la première activité productive de l'île, mais elle est toujours incapable de nourrir sa population et le déficit alimentaire est croissant. Face à cet échec structurel de très long terme les pouvoirs publics ont entrepris d'agir sur les modes culturaux traditionnels tout en conservant les structures d'exploitations familiales. Il s'agit d'améliorer les rendements vivriers sans augmenter les surfaces, d'augmenter les périmètres maraîchers, d'améliorer la qualité des cultures de rente et de développer le cheptel. Il s'agit d'une action sur les comportements qui ne peut donner de résultat qu'à terme. C'est le choix d'une transformation progressive d'ordre « technico-économique » qui ne va pas remettre en cause directement l'organisation économique et sociale du secteur. On peut ainsi seulement espérer améliorer lentement le revenu des ménages agricoles.

Ajoutons que la pêche, l'autre activité traditionnelle, complémentaire de l'agriculture est également impactée. L'activité semble s'autonomiser sans que l'on puisse affirmer que cela corresponde vraiment à plus de professionnalisation. En effet, si le secteur progresse en nombre de bateaux, 1 727 en 1999[28] contre moins de 1 000 unités en 1990, il montre peu de progrès depuis les années 1960 qu'il s'agisse de la modernisation de la flottille, sauf pour les barques motorisées en polyester, des techniques (peu productives), des zones prospectées (rarement au-delà du lagon) et de la commercialisation (très peu organisée, mauvaise valorisation du produit). Il y a pourtant un potentiel halieutique et une demande dynamique (hausse des revenus), cela devrait permettre de développer « un véritable pôle économique tourné vers les produits de la mer[29] », mais à terme seulement !

---

26 IEDOM et IEOM, *Le tourisme dans les Dom-Tom*, août 1993, p. 403.

27 Guy Fontaine, *Mayotte*, éditions Karthala, 1995, p. 152.

28 INSEE, *Tableau économique de Mayotte. Édition 2000/2001*, p. 120.

29 INSEE, *Tableau économique de Mayotte. Édition 2000/2001*, p. 120.

On retrouve donc bien à Mayotte différents processus économiques typiques de la départementalisation sur la période de la CT (croissance du Pib et des revenus, déficit extérieur croissant, blocage industriel et émergence de l'import-substitution, développement du commerce et du BTP...). Mais nombre de spécificités (importance de l'économie traditionnelle avec l'agriculture et la pêche, développement limité mais précoce du tourisme, absence de culture de rente réussie...) y enclenchent des dynamiques propres qui vont apparaître plus clairement durant la période suivante.

Une grande transformation, mais le projet économique éclipsé

Des changements économiques importants, mais complexes

Il est évident que les transformations économiques et sociales sont importantes sur la période. Même si l'on assiste pas à un passage global du « modèle traditionnel » à un « modèle moderne », on doit noter que le premier est sensiblement réduit et transformé, alors que le second prend nettement de l'importance.

La difficulté est que l'évolution de ce complexe traditionnel-moderne ne peut pas être vraiment saisie par la comptabilité régionale et l'ensemble des indicateurs statistiques habituellement utilisés dans les économies développées. Sur cette période, les comptes régionaux n'existent pas, sauf quelques éléments isolés et ponctuels. Les données des recensements et les statistiques des différentes administrations fournissent des informations intéressantes, mais il manque sans doute, en plus des comptes régionaux, des enquêtes socio-économiques coordonnées (différents domaines) et régulières (périodicité et stabilité pour les comparaisons dans le temps) qui auraient pu permettre de mieux saisir des évolutions à la fois quantitatives et qualitatives.

Une période très « politique »

C'est sans doute l'un des éléments les plus frappants de cette période : il y a à Mayotte une très forte action politique, continue et intense en faveur de l'accession au statut de département. Cela tient sans doute au fait que le statut obtenu est plus favorable que le précédent sur le plan du rattachement à la France mais qu'il n'est pas clairement considéré, par cette dernière du moins, comme excluant définitivement une réintégration à l'ensemble comorien. Aussi, lorsque le gouvernement français entreprend de consulter un groupe de réflexion sur l'avenir institutionnel de Mayotte, les élus de l'île font clairement comprendre que la transformation en territoire d'outre-mer et même l'adoption d'un statut de collectivité territoriale à vocation départementale, ne correspondent pas « aux aspirations des Mahorais[30] ». Ils ne veulent que le statut de département !

L'évolution rapide vers la départementalisation est donc un combat constant des politiques de Mayotte sur la période. Ce désir très affirmé d'être rattaché le plus étroitement possible à la République française est un élément stabilisant et incitatif pour les acteurs économiques pour le long terme. D'autant plus que dans les faits on assiste à une quasi-départementalisation et que progressivement le changement de statut semble inéluctable, même si on ne sait pas quand et comment il va effectivement se faire.

Cette période très orientée vers une activité politique institutionnelle présente aussi l'inconvénient de faire de chaque débat économique ou social un enjeu politique majeur : chaque choix est examiné, discuté quasi-exclusivement du point de vue de l'évolution institutionnelle souhaitée. Ce qui se rapproche de la départementalisation est fortement soutenu ou combattu dans le cas contraire par les politiques locaux. L'énergie politique ainsi consacrée au débat institutionnel laisse à l'écart les débats relatifs au développement économique. Le combat institutionnel éclipse le projet économique et social.

La Collectivité Départementale (2001) et la suite...

La période qui commence avec le nouveau siècle est celle de la certitude : Mayotte sera département[31]. C'est aussi celle des incertitudes car il reste à savoir quand et comment.

La départementalisation en route...

La départementalisation, c'est oui

Sur le plan institutionnel les changements sont manifestes dès le début de la période. Ainsi Mayotte devient Collectivité Départementale (CD) (loi du 11 juillet 2001) avec un transfert progressif de l'exécutif de la collectivité au Président du Conseil Général. Cette dernière loi prévoit

---

[30] François Bonnelle (sous la direction de), *Réflexions sur l'avenir institutionnel de Mayotte*, Rapport au secrétaire d'État à l'outre-mer, La documentation française, 1998, p. 30. Dans cette synthèse des groupes de réflexion national et local, il y a deux pages consacrées au cas d'une transformation en TOM ou en Collectivité territoriale à vocation départementale et onze pages aux cas du passage à un Département !

[31] Ce qui nous fera souvent écrire dans cette troisième partie que la « départementalisation » est à l'œuvre à Mayotte durant cette période, même si le statut départemental n'est effectif qu'à compter du 31 mars 2011.

l'application progressive du droit commun français à Mayotte, dans la perspective de l'évolution vers le statut de département d'outre-mer.

Le mouvement va d'ailleurs concrètement se mettre en route en 2008 : le secrétaire d'État chargé des relations avec le Parlement annonce le 24 janvier que le Conseil général, s'il le désire, peut adopter une résolution pour que Mayotte devienne Dom. C'est ce qu'il fait à l'unanimité le 18 avril 2008, le gouvernement français est alors invité à transformer la collectivité en Dom. Après 2008, en dehors de quelques domaines (fiscalité, urbanisme, droit social...), l'identité législative[32] est devenue la règle.

Pour cela, l'État organise un référendum le 29 mars 2009. Le « oui » l'emporte largement (95,2 %). Mayotte devient le 101e département français le 31 mars 2011, après 53 ans de combat. C'est la première collectivité unique (département et région[33]). L'ONU et les Comores protestent, la France et Mayotte continuent, chacun est resté dans sa logique.

Mais une départementalisation « progressive et adaptée »

C'est une départementalisation « progressive et adaptée ». L'alignement en droits et devoirs des Mahorais pourrait s'étaler sur 25 ans. Le Pacte pour la Départementalisation de Mayotte est approuvé en 2009. Les mesures concrètes qui en découlent sont nombreuses, à savoir :

– l'installation de la nouvelle assemblée et de la création du Dom,

– la fiabilisation de l'état civil et la réforme de la justice (fin de la justice cadiale),

– l'alignement progressif du SMIG (un brut mensuel de 1069,77 au 1er juillet 2010),

– des prestations sociales avec revalorisation des prestations existantes (2009-2012) pour les adultes handicapées et personnes âgées et une mise en place en 2012 à 25% de leurs niveaux métropolitains pour les prestations non encore étendues,

– de la réforme de la fiscalité...

La France a demandé que le Dom Mayotte, devienne une RUP (région ultrapériphérique). C'est fait le 1er janvier 2014, après l'accord des 27 membres de l'UE.

---

32 Ce principe législatif, celui des Dom, peut s'accompagner d'adaptations aux spécificités territoriales. Il s'oppose à la spécialité législative qui suppose que l'application de la loi des actes nationaux dans le territoire soit prévue par mention expresse, comme dans la CT avant cette date, « Régimes législatifs français », *Wikipédia*, 19 juin 2012.

33 Jean-Pierre Sueur, Christian Cointat et Félix Desplan, « Mayotte : un nouveau département confronté à de lourds défis », *rapport d'information du Sénat*, n° 675, 18 juillet 2012, p. 13.

Les résultats macroéconomiques

Le PIB et sa forte croissance

Le PIB mahorais a fortement augmenté de 2001 à 2011 avec plus de 10 % de croissance annuelle moyenne en valeur : de 610 à 1575 millions d'euros. Soit un PIB par habitant de 7896 euros en 2011 contre 3960 en 2001. C'est environ 6 % de croissance en moyenne annuelle.

Mayotte occupe ainsi une place intermédiaire dans la zone, supérieure à Maurice et l'Afrique du Sud, mais inférieure aux Seychelles et à la Réunion. En 2011, son PIB par habitant est de 10 fois celui des Comores mais seulement 41,7% de celui de La Réunion.

Un développement largement exogène, mais soutenable ?

Il est assez évident que les TFP jouent le rôle attendu en alimentant la croissance du PIB. Ce dernier progresse visiblement au rythme des TFP : 243 millions d'euros en 2001 et de 487,3 en 2008[34]. Notons que le taux de fuite ne semble pas très élevé[35], 31,4 % pour 2009[36], même si, de 2001 à 2009, les importations croissent à un rythme un peu supérieur à celui du PIB (le taux est de 30% en 2001).

Le poids des administrations publiques augmente sur la période des années 2000 selon les comptes régionaux. Ainsi la part de la valeur ajoutée des entreprises et des ménages diminue de 2001 à 2009 alors que celle des APU augmente[37]. La dynamique économique mahoraise est donc largement fonction des TFP et de l'action publique, il ne semble pas y avoir pour l'instant de véritable dynamique endogène. Cependant la durabilité de cette trajectoire du PIB est possible si l'on se réfère au contenu du Pacte pour la départementalisation et si le financement extérieur suit[38].

Le déficit extérieur : un signe de départementalisation confirmé !

La situation des échanges extérieurs n'a guère évolué à Mayotte, son taux de couverture se situe à un niveau extrêmement faible, aux alentours de 2%. Cela sans compter les hydrocarbures, avec ce poste essentiel, le

---

34 INSEE, *Tableau économique de Mayotte. Édition 2010*, p. 98-99.

35 Cela peut provoquer un effet multiplicateur élevé des TFP.

36 Le calcul a été effectué à partir des données de Vincent Graciet, « Une croissance dynamique mais un retard à rattraper », *Économie de la Réunion*, n° 318, mars 2012, INSEE Réunion, p. 21-22.

37 Vincent Graciet, « Une croissance dynamique mais un retard à rattraper », *Économie de la Réunion*, n° 318, mars 2012, INSEE Réunion, p. 22.

38 La crise européenne et nationale actuelle peut laisser craindre des défaillances sur ce point pour le futur.

taux de couverture de la balance commerciale de Mayotte tombe à moins de 1,25 %.

Les exportations sont très modestes : 5 millions d'euros environ, parfois un peu plus, avec 6,4 en 2007, ou nettement moins avec 1 million en 2001. Par rapport aux importations qui dépassent sensiblement les 400 millions (432,2 en 2008). C'est presque négligeable, d'autant plus qu'il s'agit le plus souvent de réexportations (à hauteur de 80%) qui vont générer peu de valeur supplémentaire. Les exportations à proprement parler sont en fait ce qui reste des culture de rente et une production nouvelle de poissons aquacoles.

On peut cependant ajouter les services touristiques. En effet, les dépenses des touristes ont connu durant les années 2000 une croissance sensible (+ 160% de 2001 à 2009). Il s'agit cette fois d'un vecteur de croissance intéressant qui dépasse de loin les exportations de biens. Cela représente une entrée de 10 millions d'euros en 2001 et de 26 millions en 2009[39].

Des changements sectoriels

Les statistiques relatives aux entreprises par secteur sont encore assez limitées, mais elles se développent. Cela permet de mettre en évidence certains changements structurels.

Le commerce et les autres...

Parmi les « grandes entreprises[40] », le commerce est le plus important apporteur de VA : 28,1% du total. Avec l'élargissement du marché, le secteur s'est progressivement organisé avec des hypermarchés, des supermarchés, des commerces de gros. Avec la CT le commerce a connu une croissance forte en nombre d'entreprises, mais avec la CD il change de nature, c'est le développement d'une distribution « moderne ». Il reste que l'ensemble est encore très hétérogène avec un grand nombre de très petites structures familiales.

Logiquement le BTP est encore en développement durant les années 2000, avec 18,5% des entreprises en 2008. C'est l'un des moteurs de l'économie comme durant la période de la CT. Le secteur est stimulé par la commande publique liée à la départementalisation, mais aussi par « la commande privée, dopée par la croissance démographique et la crois-

---

[39] Vincent Graciet, « Une croissance dynamique mais un retard à rattraper », *Économie de la Réunion*, n° 318, mars 2012, INSEE Réunion, p. 22.

[40] Elles réalisent un CA qui dépasse 150 000 euros au moins une fois sur 2001-2005 (INSEE et services fiscaux).

sance des revenus[41] ». Il reste très sensible aux modifications de la commande publique et de la défiscalisation (depuis 2008). Contrairement au commerce, dans le BTP, la croissance du nombre des entreprises est modeste, un peu plus de 20% seulement de fin 1999 à fin 2008. Le secteur du BTP reste un secteur de grandes entreprises. Pour sa part l'industrie semble rester marginale, 349 entreprises à la fin de 2008 malgré une progression de leur nombre : 209 au premier janvier 2000.

L'agriculture et la pêche

De la période de la CT à celle de la CD, il semble que les commentaires sur la situation agricole évoluent peu. Ainsi « Pour la grande majorité des ménages agricoles de 1995, l'agriculture représentait un complément de revenu ou un moyen d'autosuffisance alimentaire[42] » et, en 2012, 17 ans plus tard, « L'agriculture mahoraise ne représente qu'un moyen d'autosuffisance alimentaire pour certains produits de base ou un complément de revenu[43] » ! Cette répétition n'est pas le fruit du hasard et cela souligne seulement que, dans ce secteur, l'économie traditionnelle est encore très présente même si elle régresse.

« La pêche reste un secteur majoritairement informel, et il est très difficile de recenser précisément les pêcheurs à Mayotte[44] ». La pêche artisanale a réalisée, en 2011, 2 100 tonnes de prises. Avec 52 tonnes (surtout thon et espadon) pour la flotte palangrière et 2 050 tonnes pour les barques professionnelles (estimation entre 4 et 5 millions d'euros). Cela semble plutôt en augmentation, mais la technique reste rudimentaire et les pêcheries sont très multi-spécifiques. De plus la commercialisation des produits de la pêche artisanale a fait peu de progrès, pour l'essentiel, c'est au bord de la route et à proximité des lieux de débarquement que cela se réalise.

Emplois et actifs : l'écart se réduit

Un tassement du taux de chômage ?

Avec les données au sens du recensement, on remarque sur la longue période un tassement très important du taux de chômage. Ce taux, modeste en 1978 (6,2%), avait connu une croissance très forte par la suite

---

41 Françoise Rivière, « Mutations et évolutions de l'économie mahoraise... », *CEROM, n° 1*, novembre 2010, p. 19.

42 INSEE, *Tableau économique de Mayotte. Édition 2000/2001*, p. 116.

43 IEDOM, *Mayotte. Rapport annuel 2012*, juin 2013 p. 77.

44 INSEE, *Tableau économique de Mayotte. Édition 2010*, p. 114.

(41,2% en 1997). Avec les années 2000 il est beaucoup plus réduit et semble même diminuer encore : 29,3% en 2002 et 26,4% en 2007[45].

De 2002 à 2007 la population active continue de progresser (7 000 actifs par an en moyenne) un peu plus vite que l'emploi (6 400), même si le taux de croissance de ce dernier est plus rapide que celui du nombre d'actifs (+ 3,8% contre 2,9%). Si cette tendance se confirme le taux de chômage pourrait encore un peu se réduire.

Sur les données les plus anciennes il est souvent difficile de rattacher cette évolution à la seule influence des variables démographiques et économiques. A l'évidence la variation de la représentation mahoraise du statut de chômeur ou d'actif et la volonté de s'insérer ou non dans un dispositif ont joué un rôle essentiel.

L'augmentation de l'emploi, surtout dans le secteur public

Il y a 6 400 emplois supplémentaires à Mayotte de 2002 à 2007 (source recensement)[46] et ce sont surtout des emplois dans le secteur public :

– dans l'administration publique, 1 780 emplois,

– et dans le secteur « éducation, santé action sociale », 1 750 emplois.

C'est 17 et 19% du total des emplois en 2007, ce sont les secteurs les plus importants.

Avec les autres secteurs de services (privés) 4 000 emplois ont été créés dans le tertiaire, soit 62,5% du total. Il y a bien une transition « d'une société agricole vers une société de services » avec un niveau d'emploi qui représente 63% du total dans les services alors que « agriculture, pêche » ne représente plus que 8% en 2007.

Ajoutons que si « un tiers de la population est clandestine », le Smig fixé pour un emploi à plein temps est supérieur aux revenus de 80% de la population ». Cela laisse supposer que le travail informel « dépasse largement le cadre de la population clandestine : un grand nombre de Mahorais et d'étrangers en situation régulière exercent une activité informelle[47] », principale ou complémentaire.

Les nouvelles mesures de l'emploi et du chômage

Le passage à la départementalisation passe par une certaine « normalisation », en matière de statistique économiques et sociales. Pour le mar-

---

45 Données et calculs d'après INSEE, *Tableau économique de Mayotte. Édition 2000-2001*..., p. 79 et INSEE, *Tableau économique de Mayotte. Édition 2010*, p. 43 et 51.

46 INSEE, *Tableau économique de Mayotte. Édition 2010*, p. 44-45.

47 Françoise Rivière, « Mutations et évolutions de l'économie mahoraise », *CEROM, n° 1*, novembre 2010, p. 10.

ché du travail c'est indispensable (comparaison), mais insuffisant pour comprendre la réalité mahoraise.

L'ANPE (Pôle Emploi en 2009) est à Mayotte depuis fin de 2005. Ses statistiques sur la demande et l'offre d'emploi sont difficiles à interpréter sur le plan statistique. Elles ne sont pas pour autant sans intérêt. Elles permettent de s'interroger sur les raisons de l'inscription des demandeurs et d'augmenter pratiquement la transparence du marché du travail.

Avec la première Enquête Emploi de l'INSEE à Mayotte[48] le taux de chômage est bien plus faible que dans les autres dom (17,6% contre 27,3% à la Réunion). Ce « bon résultat », tient sans doute aux critères utilisés, ceux du BIT, plus qu'à une réelle performance en matière d'emploi. Le calcul par l'INSEE du « halo du chômage, composé de non chômeurs au sens du BIT, permet de se rapprocher de la réalité. En effet, 29 300 inactifs souhaitent travailler mais ne sont pas en recherche d'emploi ou pas disponibles rapidement. C'est 44% de l'ensemble des inactifs de 15 à 64 ans contre seulement 13% à la Réunion et 3,5% en France métropolitaine. Le taux de chômage est alors de plus de 50%.

La population, ses revenus et la consommation

Une certaine transition démographique

Il semble que la croissance démographique très élevée de la période CT (plus de 5,5% de croissance annuelle moyenne) soit désormais terminée (2,7% de 2007 à 2012[49]). Le solde migratoire est devenu négatif de 2002 à 2007 (- 7 900) après une diminution très sensible, mais il reste un excédent naturel très important lié à un niveau élevé du taux de fécondité et au nombre important de femmes aux âges féconds.

Avec 212 600 habitants en 2012 et 570 habitants au km^2, Mayotte est le département français le plus dense après ceux de la région d'Île-de-France. La tendance risque de se poursuivre compte tenu de l'augmentation de la proportion de jeunes femmes arrivant à l'âge fécond. Il est vraisemblable que le dynamisme démographique restera, pendant de nombreuses années encore, une caractéristique fondamentale de la société mahoraise.

---

48 INSEE, « Enquête Emploi 2009. Un marché de l'emploi atypique », *Mayotte Infos*, n° 48, décembre 2010.

49 INSEE, « Recensement : 212 600 habitants à Mayotte en 2012. La population augmente toujours fortement », *Mayotte Infos*, n° 61, novembre 2012.

Revenus des ménages : augmentation et transformations à venir

Le dynamisme démographique mahorais n'empêche pas l'augmentation du niveau de vie des ménages. Leur revenu moyen annuel[50] augmente de 74% de 1995 à 2005 (hors inflation), c'est plus que le SMIG. Le résultat est très positif, même si les niveaux annuels atteints sont encore modestes en 2005 : niveau de vie moyen par individu de 3 728 euros, revenu moyen par ménage de 9 337 euros. C'est environ le quart des niveaux réunionnais.

A cette bonne dynamique des revenus s'ajoute une réduction des écarts. Les inégalités sont fortes, le rapport inter décile est de 9,7 en 2005 (5 à la Réunion en 2006), mais en diminution (12,6 en 1995). Cela réduit le taux de pauvreté : un cinquième de la population en 2005 contre un quart en 1995.

A Mayotte, l'enquête « Budget de famille[51]» utilise une ventilation des ressources des ménages spécifique sur certains points. On y trouve des rubriques « Entraide » et « Petits boulots »,c'est indispensable pour mieux saisir la réalité des revenus des plus modestes qui restent dans une logique largement traditionnelle. En moyenne les revenus d'activités des ménages représentent 87% de leurs ressources (70% de salaires, 9,5% de petits boulots...) les prestations sociales seulement 6,7%, l'entraide 1,8%... Logiquement cette composition varie avec les revenus, plus ils sont élevés plus la part des salaires augmente et plus celle de l'entraide, des petits boulots et des prestations sociales diminue[52].

Notons que la part des prestations sociales est globalement modeste : 23% pour les foyers les plus pauvres et 2% seulement pour les plus riches[53]. Cette modicité tient à l'absence ou au caractère réduit des prestations sociales versées à Mayotte. La généralisation des prestations sociales nationales et leur mise à niveau progressive prévue dans le cadre de la départementalisation vont donc faire progresser cette rubrique, au moins pour les plus modestes. Il y a là une source de changement important, tant sur le plan économique que social pour un futur proche.

---

50 Françoise Rivière, « Mutations et évolutions de l'économie mahoraise... », *CEROM, n° 1*, novembre 2010, p. 12.

51 Celle de 2005 est la seconde enquête de ce type après celle relative à 1995, INSEE, « Le revenu des habitants de Mayotte en 2005 : hausse des niveaux de vue et baisse des inégalités », *Mayotte Infos*, n° 28, février 2007.

52 INSEE, *Tableau économique de Mayotte. Édition 2010*, p. 56-57.

53 Pour les années 2007 et 2008 consulter : INSEE, *Tableau économique de Mayotte. Édition 2010...*, p. 58-59.

Consommation finale des ménages : une « occidentalisation » ?

Cette croissance des revenus des ménages va influencer considérablement la consommation. Elle progresse de plus de 10% par an, de 1995 à 2005. C'est la grandeur macroéconomique la plus importante avec près de 800 millions d'euros en 2009 (58% du PIB, 65% pour la Réunion).

La part des produits alimentaires perd sa prépondérance, 37% des dépenses en 1995 contre seulement 25% en 2005[54], au profit de celle des services qui augmente de 16 à 30%. Cette tertiarisation concerne essentiellement le logement (16%) et les transports. Il faut remarquer que l'autoconsommation, caractéristique de l'économie traditionnelle, représente encore 6% de la valeur des biens et services. Tout cela renforce l'idée que si certaines grandes évolutions permettent de considérer que la consommation mahoraise s'occidentalise, elle le fait « à sa façon ».

Depuis le début des années 90[55], la demande finale de biens durables a connu un développement considérable. Certains taux d'équipement présentent une multiplication par trois sur dix ans (1997-2007)[56]. Il s'agit des congélateurs (17,3 à 54%) et des lave-linge (7,7% et 20,4%). La généralisation des premiers est sans doute significative d'une modification profonde de la consommation alimentaire (achats de surgelés ou et congélation des produits de l'auto-consommation ?). La progression du second est à la fois l'expression d'une « modernisation » pour une minorité en progression et celle de la persistance d'un mode de vie traditionnelle pour la grande majorité (laver à la main)[57].

Par contre il y a aussi des secteurs où les taux d'équipement progressent plus classiquement, à l'occidentale, du moins en apparence. C'est le cas de l'automobile qui progresse de plus de 50% avec, en 2007, un taux d'équipement de 23%. Le niveau de revenu (trop faible par rapport à l'achat initial) est sans doute déterminant ainsi que l'utilisation relativement abordable des taxis[58]. Dans certains domaines Mayotte suit assez étroitement les grandes tendances mondiales portées par les innovations technologiques, comme pour la TV (82% en 2007) ou la téléphonie mobile (80%).

Au total, la consommation finale des ménages se transforme, s'occidentalise par certains aspects, mais restent aussi très spécifiques par

---

54 INSEE, *Tableau économique de Mayotte. Édition 2010*, p. 64-65.

55 INSEE, *Tableau économique de Mayotte. Édition 2000/2001*, p. 48.

56 INSEE, *Tableau économique de Mayotte. Édition 2010*, p. 60-61.

57 INSEE, *Tableau économique de Mayotte. Édition 2010*, p. 60.

58 IEDOM, *Mayotte. Rapport annuel 2012*, juin 2013 p. 126.

d'autres[59]. En fait, elle s'adapte à des contraintes spécifiques (disponibilité de l'équipement collectif, niveau de revenu, modes de vie...) entre tradition et modernité. Il reste que pour nombre de rubriques (biens durables ou non) il existe une marge importante de développement. Cela pourrait, dans un futur proche et si les revenus progressent suffisamment, aggraver de manière durable le déficit commercial en augmentant les importations.

L'inflation et sa volatilité

Sur la longue période (janvier 1998-janvier 2009), « les prix à Mayotte, à La Réunion et en France Métropolitaine connaissent une évolution comparable, soit environ +20% sur douze ans[60] ». La particularité de l'augmentation des prix mahorais n'est donc pas dans son évolution longue. Elle est dans son caractère cyclique, dans une certaine volatilité avec une alternance de forte croissance, de stagnation, voire de décroissance.

Cette volatilité pourrait s'expliquer par différents changements particulièrement caractéristiques des années 2000[61] :

– c'est d'abord le changement des modes de consommation plus orientés vers les biens importés qui se substituent aux produits « traditionnels », mais qui peuvent régresser en cas de hausses de prix incompatibles avec les contraintes de revenus des ménages mahorais. Ils ont alors recours aux marchés plus informels (pour l'alimentation en particulier), au moins pour un temps, jusqu'à ce que s'atténue la contrainte revenu (augmentation du SMIG) et que reprenne la tendance à consommer des produits importés, plus coûteux,

– c'est aussi la libération progressive des prix (fixation des prix et blocage des marges) de certains biens alimentaires importés (tomates, poissons et noix de coco) dès le mois d'avril 2003, ou du riz en décembre 2004...

Il reste qu'après 5,1% d'inflation en 2008, le glissement annuel de l'indice des prix revient ensuite à 1% en 2009, 2,6% en 2010, 1,2% en 2011, 2,8% en 2012. Enfin il présente une croissance très réduite de

[59] En 2007 les ménages sont pratiquement tous équipés de téléphones mobiles, mais 40 % environ seulement disposent d'une prise d'eau à l'intérieur de leur logement, INSEE, *Tableau économique de Mayotte. Édition 2010...*, p. 68-69.

[60] INSEE, *Tableau économique de Mayotte. Édition 2010*, p. 94.

[61] Françoise Rivière, « Mutations et évolutions de l'économie mahoraise... », *CEROM, n° 1*, novembre 2010, p. 14-16.

0,3% en 2013 contre 0,8% pour la France entière[62]. Les variations sont donc sensibles sur la période récente.

Au total la départementalisation : ni miracle, ni catastrophe

La marche vers la départementalisation n'a pas totalement bouleversé le paysage économique et social à Mayotte. En effet, la certitude du passage assez rapide à un nouveau statut n'a pas provoqué, apparemment, de phénomènes majeurs comme l'explosion de l'immigration étrangère ou une frénésie d'investissement sur le littoral. Mais il reste qu'une forte dynamique profondément transformatrice est bien en marche.

Une dynamique économique vigoureuse mais exogène

En particulier, les résultats macroéconomiques sont impressionnants en termes de croissance du PIB (globale et par tête) et de revenus, les changements de la consommation finale des ménages sont spectaculaires. Cela dénote des changements profonds de la société mahoraise et de son mode de vie.

Mais la question que l'on peut se poser concerne d'abord le caractère durable de la performance macroéconomique. La poursuite du développement du modèle mahorais suppose l'augmentation des flux de capitaux publics (français et européens). Cette continuité semble assurée pour des années avec le passage au statut de Dom et de Rup.

De plus, sans le développement d'une base économique locale les résultats obtenus resteront fragiles, dépendants des contraintes budgétaires nationales et européennes. Pour l'instant cette base productive locale est très réduite. Elle doit donc progresser sensiblement à terme pour rendre la performance macroéconomique plus durable.

Un chômage très important, statistiquement délicat à saisir

Il reste d'autres problèmes importants à résoudre. En matière économique et sociale c'est d'abord celui du chômage. Le tassement que l'on pouvait remarquer au début de la période (2002-2007) ne se confirme pas avec le recensement de 2012 : le taux de chômage remonte à 36,6% en 2012 (le plus élevé des Dom) avec un taux d'emploi de 29,1%[63] (63,8% en 2008 en France métropolitaine). Mais l'importance des inactifs (54%), l'hétérogénéité des emplois (la rubrique des petits boulots de 2007

---

62 INSEE, « L'indice mensuel des prix à la consommation des ménages à Mayotte. Décembre 2013 : les prix augmentent de 0,3% », *Mayotte Infos*, n° 69, janvier 2014.

63 INSEE, « Mayotte, département le plus jeune de France », *Insee Première*, n° 1488, février 2014, p. 3.

a disparu en 2012) et les variations, encore et toujours, de la perception des situations de chômeurs ou d'employés, rend la comparaison entre 2012 et 2007 délicate.

En fait la perception des notions de chômage et d'activité restent variable dans le temps. Il faut interpréter les statistiques correspondantes en fonction de leur perception sociale et du contexte (aides et obligations pour le chômeur). De ce fait l'analyse des taux de chômage dans le temps n'est sans doute pas toujours très pertinente.

La difficulté générale semble bien être de définir le cadre d'une production statistique économique « utile » pour comprendre et agir. Il faut tenir compte à la fois d'un besoin institutionnel logique de normalisation, sans pour autant passer à côté des spécificités mahoraises les plus criantes, au risque d'enlever toute signification aux données produites.

Pour conclure : quelques remarques « impressionnistes »

On peut retenir trois thèmes particulièrement sensibles, le mode de gouvernance de la collectivité, le passage « exemplaire » au statut de RUP et les risques de tensions sociales.

Du combat politique à la gestion d'un développement durable

Une posture « historique » au détriment de l'avenir économique

Depuis de nombreuses années, il semble que l'essentiel soit toujours purement politique. Cela pouvait être justifié avant la départementalisation, ce sujet occultait tout le reste. Cela a duré plus de 50 ans, un demi-siècle de combat, une histoire particulière, qui ont forgé des générations d'hommes politiques. Mais aujourd'hui cela ne devrait plus être vraiment le cas, le but étant atteint, une adaptation de la gouvernance à la nouvelle donne devient nécessaire.

En fait, les politiques semblent souvent rester dans une tradition de combat, plus que de gestion du développement ! La politique semble parfois jouer contre les initiatives en matière de développement économique, et les responsables locaux apparaissent toujours plus sensibles aux considérations politiques qu'économiques. Nombre d'observateurs considèrent qu'il y a urgence à penser enfin à l'économie et en particulier, au tempo « dans la course à l'alignement sur le Métropole et les autres Dom[64] » (indexation des salaires publics, SMIG[65], cotisations sociales, 35

[64] J. Rombi, « Hubert Derache, Préfet de Mayotte, Parlons enfin d'économie », *Mémento*, n° 375, juin 2011, p. 66-67.

heures...). Le temps économique des producteurs et des consommateurs n'est pas forcément le même, les politiques économiques et sociales peuvent entraver le développement.

Les opportunités économiques existent mais elles sont occultées

Des opportunités économiques existent à Mayotte, comme dans toute économie. Elles sont vraisemblablement liées à ses avantages naturels, le lagon en particulier. Logiquement le tourisme bleu semble être l'un des piliers économiques les plus prometteurs pour l'île dans une approche durable (économique, sociale et écologique). C'est une priorité stratégique affichée, mais en fait concrètement son soutien politique est souvent défaillant.

Ainsi le bras armé du développement du tourisme à Mayotte, le CDTM, a connu de nombreuses difficultés. En septembre 2009, le non versement du solde de la subvention 2008 du Conseil général, conduit à une procédure d'alerte et à un plan d'économies. En décembre 2010, les assises du tourisme font salle comble mais les élus sont peu ou pas présents, absents, en particulier, aux tables ronde où ils devaient dialoguer avec les professionnels ! L'excuse de l'un de ces politiques est que « la notion de tourisme n'est pas assez concrète pour nous ». En fait les politiques ne semblent que peu s'intéresser au développement économique et au tourisme durable en particulier.

Un renouvellement politique mais de nouvelles possibilités de dérapage

Il reste qu'il y a un renouvellement du personnel politique (et syndical, associatif...) et que pour nombre de jeunes élus du Conseil Général les débats et les attitudes purement politiques pourraient laisser plus de place à l'initiative économique et à des rapports différents avec l'état et l'Europe, plus de négociations que de revendications.

Mais on peut toujours craindre que certains soient gagnés par la facilité. En effet, il sera toujours plus facile d'exiger, et éventuellement d'obtenir, par la lutte sociale et politique, l'égalité en matière de RSA avec les autres départements que de s'investir dans le développement durable de la pêche ou du tourisme ! La première revendication peut donner des

---

[65] C'est sans doute trop tard, au 1er janvier 2014 le SMIG est passé à 98,7% du Smic métropolitain et le gouvernement pense l'aligner au 1er janvier 2015, maire-info.com, « Mayotte : dans le cadre de la transformation de Mayotte en Dom, le SMIG mensuel net sera aligné en trois ans sur le SMIC net mensuel de métropole », 13 décembre 2011.

résultats rapides en termes de notoriété positive, la seconde non, elle peut même provoquer l'inverse pour des acteurs politiques et sociaux.

Le passage en RUP et « l'européanisation » : trop vite ?

Encore le statut !

Avec la perspective du passage au statut de RUP (Région ultra-périphérique de l'Europe le 1er janvier 2014) on a eu parfois l'impression que Mayotte attendait une deuxième fois, et avec un certain enthousiasme, « le miracle par le statut ». En 2012, on attendait 500 millions d'euros pour la période 2014-2020[66], en insistant assez peu sur le fait que ces crédits éventuels sont utilisables à condition que les collectivités locales financent 20 % du total et avancent les fonds.

Cela paraît délicat dans la mesure où toutes les communes seraient en faillite (selon le sénateur-maire de Mamoudzou) et où le conseil général lui-même présentait un déficit de 80 millions d'euros. La solution classique passe par une augmentation des impôts locaux, fonciers en particulier. Mais avec un statut et une situation du foncier complexes, cela ne peut être réalisé qu'avec du temps[67].

La Rupéisation au « pas de charge »

S'il y a en fait un problème de gouvernance, à rapprocher des effets collatéraux « du combat pour le statut », il faut bien comprendre aussi que tout va trop vite. Cela était déjà souvent le cas pour la départementalisation et devient vraiment flagrant pour la Rupéisation ! Les communes ne pourront suivre ! C'est ce que souligne le président de l'association des maires, Ibrahim Boinahery, « nous savons à peine marcher qu'on nous demande de courir ».

D'autres insistent sur le fait que depuis longtemps l'état n'est pas à la hauteur et aujourd'hui il y a un risque de blocage du fait des retards accumulés. Ainsi le sénateur de Mayotte, « Thani Mohamed en profite pour enchaîner sur un terrain qu'il pratique depuis longtemps, celui d'un État français qui n'a pas abondé autant que dans les autres territoires, les transferts nécessaires pour donner un coup de pouce au développement

66 A.M., « 500 millions d'euros de l'Europe pour Mayotte », *Journal de l'Île*, 28 juillet 2012, p. 12.

67 « La terre, enjeu d'une future guerre, pour l'instant larvée », *Malango actualité*, n° 575, 5 novembre 2012.

économique : la décentralisation comme la départementalisation sont ratées par manque de moyens face aux transferts de compétence. »[68].

Adaptations, dérogations, allongement des délais

En fait, il ne s'agit donc pas tant des fonds et de leur montant que de leur gestion et d'une adaptation au contexte local. Cette adaptation va être double, il va falloir tenir compte des besoins importants (développement économique, écologique, social) et des spécificités socio-économiques marquées de Mayotte (ménages, producteurs...) tout en intégrant la situation très difficile des collectivités locales sur le plan financier. Sinon il y aura blocage ou développement d'effets pervers qui pourraient aller à l'encontre des objectifs poursuivis.

Il reste que Thierry Repentin, le ministre chargé des affaires européennes, annonce au début de 2014 340 millions d'euros de financement pour Mayotte pour 2014-2020 (15 fois plus que de 2008 à 2013) avec, à venir, une enveloppe supplémentaire pour accompagner la restructuration de la filière pêche[69]. Il souligne la nécessité de prendre en compte les spécificités de Mayotte en demandant des dérogations et des délais pour atteindre les standards européens.

Certaines dérogations et certains délais ont déjà été obtenus pour[70] :

– une mise aux normes ou la création d'un réseau d'assainissement pour la qualité de l'eau de ville reportée à 2027,

– des délais pour les normes agricoles (poules pondeuses à 2017 et abattoirs à 2021)...

– une dérogation pour moderniser et développer une flottille de palangriers d'ici 2025...

Cela semble raisonnable, est-ce que cela sera suffisant ? Ce n'est pas certain.

Des mouvements sociaux possibles, sensiblement probables ?

Nombreux, souvent puissants

Il y a déjà eu des mouvements assez généraux sur la vie chère comme en 2011 (43 jours de quasi-blocage). Ils sont parfois plus catégoriels

68 Ces déclarations sont extraites d'une table ronde sur l'européanisation de Mayotte, « Quand le débat sur l'européanisation de Mayotte fait remonter le linge sale... », *Malango actualité*, n° 579, 9 novembre 2012.

69 « Interview. Thierry Repentin : les Français ne sont pas eurosceptiques », *Journal de l'Île*, 15 février 2014, p. 123

70 « Mayotte : fiscalité, aides européennes. Ce qui change au 1er janvier », *Le Quotidien de la Réunion*, 26 décembre 2013, p. 9.

comme en novembre 2013 avec la fiscalisation de la prime d'éloignement des fonctionnaires d'État détachés (3 semaines de grève) ou en 2012 pour la majoration Dom à la caisse de sécurité sociale, la CAF...(deux mois et demi de grève). Ils sont aussi ethniques (anti-comoriens en 2003 ou anti-blancs en 2008).

Ces mouvements peuvent parfois surprendre par leur ampleur et leur durée. Cela tient sans doute à une certaine violence traditionnelle qui correspond à un mode d'expression de substitution dans une société qui donne l'impression de fonctionner selon un schéma colonial (des patrons blancs face à des salariés, des consommateurs mahorais)[71]. Le dialogue semblant impossible avec les responsables locaux et difficile avec un État considéré comme lointain. Les négociations sont donc difficiles, longues, chaotiques et se terminent parfois de manière inattendue. S'il y a encore assez peu de salariés, leurs revendications sont souvent activement soutenues par un grand nombre de personnes qui dépendent d'eux. Cela fait, le plus souvent, beaucoup de gens dans la rue, avec des barrages routiers, des occupations de bâtiments administratifs et un blocage économique.

Il faut dire qu'à Mayotte les occasions « d'allumer le feu » ne manquent pas, compte tenu de la situation particulière de l'île. On peut, au moins, en retenir trois grandes catégories. Celles relatives à l'immigration et à la population étrangère, aux revendications relatives à « la vie chère » et au processus de départementalisation.

L'immigration comorienne « massive »

L'importance de la population étrangère sur l'île (40 % de la population totale dont 95 % de nationalité comorienne[72]) et une immigration « massive » entraînent souvent des réactions sociales dans une logique de recherche de « bouc émissaire ». Elles pourraient se renouveler compte tenu du fait que l'écart croissant du PIB par tête entre les Comores et Mayotte risque logiquement de s'accentuer encore. Cela pourrait renforcer la pression migratoire et donc entraîner la détérioration du marché du travail, la saturation des services publics, l'augmentation de la délin-

---

[71] Nicolas Goinard, « Pendant des années, Mayotte n'a pensé qu'à la départementalisation. Interview de Mlaïli Condro, linguiste sémanticien », *Le Journal de l'Île*, 27 octobre 2011, p. 12.

[72] Il s'agit donc logiquement d'émeutes anti-comorienne, même si des émeutes anti-blancs peuvent aussi se produire ponctuellement pour des raisons très différentes. En 2008 la population blanche est ainsi prise violemment à partie par la population comorienne à Mayotte à la suite de l'arrivée sur l'île d'un politique comorien en rupture de ban, Laurent Decloitre, « Emeutes anti-blancs à Mayotte », *Libération*, 28 mars 2008.

quance... Le coût direct global de cette immigration clandestine a été estimé a environ 65 millions d'euros en 2008[73].

En fait, il ne semble plus y avoir d'immigration massive[74] depuis quelques années, le solde migratoire global est en effet négatif et le nombre relatif d'étrangers se stabilise si l'on en croit les dernières données du recensement 2012. Les données objectives seraient donc en voie d'amélioration, mais cela n'a pas d'influence immédiate sensible sur la perception que les individus ont de la situation. L'INSEE annonce 80 000 résidents de nationalité comorienne, le public et les médias pensent à 100 000 ou plus.

Aussi les célèbres « Chatouilleuses[75] » menacent de reprendre du service si le visa Balladur[76] est supprimé et si l'on continue à avantager les étrangers au détriment des Mahorais (commerces illégaux, prises de possessions « sauvages » des terres, prestations sociales, délinquance des jeunes[77]...)[78]. D'autres évoquent « une guerre civile proche à Mayotte si l'insupportable ne recule pas ». Et l'insupportable, c'est la pression migratoire[79]. Cela reste donc un thème susceptible de déclencher à tout instant des réactions violentes comme à Sada en 2001 où des femmes ont provoqué l'exode des sans papiers ou à Bandrélé où la mairie a incendié les cabanes de pêcheurs squattées par des clandestins[80]...

L'adoption rapide d'une norme : la lutte nécessaire contre la vie chère

C'est une norme informelle qui a connu, et qui connaît toujours, un grand succès dans l'outre-mer, et en particulier, dans les Dom. Elle a été

---

73 C'est l'estimation du sénateur Henri Torre dans son rapport de juillet 2008, Françoise Rivière, « Mutations et évolutions de l'économie mahoraise... », *CEROM, n° 1*, novembre 2010, p. 8-9.

74 Certains considèrent qu'il faudrait plutôt parler d'émigration « massive », Antoine Math, « Mayotte, terre d'émigration massive », *Plein droit*, n° 96, mars 2013.

75 Il s'agit de femmes favorables à l'appartenance de Mayotte à la France et qui, de 1965 à 1975, ont entrepris de chatouiller les hommes politiques comoriens pour les faire renoncer à rester à Mayotte.

76 Indispensable depuis 1995, il supprime la libre circulation entre Mayotte et les autres îles des Comores.

77 Il s'agit, en particulier, des jeunes isolés à la suite de la reconduite aux Comores de leurs parents. Ils semblent survivre en multipliant les cambriolages, ils seraient au nombre de 3 000, au moins, « Les mineurs isolés de Mayotte oubliés », *linfo.re*, 21 février 2014.

78 Jean-Claude Vallée, « Mayotte : la guerre de la chatouille va-t-elle reprendre », *Le Quotidien*, 29 juillet 2012, p. 50.

79 « Les femmes leaders parlent de guerre civile », *mayotte.orange.fr.*, 30 août 2013.

80 Jean-François Dedieu, « Mayotte : ne m'appelez plus jamais France... », *agoravox.fr*, 23 février 2013.

adoptée très rapidement à Mayotte, dès 2009 et surtout 2011[81]. Cela débouche sur des mouvements sociaux favorables à la réglementation des prix (des baisses exigées) ou et au renforcement de la concurrence.

A Mayotte, les acteurs de cette lutte sont en place avec, d'un côté, la grande distribution, les producteurs locaux et de l'autre, les syndicats de salariés, les associations de consommateurs... Mais il y a un élément supplémentaire, assez spécifique c'est la grande volatilité des prix. Cela renforce considérablement la perception que la population a des excès des entreprises en matière de prix. On sait que les ménages sont plus sensibles aux hausses qu'aux baisses, plus sensibles aux prix des produits achetés fréquemment, comme ceux de l'alimentation.

Cela peut multiplier et renforcer les conflits sociaux avec le thème de la vie chère comme support initial. Par conséquent, il faudra être très attentif à l'application de « la loi Lurel ». Cette loi relative à la régulation économique outre-mer depuis novembre 2012 est applicable dans les Dom et certaines collectivités d'outre-mer ou COM et donc à Mayotte.

Un processus long de « mise aux normes » et des conflits multiples

Après la fin du combat pour le statut, vient aujourd'hui la mise à égalité de Mayotte avec les différentes règles et avantages (droits et devoirs : mise aux normes) de ce statut (Département et RUP en fait). Le rythme de la progression est parfois prévu, mais le plus souvent le détail de la mise en œuvre reste à déterminer, sans compter que certaines adaptations peuvent se révéler nécessaires. Cela introduit des incertitudes, suscite des inquiétudes et peut déboucher rapidement sur des conflits.

Cela est d'autant plus probable qu'il existe désormais à Mayotte une vitrine des différents avantages « domiens » dans laquelle il est tentant de puiser par opportunisme, certaines organisations et leurs responsables y voyant un moyen de conforter leur notoriété, ou simplement par impatience, l'avantage est acquis et il semble qu'il ne reste qu'à le décrocher de suite, sinon la situation apparaît comme injuste. En effet, localement on ne comprend pas toujours pourquoi il faudrait attendre, le statut étant obtenu, « l'envie de posséder s'est installée. L'envie de consommer ». Le nouvel objectif devient l'alignement sur les autres Dom, le plus rapidement possible.

Des exemples récents peuvent témoigner de cet tendance. A la fin de 2012, après sept semaines de conflit, une trentaine d'agents (UD FO) de la Sécurité Sociale de Mayotte intervient dans un colloque sur la santé. Ils

---

[81] Ericka Bareigts, « Régulation économique outre-mer. Rapport première lecture n° 245 », *Documents législatifs Assemblée Nationale, Commission des affaires économiques*, octobre 2012, p. 13-16

le bloquent et exigent de bénéficier immédiatement de la « majoration Dom » de 40 %, alors que la Caisse des Caisses de Sécurité Sociale a alloué 5 % en juillet 2012 et propose ensuite 2 % par an pendant 17,5 ans[82]. Parfois même les demandes sont supérieures à ce qui existe dans les Dom[83]. Ce genre de conflits pourraient se multiplier. Cela risque de contribuer à faire passer l'accélération de la convergence vers l'égalité avant de possibles adaptations qui pourraient, dans certains cas, être plus favorables au développement du plus grand nombre.

Notons aussi qu'il y a une grosse différence, au moins actuellement, entre les demandes qui émanent des salariés, souvent fonctionnaires, qui sont bien informés et le reste des ménages ! Ainsi le RSA, en octobre 2012, c'est-à-dire après 3 trimestres d'application, n'a été demandé que par 7 000 personnes contre 13 500 prévues. Cela peut tenir au fait que le bénéfice social est modeste, mais surtout, sans doute, que l'information n'a pas vraiment atteint la totalité de ceux qui auraient pu en bénéficier. Il faut dire, de plus, que la brochure était en français ! Il y a donc bien toujours un territoire à deux compartiments, Mayotte la moderne et Mayotte la traditionnelle.

Ajoutons, que les conflits peuvent parfois surgir de manière très collatérale du fait de la départementalisation. En effet, cela remet ainsi en cause la situation des fonctionnaires d'État, hospitaliers et territoriaux en les soumettant à la fiscalité française commune qui leur est moins favorable. Cela a déclenché des mouvements sociaux, un peu paradoxaux, mais qui ont été largement approuvés, au-delà des bénéficiaires directs.

Il est préoccupant de noter que le montant des investissements des APU est relativement modeste par rapport à leur dépense de fonctionnement : de 1 à 4 durant les années 2000 (1 à 2,5 pour la France en 2007). Cela fait craindre que l'accroissement nécessaire des effectifs de la fonction publique et la forte croissance prévisible des rémunérations (augmentation du SMIG et mise en place de l'indexation) ne laissent « que peu de marge de manœuvre pour la réalisation d'investissements publics de grande ampleur[84] », alors qu'il s'agit là d'une priorité essentielle pour le futur.

Au total, on constate que, durant la dernière période, c'est la départementalisation qui constitue une source d'instabilité sociale. On est ainsi

---

[82] « La santé de la femme revue et corrigée magistralement par les syndicalistes », *malango.actualité.fr*, n° 582, 13 novembre 2013.

[83] L'intersyndicale de la fonction publique demande en 2013 une indexation à 2,15, supérieure à celle de la Réunion (le minimum), F.B. « Mayotte. Pour une indexation à 2,15 », *Le Quotidien de la Réunion*, 8avril 2013.

[84] Françoise Rivière, « Mutations et évolutions de l'économie mahoraise à la veille de la départementalisation », *CEROM, n°1*, novembre 2010, p. 12.

passé de l'instabilité par les changements de statuts, ce qui était la règle de l'histoire mahoraise durant les périodes précédentes, à l'instabilité par les mesures d'application du statut « définitif » ! C'est le paradoxe mahorais actuel du rapport entre statut et développement.

Itinéraire pour devenir département français

Yvan COMBEAU
Université de La Réunion

A la différence des autres îles des Comores (la Grande-Comore, Anjouan, Mohéli), placées sous protectorat français à la fin du dix-neuvième siècle, puis annexées peu avant la guerre de 1914, Mayotte devient colonie française le 25 avril 1841 alors que Angazidja, Anjouan ou Mohéli n'entrent dans l'espace des conquêtes coloniales de la France qu'à la fin du XIXème siècle et sont annexées en 1914. Par son histoire et son ethnie, « Mayotte est bien une île à part dans l'ensemble comorien et, dans ces conditions, il n'est pas surprenant qu'elle ait des aspirations et des sentiments particuliers » (Philippe Decraene). Mayotte s'installe comme le point d'amarrage et d'expansion de la présence, de l'influence, françaises. L'île revendique une appartenance à la France depuis des décennies. En ne remontant que depuis la naissance de la Vème République, la liste des proclamations, des manifestes compose un imposant florilège de déclarations certifiant l'attachement à la République française, la volonté de s'installer dans le cadre français. Lors de son voyage présidentiel en juillet 1959, le Général de Gaulle reçoit un accueil enthousiaste à Daoudzi. Dans un contexte mondial de guerre froide, qu'il ne faut jamais oublier, la situation dans les îles du sud ouest de l'océan Indien focalise les enjeux des grandes puissances. Cette assurance française distingue l'île dans l'archipel. L'attache nationale n'est pas partagée par les trois autres territoires. Dans cette conjoncture marquée par les dissonances politiques inter-îles, le changement de capitale en abandonnant Dzaoudzi pour Moroni se lit comme un geste d'hostilité contre une population favorable au statut de département. Initialement prise en 1961, la décision a des conséquences directes sur le quotidien des Mahorais. Elle constitue évidemment une importante déperdition de ressources économiques. Elle suscite aussi des inquiétudes et des interrogations sur la possibilité d'exprimer une marque française dans l'ensemble comorien. Marcel Henry, ancien conseiller économique et social, s'affirme comme l'un des leaders de ce mouvement départementaliste. Dans l'histoire du mouvement mahorais, deux femmes (Zaîna et Zena) illustrent cet engagement féminin, avant-garde du combat en faveur des couleurs tricolores. Le climat entre les îles se détériore graduellement durant la décennie 60. Le président du conseil de gouvernement, Mohammed Cheik, symbolise pour la population mahoraise cette décision rupture (le changement de capitale) et devient l'adversaire proclamé. Chacun garde à l'esprit les événements d'août 1967 quand il faillit être lapidé par les partisans de l'attachement à la France. La confrontation est ouverte et Mohamed Cheik refuse de revenir à Mayotte.

La décennie s'achève avec les événements du 13 octobre 1969. Alors que des Mahorais souhaitent embarquer sur un bateau pour se rendre à Moroni et exprimer un soutien au gouvernement, un groupe de femmes départementalistes entrent en action pour empêcher ce départ. Elles sont réprimées par les forces comoriennes. Une journée de violence entre ceux qui « trahissent » et ceux « qui résistent ». La France ne sait comment répondre aux attentes des Mahorais sans défaire l'archipel.

Cette « île minoritaire » revendique une position singulière dans l'entité comorienne. En 1970 quand il succède au Dr Saïd Mohammed Cheikh, le prince Saïd Ibrahim, ancien député UDR, affiche sa volonté de préserver l'unité politique premier et rappelle la situation d'un archipel en crise (« les Comoriens représentent la moitié de la population de tous les territoires d'outre-mer, mais ne reçoivent que 10 % des subventions allouées à ceux-ci par la métropole »). Le nouveau chef du gouvernement choisit les logiques d'apaisement. Dans son discours, le processus vers l'indépendance (« prématurée », « à préparer avec minutie ») qui avait été repoussé lors du referendum de 1958 reste un horizon encore lointain. Inversement le mot correspond bien à l'état d'esprit d'une partie du personnel politique. L'hostilité face à la métropole, à son indifférence face à l'accumulation des retards et l'accentuation des difficultés économiques et sociales favorisent le développement d'une démarche de contestation, voire de rupture. Les gouvernants sont en quête de voies nouvelles pour contrecarrer les formations indépendantistes minoritaires MOLINACO (Mouvement de libération nationale des Comores) et le PASOCO (Parti socialiste comorien). Autonomie interne ou renforcement de la présence métropolitaine. Les Comores observent aussi la situation de l'île de La Réunion. La départementalisation de 1946 a été pendant dix années dans une longue phase d'attente, puis de déception. Mais l'arrivée de Michel Debré, en mai 1963, a bouleversé la donne. La Réunion bénéficie de l'engagement d'un ancien premier ministre et des crédits nationaux. Et dans ce début des années 70, les dirigeants comoriens se tournent toujours vers Paris et formulent quelques espérances résumées par Michel Legris :

« C'est donc toujours dans la métropole qu'en dépit des déceptions la population continue de placer ses espoirs. Aussi bien est-on persuadé, dans les services du ministre chargé des départements et territoires d'outre-mer, que si l'on posait à nouveau aujourd'hui la question qui fut soumise à référendum en 1958, on obtiendrait encore une réponse positive. La Grande Comore, Anjouan et Mohéli, tout en écartant la " départementalisation " réclamée par Mayotte, ne peuvent en effet s'empêcher d'envier la Réunion. Devant son exemple, les Comores ne détesteraient pas de voir un homme politique métropolitain venir solliciter les suffrages des électeurs. Le prince Saïd Ibrahim, pour sa part,, est le premier à formuler un tel souhait. Bien entendu, on chercherait un parlementaire capable de faire entendre la voix des îles aux Palais-Bourbon et dans les administrations parisiennes. Susceptible aussi de faire preuve, comme M. Debré dans sa Mascareigne, d'un attachement sincère et efficace à sa lointaine circonscription. Ministrable enfin, si possible, avec présentation sérieuse et ayant déjà fourni preuves de fidélité,, genre Couve de Murville. J.-J. S.-S. s'abstenir... »[1].

Derrière l'expression comorienne se joue l'essentiel : comment interpréter les votes d'un archipel ? L'idée d'un referendum examiné « île par île » n'est pas une invention de l'année 1975. Ce mode opératoire a été avancé par le mouvement mahorais qui sait l'hostilité des trois autres îles et sait… compter. Lors d'un déplacement, le ministre des DOM-TOM, Henri Rey l'a déjà déclaré : il appuie le décompte île par île. Parole ministérielle qui enflamme d'espoir les partisans de la séparation.

Les élections législatives du 6 juin 1971, suite à la dissolution de la Chambre décidée en mars, confirment sur Mayotte l'influence de l'Union pour la défense des intérêts locaux. L'instabilité politique entraîne le renversement du gouvernement de Saïd Mohamed Cheik. Une nouvelle dissolution de la Chambre ne fait qu'ajouter à la volonté de la population mahoraise de sortir de ce qu'elle considère comme un possible piège indépendantiste. La crainte se manifeste d'être emporté dans la voie de l'indépendance. Elle explique les constantes critiques mahoraises contre « l'arbitraire du gouvernement comorien ». Mayotte veut sortir de la crise par une adhésion renforcée à la France. Les promesses de Pierre Messmer (ministre des DOM-TOM en février 1972) d'une évaluation de suffrages île par île sont bien entendues à Dzaoudzi alors que le nouvel homme fort du pouvoir comorien, Mohammed Ahmed refuse tout compromis sur cette pratique. Pierre Messmer tient une place particulière dans l'histoire de Mayotte-Département. Le journal royaliste *Aspects de la France* qui suit très attentivement, publie de nombreux articles sur l'île, lui accorde un satisfecit : « Ancien ministre de la France d'outre-mer, il a sans conteste œuvré pour que l'île de Mayotte reste française. En janvier

1 *Le Monde, 1er janvier 1971.*

1972, il promettait aux Mahorais, que, Français depuis 130 ans, ils pourraient le demeurer encore 130 ans s'ils le désiraient »[2].

La distance mahoraise se lit encore dans les résultats des votes pour la recomposition de l'Assemblée des députés des Comores (décembre 1972). Les partisans de l'indépendance l'emportent sur les terres de la Grande Comore, à Anjouan et Moéli. Ils détiennent une notable majorité à l'Assemblée territoriale. Inversement plus de 80% du corps électoral mahorais appuient le mouvement départementaliste. Ahmed Abdallah devient avec 31 voix sur les 39 députés (les 5 députés mahorais votant contre), le nouveau président du Conseil de gouvernement pour les Comores. Ce riche commerçant, sénateur, ancien président de la Chambre des députés, proche de l'U.N.R. porteur d'un projet d'indépendance se heurte constamment à la représentation mahoraise. Dans la foulée de son élection, il fait adopter lors d'un vote solennel un texte en faveur de l'approbation de l'accession des Comores à l'indépendance dans le cadre d'une coopération avec la France. Seuls les cinq députés mahorais rejettent cette motion. Dans le contexte des années 1973-1974 marqué par la maladie du Président Georges Pompidou, s'ouvre des négociations sous la direction du ministre des DOM-TOM Bernard Stasi (juin 1973) sur le processus à mettre en œuvre pour allers vers l'indépendance. Marcel Henry comme Younoussa Bamana défendent une trajectoire distincte pour Mayotte en ne cessant de souligner la constante unanimité de l'expression mahoraise. Le vote sur l'indépendance s'installe dans le calendrier gouvernemental à l'échéance de quatre à cinq années. Fin du statut à autonomie interne. Désormais les deux camps qui développent deux logiques antinomiques savent qu'ils entrent dans une phase décisive. La conclusion d'années de tergiversations se rapproche. Mayotte ne veut ni du statu quo ni de l'indépendance. Les tensions montent. Les incidents se multiplient. En juillet 1973, le député Younoussa Bamana est arrêté, puis incarcéré. La question mahoraise s'invite dans le débat national avec plus d'acuité. Longtemps indifférente, la société politique française doit désormais prendre part et partie. La droite n'est pas unanime. Michel Debré mobilise ses réseaux contre la politique du très giscardien Bernard Stasi. Dans l'organe gaulliste *La Nation*, le ministre devient une cible régulière : « Contrairement à ses prédécesseurs, M. Stasi envisagerait-il, à propos des Comores, de renoncer à un référendum effectué île par île ? ». Bernard Stasi ne s'inscrit pas dans les pas et les mots de Henri Rey ou Pierre Messmer qui affirmaient la nécessaire validation île par île en donnant ainsi des garanties aux partisans de l'adhésion française de Mayotte. Par ces déclarations (5 novembre 1973), Bernard Stasi amorce

---

2 *Aspects de la France*, 25 février 1988.

un virage par le simple fait d'évoquer des modalités de vote et des procédures électorales encore non définis. Un écart pris avec le passé alors qu'il est membre d'un gouvernement dirigé par Pierre Messmer. L'Exécutif flotte. Michel Debré garde lui le cap et intervient à l'Assemblée nationale. Il interpelle directement le ministre sur les conditions du vote : « L'orientation de la politique à l'égard du territoire des Comores paraissant conduire à une consultation populaire, n'est-il pas indispensable de confirmer la décision selon laquelle chaque île de l'archipel sera maîtresse de son destin ? ». Les désaccords en resteront là jusqu'à l'élection présidentielle anticipée suivant la mort de Georges Pompidou (2 avril 1974). Quel est le poids électoral (150.000 inscrits) des îles des Comores dans ce scrutin ? Élection serrée pour le second tour entre Valery Giscard d'Estaing et François Mitterrand. Chaque voix compte. Et Ahmed Abdallah n'ignore rien des arcades de la politique nationale. Du côté des Mahorais, le choix a été fait en faveur de VGE. Sans négliger l'incontestable fraude des deux tours de scrutin, c'est la question des formes de la future indépendance qui s'impose comme l'axe structurant de la consultation et fait office de ligne de partage au sein du personnel politique et du corps électoral.

Élu le 19 mai 1974, VGE prépare l'organisation d'une consultation d'autodétermination des populations des Comores. Promesse de campagne faite à Ahmed Abdallah ? Marchandage de l'entre-deux-tours[3] ? Le nouveau président accélère le rythme quand les craintes se manifestent à Mayotte : « les quarante mille habitants de Mayotte se battent pour ne pas être arrachés à la communauté nationale...Nous ne contestons pas aux trois îles de la Grande-Comore, d'Anjouan et de Moheli le droit d'accéder à la souveraineté internationale, mais, en contrepartie, nous voulons pouvoir exercer notre propre droit à l'autodétermination » Marcel Henry.

L'Exécutif ne cesse de rappeler qu'il s'agit d'une consultation et non d'un referendum. Les débats parlementaires, et particulièrement ceux de la Haute Assemblée sont vifs. Le Sénat parvient à faire modifier le mode de décompte des suffrages. Il s'agit d'évoquer « les populations » plus que la vue globale de « la population globale des Comores ». Le sénateur socialiste Champaix appuie la position mahoraise : « Les quatre îles sont loin d'être identiques. Mayotte est française depuis plus de cent trente ans ; les autres îles sont devenues protectorats, puis colonies françaises bien plus tard, en 1912, chacune formant alors une subdivision placée sous l'autorité d'un administrateur de la France d'outre-mer ». Finale-

[3] François Mitterrand a donné sa version d'un vote donné à VGE contre l'assurance d'une indépendance, lire La *paille et le Grain*, Paris, Flammarion, 1981

ment quand le texte revient au Palais Bourbon, le ministre et la majorité de droite adoptent les dispositions sénatoriales. Revirement gouvernemental et précipitation dans la procédure. Le conseil des ministres du 27 novembre 1974 fixe au 22 décembre la consultation. Interrogation désormais « des populations » c'est à dire que Mayotte a déjà gagné la bataille de la forme. Jour de consultation ; le « oui » l'emporte (« En appelant à voter contre l'indépendance, les élus de Mayotte ont privilégié, avec une clairvoyance certaine, un mode d'administration distant plutôt que de devoir subir les foucades d'un pouvoir comorien instable »[4]) sur la Grande-Comore, Anjouan et Mohéli, recueillant plus de 94% des suffrages exprimés. Mayotte maintient sa distance par un « non » à l'indépendance avec 64% des suffrages exprimés. La presse entre dans le jeu avec des titres d'alerte : « les *harkis de l'océan Indien* condamnés à l'indépendance »[5], « Hier les Comores votaient pour l'indépendance, mais Mayotte rêve encore de rester française »[6].

La confrontation se prolonge[7]. Face à ces réalités électorales, le gouvernement français ne valide pas dans leur globalité les résultats référendaires (« ne pas payer l'indépendance des Comores de la liberté des Mahorais »). Interprétation différente de celles du gouvernement comorien et de l'ONU[8]. Face à la position française, le 6 juillet 1975, le gouvernement et le chambre des députés (Parlement comorien) optent d'une manière unilatérale pour l'indépendance. De leur côté et au même moment, les députés mahorais dénonce cette décision qu'ils considèrent comme illégale et demandent le maintien de leur île dans la république française[9]. La décision de Ahmed Abdallah coupe court à toutes les démarches pour une construction fédérale et il donne à ses adversaires un argumentaire solide. Le gouvernement de Jacques Chirac est plus que jamais à l'écoute des revendications mahoraises : « ...le gouvernement tiendra compte de la volonté ainsi manifestée »[10]. Le 12 novembre 1975, les Comores sont admises à l'O.N.U.. La séparation affirmée, l'archipel divisé, la situation entre Mayotte et les trois autres îles se fige : « les ponts sont rompus » (Marcel Henry).

---

4 Christophe du Payrat, Pourquoi avoir fait de Mayotte le 101ème département français ?, Questions contemporaines, L'Harmattan, 2012, p.15.

5 *L'Aurore*, 24 décembre 1974.

6 *Le Figaro*, 23 décembre 1974.

7 Voir Ahmed Mahamoud, *Mayotte, le contentieux entre la France et les Comores, Paris, L'Harmattan, 1992.*

8 12 novembre 1975 admission des Comores en tant que membre de cette institution. Les Comores constituées des quatre îles : Grande Comore, Anjouan, Mayotte et Mohéli.

9 Damir Ben Ali, op.cit., Approche Historique des Structures Administratives des Comores, p.32-26

10 Déclaration du Conseil des ministres le 9 Juillet 1975.

« Les Comores n'ont en effet pas abdiqué. Chaque année devant l'ONU, de 1976 à 1994, Moroni revendiquera le retour de Mayotte dans l'ensemble comorien, basant son argumentation sur l'intangibilité des frontières issues de la colonisation. Chaque année, l'Assemblée générale des Nations unies condamnera la France. Aujourd'hui encore, la diplomatie comorienne continue de revendiquer Mayotte, même si elle n'a plus mis cette question à l'ordre du jour de l'Assemblée générale des Nations unies depuis 1994 »[11].

La France installe Mayotte dans les habits d'une collectivité territoriale et l'insère ainsi davantage dans le tissu français. L'île doit pourtant marquer régulièrement sa volonté de poursuivre la voie de son intégration. Le 8 février 1976, il est demandé aux Mahorais s'ils souhaitent demeurer français. Face aux pressions internationales à l'ONU, la France use de son veto pour pouvoir organiser cette consultation référendaire. Ambiance tendue sur la scène internationale dans ce temps de la guerre froide. En janvier, l'agence officielle soviétique Tass assure : « qu'une large campagne de déportation des partisans de l'indépendance a été organisée. Plus de 2000 personnes ont déjà été amenées de force dans les trois autres îles de l'archipel »[12].

L'électeur doit répondre à la question : « Désirez-vous que Mayotte demeure au sein de la République française ou devienne partie de l'État comorien ? » L'électeur a le choix entre le bulletin jaune (« Je souhaite que Mayotte demeure au sein de la République française » et un bulletin bleu (« Je souhaite que Mayotte fasse partie de l'État comorien »). Peut-on trouver formule plus simple, directe pour être « définitivement » fixé sur l'orientation voulue par la population ?

Aucune surprise n'est attendue. Chacun connaît la teneur de l'expression. « Mayotte veut rester française » annonce le très giscardien *Figaro* dans son édition du 7 février. L'île des « irréductibles » (Laurent Zecchini) peut mettre un terme juridique à un long conflit mais rien ne sera réglé. Le journal reconnaissant que « cette sécession ne constitue pas à bien des égards une solution idéale pour les Mahorais ». Les résultats confirment ceux de la consultation du 22 décembre 1974 avec un résultat de 99,4 %[13]. La loi du 24 décembre 1976[14] dote Mayotte d'un « statut provisoire de collectivité territoriale de la République.

---

[11] Rémi Carayol *Migrants outre-mer,* 1er novembre 2008.

[12] Note de TASS repris par *Le Figaro,* 6 janvier 1976.

[13] Des chiffres qui amusent le journal *L'Humanité : « Résultats qui risquent de ne pas être pris au sérieux ». Avec cette formulation « Mais sait-on vraiment quelle est la situation réelle des habitants de Mayotte à 12.000 kilomètres de Paris, une miette d'Empire, une aberration de l'histoire ?*

[14] Loi no 76-1212 du 24 décembre 1976 relative à l'organisation de Mayotte.

Rien n'est pourtant « définitif », rien ne se fixe, ne se fige[15]. Dix années après ce vote, le débat ne perd rien de sa force afin de savoir si Mayotte doit réellement se maintenir dans la République française. La presse favorable aux attentes mahoraises ne cessent de se mobiliser. François Luizet (*Le Figaro*) interroge : « Que devient Mayotte ? ». Plus petit qu'un confetti, poussière dans l'océan Indien, avec 55.000 habitants, il fait le constat de l'indifférence métropolitaine et de la peur des gouvernements (« sourds aux francophiles ») à s'engager dans le sens demandé par la population. Un bel exemple de temps géré pour repousser la décision, le « définitif » est redouté. En principe, la loi du 22 décembre 1979, qui a déjà prorogé de 5 années le statut particulier de collectivité territoriale de 1976 oblige l'exécutif à consulter la population avant fin 1984 sur la question essentielle : se transformer oui ou non en département ? En 1984, la gauche est aux affaires et pousse les délais avec un projet gouvernemental notant que « l'île sera consultée sur le point de savoir si elle souhaite que Mayotte demeure au sein de la République française ou en soit détachée ». Gouvernement amblyope qui veut faire croire qu'il n'a pas lu, pas vu, les votes antérieurs. On procède par effacement, par contournement constant. A gauche et a droite. Hésitations ministérielles que les partisans départementalistes feignent de prendre pour des assurances (« ce projet préserve l'essentiel : la souveraineté française sur Mayotte et la nationalité française des Mahorais » Jean François Hory, député de Mayotte, Radical de gauche). Le MRG a constamment affirmé « le droit absolu de la population mahoraise à l'autodétermination ». Hésitations ministérielles qui déplaisent au président Ahmed Abdallah qui exige la réintégration de l'île dans l'archipel comorien.

La presse française s'est graduellement intéressée à la situation de Mayotte dans les années 1974-1976. Le débat au Parlement, le mode de calcul de l'expression des îles, ce sont autant d'élément qui alimentent les articles et fixent les engagements. Dans ce concert, le journal royaliste *Aspects de la France* se distingue par la permanence de ses publications. Soutien fidèle à la volonté française de l'île, il fait paraître très régulièrement des papiers appuyant les revendications départementalistes, dénonçant les « abandons » et « les peurs » de la présidence de la république. A

---

15 Sans pouvoir ici développer les éléments contextuels géopolitiques, rappelons que durant ces années 70, la France est confrontée à plusieurs situations dans l'espace océan Indien : Mayotte, Djibouti, La Réunion. La guerre froide est omniprésente dans cette zone de la planète. Et la position française contestée devant l'ONU par plusieurs pays. On rappellera l'article de Michel Debré dans la Revue de la Défense nationale (1975) avec cette formule ; « Le retrait français c'est à dire le départ de nos troupes représenterait un signal d'une gravité extrême pour l'avenir de cette partie de l'Afrique et pour les chances occidentales dans l'océan Indien ».

l'inverse, sur le flanc de l'extrême gauche, l'hebdomadaire *Rouge* accuse le président d'un « coup de force, voulant faire de Mayotte un département français ….dans la pure tradition coloniale de balkanisation »[16]. Dans le même registre, *le Quotidien du Peuple* accuse VGE d'être en lutte contre les peuples (Djibouti, Mayotte) des anciennes colonies. Sur le référendum de 1976, « il prouve la volonté du gouvernement français de se maintenir contre la volonté du peuple comorien, contre les décisions de l'ONU, contre les avis des pays africains et malgache de se maintenir dans cette île comorienne pour contrôler la route du pétrole »[17]. Une partie de la presse prend acte du vote de février, de la massivité de l'expression pro-départementalisation met reste réservé sur l'effet réel du referendum « qui ne résout pas les problèmes »[18]. Quant au PCF il considère que « la mascarade en jaune (couleur des partisans du « oui » à la France) ne fait que couvrir « le fait accompli des colonialistes français ».

Mayotte écrivait le leader Marcel Henry c'est une île amoureuse de la France mais qui « voit ses avances repoussées ». Constamment repoussée ! La fin du XXème siècle n'est qu'un long chemin de travers, une voie où les gouvernements français procèdent par contournement. Ils souhaiteraient l'épuisement du désir de France qu'ils ne procéderaient pas autrement. Se succèdent les statuts, les promesses non tenues. La France n'entend pas, ne veut point entendre la demande de départementalisation. Elle épuise Mayotte en une succession de statut de la collectivité… Toujours les mêmes démarches discursives. Mayotte l'aimée, Mayotte la Française se voit rappeler son engagement, la force des figures mais l'horizon départementaliste mérite de donner du temps à sa réalisation. Mot d'ordre partagé par les présidents de la République : retarder sans décevoir définitivement. L'île mérite tout de même une attention particulière. Sa rade en eau profonde est un joyau qu'une puissance aux aspirations mondiales ne peut ignorer. Le point mahorais constitue un phare, une vigie dans l'océan Indien et sur le Canal du Mozambique. Proche de Madagascar, de La Réunion, l'île est un atout de la politique française dans l'espace des îles du sud ouest de l'océan Indien. Rappelons ici le discours de Jacques Chirac le 19 mai 2001 sur la place du marché de Mamoudzou à Mayotte. Une succession de reconnaissances et d'engagements…

À tous les Français de Mayotte, j'adresse le même message de fraternité, de soutien, de fidélité et d'affection…je tiens aussi à rendre hommage à tous ceux qui ont proclamé l'attachement, l'adhésion de Mayotte à notre patrie, et tout particulièrement

---

16 *Rouge,* 18 décembre 1976.

17 *Le Quotidien du Peuple,* 10 février 1976.

18 Pour reprendre ici le titre du journal *Les Echos,* 9 février 1976.

aux femmes qui ont illustré cet émouvant combat. Ma présence ici est évidemment un engagement… Nous avons ensemble le devoir de faire en sorte que les années qui viennent soient aussi riches de progrès, qu'elles contribuent à accélérer la croissance de Mayotte et à resserrer encore ses liens avec le territoire métropolitain…

L'accélération du processus de départementalisation de Mayotte prend un tournant significatif avec le nouveau siècle. Symbole des changements l'accord du 27 janvier 2000 et le statut de « collectivité départementale » qui a vocation à rapprocher l'île du droit commun. La collectivité était maintenue dans l'article 74 de la Constitution[19]. La population de Mayotte consultée le 2 juillet 2000 se prononce à 72,94% en faveur de cet accord. La loi du 11 juillet 2001[20] consacre « la collectivité départementale », tout en admettant implicitement l'impossibilité d'une départementalisation à court terme du fait des spécificités locales. Le moment décisif naît avec l'élection présidentielle d'avril-mai 2007 et l'engagement du candidat Nicolas Sarkozy(« L'ancrage de Mayotte dans la République est désormais inscrit, depuis 2003, dans notre constitution, et votre île à vocation à devenir un département français. Aussi, si le Conseil général de Mayotte me le demande….je vous consulterai sur la départementalisation de votre île… »). Un scrutin présidentiel qui se déroule dans une conjoncture politique et sociale marquée par des grèves (barrages des routes, manifestations des instituteurs).

Ces manifestations s'inscrivent dans un mouvement de fond qui touche l'île au lagon depuis le début de l'année : une volonté d'égalité sociale avec la métropole et les Dom. Alors que la Sécurité sociale fête sa première année à Mayotte, les Mahorais, « français depuis 1841, avant Nice et la Savoie », n'ont toujours pas d'assurance chômage, ni RMI ou prestations familiales et sociales (allocations familiales, parent isolé, handicapé...), provoquant le départ de milliers de Mahorais vers la Réunion ou la Métropole, où ils bénéficient de ces droits[21].

Le candidat Sarkozy s'avance et fixe l'échéance. Le mot est lâché : « la départementalisation » entre dans le champ des possibles. Une départementalisation « adaptée et progressive », ce qui laisse cependant de la latitude à la machinerie gouvernementale.

---

19 Consulter la population sur les grandes lignes du futur statut avant le 31 juillet 2000 ; -doter progressivement le conseil général de nouvelles compétences exercées, dans le droit commun, par les départements et régions ;-Transférer l'exécutif du conseil général, auparavant détenu par les préfets, au président du conseil général aux termes d'un délai prévu par la loi.

20 Loi n0-2001-616 du 11 juillet 2001 relative à Mayotte. Elle fixait les étapes de la décentralisation qui visait essentiellement à mettre en pratique les grands principes régissant l'organisation administrative du 02 mars 1982.

21 Laurent Canavate, *Le Monde, 13 avril 2007.*

Lors du premier tour de la présidentielle, le candidat de l'UMP maintient sa place de premier parti avec 30,4% des suffrages pour Nicolas Sarkozy. Le PS obtient 27,9% (Ségolène Royal). François Bayrou, seul candidat qui est venu sur le territoire se situe à 25,6%. A noter les 7,7% de suffrages blancs et nuls, marqués du mot « Intégration », déposés dans les urnes à l'appel des instituteurs en grève depuis six semaines. Mais, au second tour, 6 mai, c'est la candidate socialiste qui passe nettement la barre de la majorité des exprimés avec 59,7%. Traduction législative (juin 2007) avec le succès centriste de Abdoulatifou Aly (MDM) remplaçant le sortant (UMP) Mansour Kamardine. Il l'emporte avec 56%. Avocat comme son prédécesseur, le nouvel élu, candidat du Mouvement départementaliste mahorais, a plaidé au long de sa campagne pour « l'égalité républicaine ». « Il faut que le droit commun arrive à Mayotte comme partout ailleurs dans la République », avait-il déclaré. Suppléant du sénateur Marcel Henry de 1995 à 2004, il avait obtenu le soutien de la quasi-totalité des candidats du premier tour. Avec ces scrutins de 2007, la société politique mahoraise prolonge le combat des anciens. Younoussa Bamana, fréquemment présenté comme le père de Mayotte moderne, député puis président du conseil général, est décédé le 22 juin 2007 à l'âge de 72 ans. Premier déplacement à Mayotte et déclaration du nouveau secrétaire d'État à l'outre-mer, Christian Estrosi : il se prononce pour « une évolution progressive » de Mayotte vers le statut de département d'outre-mer (Dom), lors d'un voyage officiel, les 19 et 20 juillet, sur ce territoire. Sur l'horizon de ce statut à dessiner le secrétaire d'État souligne les droits et.... les devoirs des Mahorais.

« Les autorités françaises ne cachent pas leur crainte qu'une évolution trop rapide vers le statut de Dom et l'instauration de prestations sociales, telles que le RMI, ne déstabilisent ce territoire, déjà fortement concerné par le phénomène de l'immigration clandestine en provenance des Comores ».

L'illustration de cette accélération se retrouve lors des élections cantonales de mars 2008 avec la formation d'une alliance inédite entre l'UMP, le Mouvement départementaliste mahorais (MDM) et le PS pour appuyer la candidature de Ahmed Attoumani Douchina (UMP). Il se retrouve à la tête de l'exécutif du conseil général de la collectivité départementale. Importance de cette coalition qui pousse un partisan du referendum en faveur de la départementalisation. Elle s'inscrit dans la stratégie affichée par le gouvernement prêt à accompagner un processus départementaliste. Pendant que le gouvernement des Comores doit combattre Bacar, l'homme fort d'Anjouan, dès la fin du mois avril une délégation du conseil général rencontre le Roger Karoutchi secrétaire d'État aux relations avec le Parlement, pour lui remettre une résolution votée à l'unanimité, vendredi 18 avril, en faveur d'une départementalisation et de l'organisation dans l'année d'un référendum. Dans les délais envisagés, le gouvernement ouvre la dernière porte vers la naissance d'un deuxième département français dans l'océan Indien. Le 29 mars 2009, les Mahorais ont entre leurs mains le bulletin « oui » pour convertir une très ancienne revendication dans un « pacte pour la départementalisation ». Ils l'utilisent sans surprises : « la réponse a été sans ambages conforme aux attentes de tous les observateurs »[22].Sur les 72.030 inscrits, 41 490 électeurs disent « oui ». Victoire du « oui » par 95% des suffrages exprimés (et en fonction des inscrits avec 57%). Le taux de participation (61,02%) déçoit les départementalistes. Une donnée qui marque une lassitude ou les hésitations, un manque d'enthousiasme ?, puisque le chiffre est inférieure à celui des trois précédentes consultations depuis1974. Le pacte adopté se lit comme un moment historique, « un rêve porté par plusieurs générations qui se réalise » (Nicolas Sarkozy). Paradoxe d'une situation mahoraise quand l'ensemble des outre-mers français manifeste. Grèves aux Antilles, puis à La Réunion. Le modèle de « la départementalisation » serait « dépassé ». Ces manifestations qui expriment une colère face aux réalités économiques et sociales débouchent sur des États Généraux de l'Outre-mer. Mayotte continue son chemin vers l'objectif sans interroger la validité du logiciel départementaliste. Christophe du Payrat peut souligner dans son introduction « La départementalisation de Mayotte s'opère en l'absence de réel débat, tant national que local, le sujet paraissant trop anecdotique vu de Paris et l'unanimité départementaliste étant trop ancré pour être seulement questionnée localement »[23].

Reste les deux dernières pierres à cet édifice : l'élection d'un nouveau conseil général et un vote favorable de la majorité des conseillers généraux. En janvier 2010, lors d'une visite à Mayotte avant d'arriver à La Réunion pour une présentation de ses vœux à l'outre-mer, le chef de l'État rappelle les logiques de ce pacte qui sur trois décennies conduit à l'égalité au sein de la République. Il martèle son exigence d'un respect des devoirs, « des devoirs nouveaux » qui sont liés à l'accès obtenu à la départementalisation (fiscalité, égalité homme-femme, une seule justice…). Et d'insister sur les problèmes posés par l'immigration clandestine : « *Qui n'a pas croisé à Mayotte un voisin que l'on savait reconduit vers les Comores quelques jours plus tôt ? Qui n'a pas donné un travail à un Comorien que l'on savait en situation irrégulière ? Il faut mettre fin à une vaste hypocrisie : près de 15 000 travailleurs à Mayotte sont des clandestins »*[24]. Sur les 200.000 habitants (sur un espace de 370km2), le chiffre de 40% de réfugiés clandestins est

---

[22] Jean Martin, *op.cit, p .173.*

[23] C du Payrat, op.cit, p. 8.

[24] Discours de Nicolas Sarkozy, le 17 janvier 2010.

fréquemment avancé. Chacun a les images de ces embarcations de fortunes (« Kwassas kwassas »[25]) qui filent vers « l'Eldorado » mahorais ; « les traversées en kwassa-kwassa font environ cent cinquante morts par an, majoritairement des femmes et des enfants qui ne savent pas nager… cela dure depuis plus de quinze ans... »[26].

Depuis de nombreuses années l'inquiétude monte. En décembre 1988, le Conseil général de Mayotte adressait au premier ministre (Michel Rocard) une adresse solennelle pour évoquer la situation « créée par l'afflux massif et accéléré d'émigrants venus des îles voisines et notamment des Comores… ». Un quart de siècle après, le drame des naufrages de kwassa au large des côtes mahoraises demeure. En février 2014, la Brigade Nautique de la Police aux Frontières est intervenue dans le sud ouest de la Passe de Bouéni dans le cadre d'une mission de lutte contre l'immigration clandestine découvre un navire de type Kwassa-kwassa qui a chaviré. Comme le note les agences de presse : « Malgré l'arrivée des secours, sous réserve d'éléments nouveaux, le bilan serait de 7 personnes décédées et un porté disparu.15 naufragés ont pu être sauvés. »

Mars 2011, Mayotte choisit dix-neuf élus pour son conseil général les 20 et 27 mars. Ils auront la responsabilité de faire de l'île le 101e département français et le 5e d'outre-mer. Tout a été prévu pour faire de cette journée un moment particulier, un aboutissement célébré dans l'enthousiasme mais sans exagérer les discours et les cris. « Moment fort donc dans l'histoire insulaire mais honoré a minima par le gouvernement » avec uniquement la présence de la ministre de l'outre-mer, Marie-Luce Penchard. La France connaît l'histoire et la géographie de ce sud-ouest de l'océan Indien. Elle sait aussi que sur le plan international, Mayotte demeure une terre constamment revendiquée par la République des Comores. 35 années après la fracture de 1975, l'ONU n'a toujours pas entériné les votes des mahorais. Mais l'événement ne se déroule pas comme prévu. Le jeudi 31 mars, le conseil général est en crise, en crise politique. Seuls 11 conseillers sur 19 sont présents sur les bancs dans la petite salle du conseil général à l'ouverture de la séance. Les édiles de l'UMP et NC refusent de participer. Pas de quorum (des deux tiers) pour cette première réunion destinée aussi à élire le nouveau président du conseil général. Et le président sortant, Ahamed Attoumani Douchina (UMP) annonce le report de la réunion. Pas de quorum pour l'accession

[25] Ces canots de fortune qui risquent de se renverser dans la traverser entre Anjouan et Mayotte ont pris le nom d'une danse célèbre pour ses rythmes. Risque premier : le chavirement sur la distance de ces 60 kilomètres. Course vers Mayotte pour éviter l'accident ou l'arrestation par les forces

[26] Eric Trannois, « La grande traversée : Anjouan-Mayotte en kwassa-kwassa », article sur le site malango-mayotte.

à la départementalisation ! Et pourtant, le texte de la loi du 3 août 2009 établit que le statut de département entre officiellement en vigueur à Mayotte à compter de la première réunion suivant le renouvellement de son assemblée délibérante en 2011. Le jeu politique prend le pas sur le combat des anciens. Explication de cette cocasse introduction avec les résultats des cantonales. Un tableau serré entre gauche et droite. Les socialistes avec le centre (mouvement pour la départementalisation de Mayotte) comptent désormais 10 conseillers contre 9 à l'UMP. La majorité échappe donc à l'UMP malgré une tentative pour faire passer à droite un élu socialiste. Dernière manœuvre ce boycott avec la volonté de gagner un peu de temps dans les coulisses. Que fait la ministre pendant cet entracte ? Elle attend à La Réunion. Elle sera finalement à Mayotte le dimanche 3 avril. Succès d'un président mahorais socialiste au Conseil général. Une Marseillaise chantée par une chorale de 101 personnes. Mayotte arrive à la fois au terme d'un long parcours et sur la ligne d'un nouveau départ.

L'évolution du contentieux juridique et politique entre la France et les Comores

Mita MANOUVEL
Université de La Réunion

Le Territoire d'outre-mer des Comores fait l'objet, le 22 décembre 1974, d'un référendum d'autodétermination. Il se prononce globalement pour l'indépendance à l'exception toutefois de l'île de Mayotte[1]. La question est alors de savoir s'il convient d'apprécier les résultats à l'échelon du Territoire dans son ensemble, auquel cas l'ensemble deviendrait indépendant, où d'apprécier les résultats île par île, auquel cas seules les îles d'Anjouan, de Grande-Comore et de Mohéli deviendraient indépendantes, Mayotte restant au sein de la République. C'est la deuxième solution qui est adoptée par les autorités étatiques françaises.

Ce choix soulevait des problèmes de droit international ou, à tout le moins, des problèmes ayant des répercussions internationales importantes. Tout d'abord, il générait un contentieux direct entre la République française et la nouvelle République des Comores. Ce contentieux n'a pas évolué, du moins juridiquement, depuis 1975. La même île de Mayotte est considérée par deux États souverains comme faisant partie de leur territoire national. Elle est « département français » pour les uns, « île autonome comorienne » pour les autres.

Au contentieux direct franco-comorien s'ajoute dès 1975 un contentieux indirect entre la France et une partie numériquement importante de la Communauté internationale des États. L'expression de ce contentieux va se manifester dans le cadre de l'Assemblée générale des Nations Unies. La décision française est considérée par ses détracteurs comme contraire au droit international en ce qu'elle violerait la norme coutumière consacrant le principe d'*uti possidetis juris*, principe selon lequel une

[1] Mayotte se prononce contre l'indépendance à une majorité de 63,82%. Les trois autres îles (Anjouan, Mohéli et Grande-Comore) se prononcent pour l'indépendance à une majorité de 94,56%.

décolonisation doit s'effectuer dans le cadre des anciennes frontières coloniales, ledit principe ne supportant pas d'exception.

La règle coutumière en question fait partie de ces nouvelles règles coutumières pouvant se passer de toute pratique préalable[2] et puisant leur force dans la seule *opinio juris* d'une forte majorité d'États, généralement exprimée lors du vote de résolutions de l'Assemblée générale des Nations Unies[3]. En l'occurrence, il s'agit de la Résolution 1514 (XV) du 14 décembre 1960 contenant la Déclaration sur l'octroi de l'indépendance aux pays et peuples coloniaux et particulièrement de son point 6 aux termes duquel « toute tentative visant à détruire partiellement ou totalement l'unité nationale et l'intégrité territoriale d'un pays est incompatible avec les buts et les principes de la charte des Nations Unies ».

La décision française est, au contraire, considérée par ses promoteurs comme conforme au droit international. Elle n'est, pour ses auteurs, que la traduction fidèle du principe du droit des peuples à disposer d'eux-mêmes, principe de même valeur que l'*uti possidetis* et valant en l'occurrence dérogation à ce principe d'*uti possidétis*.

L'antagonisme des positions juridiques n'est donc pas nouveau, il perdure depuis plus de trente-cinq ans. Ce qui est par contre nouveau, c'est la mise sous le boisseau des positions dites juridiques au profit d'un réalisme politique qui fait qu'aujourd'hui la question de Mayotte ne semble plus en être vraiment une au plan international. La raison en est, principalement, l'évolution de la situation internationale depuis 1990 et sa traduction aux Nations Unies sur le problème de Mayotte (I), évolution qui débouche sur l'apparition progressive d'une reconnaissance implicite et larvée de l'appartenance de Mayotte à la République française y compris par des États qui, officiellement, professaient une opinion contraire (II).

---

2 Selon cette nouvelle acception de la coutume, l'*opinio juris* suffirait. En matière de coutume, les États n'auraient plus besoin d'être pratiquants, il leur suffirait d'être croyants. Il faut dire qu'il aurait été difficile de trouver, en matière de décolonisation, une pratique préalable, concomitante ou postérieure. En effet, la pratique à prendre en compte en matière de décolonisation ne peut être que celle des États décolonisateurs. Or, les plus puissants d'entre eux ont toujours souligné que leurs pratiques découlaient de leur droit interne et ne relevaient pas d'obligations internationales. S'ils ont appliqué *l'uti possidetis*, c'est qu'ils l'estimaient opportun et non pas pour se conformer à une coutume internationale s'imposant à eux.

3 Nous sommes alors à l'époque de « … la grande effervescence normative manifestée au sein de l'Assemblée générale pour adapter le droit international classique aux grandes tendances réformistes animées par les pays en recherche de développement » DUPUY (J.-R.), « Formalisme juridique et Cour internationale de Justice », *in Theory of International Law at the Threshold of the 21st Century, Essays in honour of Krzysztof Skubiszewski, Kluwer law international*, 1996, p. 395.

L'évolution de la situation internationale

Le Conseil de sécurité n'adopte jamais de résolutions relatives à la situation de Mayotte[4]. Par contre, l'Assemblée générale des Nations Unies se saisit régulièrement, à partir de 1976, de la « Question de l'île comorienne de Mayotte ». Elle l'inscrit dix-huit fois à l'ordre du jour de ses sessions ordinaires et adopte sur le thème dix-huit résolutions s'échelonnant de 1976 à 1994[5]. Chacune d'elles se réfère à la Résolution 1514 (XV) de 1960.

Après avoir examiné brièvement les contenus et les formes des résolutions (A) nous nous attacherons plus longuement à analyser les conditions d'adoption de ces résolutions (B)

Contenus et formes des résolutions

Si le contenu des résolutions adoptées par l'Assemblée générale des Nations Unies entre 1976 et 1994 reste le même, à savoir l'affirmation de la souveraineté comorienne sur l'île de Mayotte, la forme des résolutions a bien changé au fil du temps. Une comparaison des dispositifs des résolutions de 1976, la première, et de 1994, la dernière, permet de mesurer l'ampleur du changement.

Les termes du dispositif de la première résolution, celle de 1976, sont les suivants : « *L'Assemblée générale*…, 1. *Condamne* les référendums du 8 février et du 11 avril 1976 organisés dans l'île comorienne de Mayotte par le Gouvernement français… ; 2. *Condamne énergiquement* la présence de la France à Mayotte… ; 3. *Demande* au Gouvernement français de se retirer immédiatement de l'île comorienne de Mayotte… ; 4. *Invite* tous les États membres à apporter individuellement et collectivement, une aide efficace à l'État comorien et à coopérer avec lui dans tous les domaines pour lui permettre de défendre et sauvegarder son indépendance, l'intégrité de son territoire et sa souveraineté nationale ; 5. *Lance un appel* à tous les États Membres afin qu'ils interviennent, individuellement et collective-

---

[4] La seule résolution du Conseil de sécurité sur les Comores est la Résolution 376 (1975) du 17 octobre 1975, dans laquelle le Conseil recommande à l'Assemblée générale l'admission des Comores aux Nations Unies. La France ne participait pas au vote. Il n'est fait, dans cette résolution, aucune allusion au problème de Mayotte. Un projet de résolution présenté au Conseil de sécurité au début de l'année 1976 avortera devant l'opposition française et l'abstention de deux autres membres permanents (Etats-Unis et Royaume-Uni).

[5] Les Résolutions seront intitulées « Question de l'archipel des Comores » pour les années 1973 et 1974 puis « Question de l'île comorienne de Mayotte » pour les années 1976 à 1994 (à l'exception de l'année 1975 qui ne connaît que la Résolution 3385 (XXX) sur l'« Admission des Comores à l'Organisation des Nations Unies, et de l'année 1978 où il n'y a pas de résolution du tout).

ment, auprès du Gouvernement français en vue de l'amener à renoncer définitivement à son projet de détacher l'île comorienne de Mayotte de la République des Comores ; 6. *Demande* au Gouvernement français d'entamer immédiatement des négociations avec le Gouvernement comorien pour la mise en application des dispositions de la présente résolution »[6].

La citation des extraits pertinents de la dernière résolution, celle du 6 décembre 1994, révèle une tonalité bien différente. Le dispositif de la résolution s'énonce ainsi : « *L'Assemblée générale*..., 1. *Réaffirme* la souveraineté de la République fédérale islamique des Comores sur l'île de Mayotte ; 2. *Invite* le Gouvernement français à respecter les engagements pris à la veille du référendum d'autodétermination de l'archipel des Comores du 22 décembre 1974... ; 3. *Lance un appel* pour que soit traduite dans les faits la volonté exprimée par le Président de la République française de rechercher activement une solution juste au problème de Mayotte ; *Prie instamment* le Gouvernement français d'accélérer le processus de négociation avec le Gouvernement comorien en vue de rendre rapidement effectif le retour de Mayotte dans l'ensemble comorien »[7].

On voit que le ton comminatoire de la première résolution, qui associait condamnation et sommation, menaces et pressions a disparu. L'évolution a été graduelle. C'est ainsi que le retrait de l'administration et de l'armée françaises et le transfert de pouvoirs à l'administration comorienne, qui devaient se faire « immédiatement » en 1976, ne doivent plus se faire que « dans les meilleurs délais » en 1977, toute indication de temps disparaissant à partir de 1984. A l'égard de la France, l'invitation et la prière ont remplacé la condamnation et la sommation et surtout, la solution heureuse attendue par les auteurs des résolutions ne peut plus résulter maintenant que de négociations bilatérales franco-comoriennes et non plus d'une pression de la communauté internationale des États sur la France.

La tonalité des résolutions a donc changé de manière significative au cours des années. Mais plus important est sans aucun doute, à partir de 1990, l'évolution des conditions d'adoption de ces résolutions.

Conditions d'adoption des résolutions

Les résolutions de 1976 à 1989

En 1976, la première résolution est adoptée par l'Assemblée générale à une écrasante majorité. Elle est approuvée par 102 États. Un seul État

[6] Résolution 31/4 du 21 octobre 1976.

[7] A/RES/49/18

vote contre. Il s'agit bien sûr de la France qui se retrouve ainsi dans la position, réputée difficile, de l'objecteur isolé. En 1989, la treizième Résolution est adoptée par l'Assemblée générale dans des conditions tout à fait identiques. Elle est votée, cette fois, par 128 États. Il n'y a toujours qu'un seul vote contre, celui de la France.

Si les Résolutions sont adoptées à une écrasante majorité, elles le sont rarement à des majorités dépassant 75% des États membres des Nations Unies. Cela reste, certes, une majorité impressionnante mais dont il convient pourtant de relativiser le poids politique en examinant qui sont les États qui s'abstiennent[8].

Si l'on retient la Résolution de 1989, tout à fait représentative des précédentes, les 24 abstentions sont les suivantes : Allemagne fédérale, Autriche, Belgique, Chypre, Danemark, Grèce, Islande, Irlande, Italie, Luxembourg, Malte, Pays-Bas, Norvège, Portugal, Espagne, Royaume-Uni, Canada, États-Unis d'Amérique, Japon, Israël, Dominique, République dominicaine, Saint-Kitts et Nevis et Saint-Vincent et Grenadines. Si l'on excepte les quatre derniers États[9], on constate que les abstentionnistes regroupent la quasi-totalité de l'Union européenne de l'époque (sauf la Finlande et la Suède[10]), la quasi-totalité de l'OTAN (sauf la Turquie[11]) et le G7 au grand complet. Nous avons là, moins les exceptions signalées[12], l'ensemble du camp occidental, ce qui n'est pas rien surtout si, pour reprendre une formulation de Serge Sur dans un autre contexte, « ... l'on pèse les voix au lieu de les compter ».

Durant cette période, la majorité dite « automatique » découlant de l'addition des voix du Groupe des 77 et de celles du camp socialiste suffit à valoir aux Résolutions un retentissement certain, mais l'abstention, que l'on pourrait qualifier de « bienveillante », d'une des composantes majeures de la communauté internationale suffit à les empêcher d'acquérir valeur de norme coutumière.

---

[8] L'analyse de la non-participation au vote est politiquement peu pertinente de 1976 à 1989, elle deviendra un élément fondamental à partir de 1990. Seulement six États n'avaient pas pris part au vote en 1989.

[9] Les votes de certains petits États d'Amérique latine sont assez erratiques.

[10] Ces deux États voteront toujours en faveur des Résolutions. Malte les votait jusqu'en 1986.

[11] La Turquie, sans doute partagée entre deux solidarités, votera également toujours les résolutions sauf en 1990 où elle s'abstient.

[12] Auxquelles il convient d'ajouter l'Australie et la Nouvelle-Zélande. Ces deux États qui s'abstenaient lors des Résolutions changent d'attitude, en 1988 pour la Nouvelle-Zélande, en 1989 pour l'Australie et votent pour les Résolutions. L'Australie retournera à l'abstention en 1993, la Nouvelle-Zélande votera jusqu'à la fin les Résolutions (maturation de l'*opinio juris* sur la question de Mayotte ou suite tardive de l'affaire du *Rainbow Warrior* ?).

Le tournant de 1990 et la Résolution de 1993

L'effondrement du camp socialiste au début des années 90 et l'affaiblissement du Groupe des 77 qui en découle vont radicalement modifier la donne. En effet, les non-alignés dont le poids politique sur le plan international tenait précisément à l'existence de l'antagonisme Ouest-Est perdent la majeure partie de leur influence lorsque cet antagonisme disparaît. Bien que des signes avant coureurs se soient manifestés dès 1989, l'année charnière sera l'année 1993.

La résolution de 1993 est certes adoptée comme les années précédentes mais elle l'est dans des conditions radicalement différentes. Elle est approuvée par 91 voix contre 2, alors que 36 États s'abstiennent et que 55 États ne participent pas au vote. Pour la première fois depuis 1976, elle n'obtient pas les votes de la majorité absolue des États membres de l'Organisation des Nations Unies. Elle ne rassemble que de 49,60% des États. Un seuil fatidique est manifestement atteint[13].

Le grand changement tient à deux facteurs : en premier lieu, l'achèvement de la disparition du camp socialiste et, en second lieu, l'incapacité grandissante du Groupe des 77 à mobiliser l'ensemble des États qui le composent.

Les anciens États socialistes votaient systématiquement, de 1976 à 1989, en faveur de la résolution annuelle. Presque tous les États successeurs ou les États nouveau-nés de l'éclatement de l'URSS et de la Yougoslavie finissent en 1993 de rejoindre le camp des abstentions (pour la majorité d'entre eux) ou bien ne participent pas au vote. C'était déjà le cas de la Bulgarie, de la Tchécoslovaquie, de la Hongrie, de la Pologne[14] et de la Roumanie en 1990, de l'Albanie, de l'Estonie, de la Lettonie, de la Lituanie en 1991, de la Croatie, de la Géorgie, de la Moldavie, de l'Ouzbékistan et de la Slovénie de 1992, c'est maintenant le cas de l'Arménie, du Tadjikistan et de la Fédération de Russie elle-même en 1993[15].

Le Groupe des 77, dont les membres votaient également systématiquement la résolution de 1976 à 1989 ne parvient plus à rassembler sur la résolution de 1993 l'ensemble de ses membres. En effet, 55 États ne participent pas au vote en 1993, alors qu'il n'y en avait que 12 l'année

---

13 Les votes favorables à la résolution émanaient encore de plus de 80% des États en 1989. Ils n'émanaient plus que de 74,27% des États en 1990 et de 69,28% des États en 1991 (le pourcentage était remonté à 70,39% des États en 1992).

14 Curieusement, la Pologne qui votait la résolution jusqu'à 1989, s'abstient en 1990, vote à nouveau pour la Résolution en 1991 puis retourne à l'abstention en 1992, 1993 et 1994.

15 Et ce sera le cas de la Biélorussie, de la Géorgie, du Kirghizstan, de l'ex-République yougoslave de Macédoine et de l'Ukraine en 1994.

précédente[16]. Or, on compte parmi ces 55 États, 41 États membres du Groupe des 77. Cela signifie que, si l'on ajoute cinq autres États du Groupe des 77 qui eux participent au vote mais s'abstiennent, c'est plus du tiers des membres du Groupe des 77 qui n'a pas soutenu la Résolution[17]. Il convient également de souligner que parmi ces 41 États, 21 sont membres de l'Organisation de l'Unité africaine, jusque-là toujours en pointe sur la question de l'île de Mayotte[18].

La Résolution de 1994[19] n'est que la confirmation de celle de 1993. Le « camp des oui » reste très largement majoritaire mais perd encore 4 voix et ne représente plus que 47,28% des États membres des Nations Unies. Cette Résolution sera d'ailleurs la dernière. En effet, selon un rituel bien établi depuis quinze ans, la « Question de l'île comorienne de Mayotte » est toujours inscrite à l'ordre du jour provisoire de la prochaine session de l'Assemblée générale. Mais elle n'est jamais plus inscrite à l'ordre du jour définitif, le Bureau de l'Assemblée générale proposant toujours de reporter l'examen de la question à l'année suivante.

Après les derniers votes sur la question de Mayotte, il est évident qu'il reste une *opinio juris* majoritaire en faveur d'une Mayotte comorienne, mais il est encore plus douteux qu'auparavant qu'il s'agisse d'une *opinio juris* générale.

La disparition d'un monde bipolaire et son corollaire mécanique, la disparition du non-alignement sous sa forme classique, ont modifié la donne politique. La recherche d'un monde qui ne soit pas unipolaire, le désir de susciter des contrepoids ont fait converger davantage les positions de nombreux pays du tiers monde et celles de la France. La question de Mayotte n'est certes pas au centre de ces analyses mais il est évident que ces analyses ont des conséquences sur la question de Mayotte. En d'autres termes, s'il était important pour la France, jusqu'à 1990, que la question de Mayotte ne vienne pas troubler ses relations avec de nombreux pays du tiers-monde, il est, depuis 1990, important pour de nombreux pays du tiers monde que la question de Mayotte ne vienne pas troubler leurs relations avec la France.

---

16 Il n'y en avait que 6 en 1989. Il y en aura 57 en 1994.

17 Le Groupe des 77, créé en 1964 par 77 pays en voie de développement afin d'articuler et promouvoir leurs intérêts économiques collectifs, a conservé son nom originel mais regroupe 132 États.

18 Elle avait même constitué pour suivre la « question de l'île comorienne de Mayotte » un Comité *ad hoc*, dit Comité des Sept, présidé par le Gabon, dont l'activité semble avoir cessé en 1990.

19 A/RES/49/18.

Les reconnaissances implicites

De 1976 aux années 90, les gouvernements français semblent craindre que le fait de manifester de façon ostentatoire l'appartenance de Mayotte à la République, n'accentue les tensions entre la France et une partie importante de la communauté internationale. Il en résultait ce qu'on peut appeler un « profil bas » de la France sur la question de Mayotte. C'est ainsi qu'un Président de la République se rendra dans la République islamique des Comores en juin 1990 sans transiter par Mayotte[20]. C'est ainsi que, pendant un quart de siècle, Mayotte gardera son statut provisoire de collectivité territoriale[21].

Depuis le début des années 90, la France bénéficie, sur la question de Mayotte, d'un environnement international « apaisé » laissant une marge de manœuvre de plus en plus grande aux autorités étatiques françaises. Le « profil bas » n'est plus de mise. Des investissements massifs dans le domaine de la santé et de l'éducation, le développement d'infrastructures modernes préfigurent le changement de statut de l'île de Mayotte qui devient en 2001 une collectivité départementale. La première visite d'un Président de la République a lieu le 19 mai 2001. Ce dernier proclame son « immense fierté d'affirmer la présence de Mayotte dans la France »[22]. L'appartenance de Mayotte à la République est ainsi réaffirmée *urbi et orbi* sans susciter la moindre réaction au plan international.

Il semble bien, au contraire, que l'on s'achemine vers une reconnaissance progressive de l'appartenance de Mayotte à la République française, qu'il s'agisse des États « abstentionnistes » (A), qu'il s'agisse des États autrefois favorables à une Mayotte intégrée à l'Union des Comores (B), qu'il s'agisse, d'ailleurs, de l'Union des Comores elle-même (C).

Il faut ajouter que la sécession en 1997 des îles d'Anjouan et de Mohéli[23], a largement contribué à l'accélération du processus. En effet,

---

[20] Il s'agissait de François Mitterrand. Il avait fait alors, à Moroni, une déclaration assez sibylline, politiquement habile et juridiquement peu contraignante : « Nous devons parvenir à dépasser ce contentieux désagréable entre nous. Dès maintenant nous devons prendre des mesures qui permettent une communication et des échanges constants entre les îles, Mayotte et les autres, les autres et Mayotte ». Qualifier le contentieux de désagréable – il est d'ailleurs difficile d'imaginer des contentieux agréables – et vouloir le dépasser n'impliquait pas que la France renonce à sa position. Préconiser des échanges constants entre Mayotte et les îles de la République des Comores ne faisait que frapper la position juridique de cette dernière d'« estoppel », si ces échanges avaient réellement lieu.

[21] Prévu pour trois ans seulement en 1976, prorogé de deux ans en 1979, ce statut provisoire durera en fait 25 ans.

[22] Discours de Jacques Chirac, du 19 mai 2001 à Mamoudzou, site de la présidence.

[23] Anjouan est en état de sécession en 1997. Elle déclare unilatéralement son indépendance le 3 août 1997. Le 11 août 1997, c'est au tour de Mohéli de proclamer son indé-

comment demander le retour de Mayotte au sein de la République des Comores si précisément il n'y a plus de République des Comores. La « nécessité de respecter l'unité et l'intégrité territoriale de l'archipel des Comores composé des îles d'Anjouan, de la Grande-Comore, de Mayotte et de Mohéli », pour reprendre la formulation des résolutions de l'Assemblée générale, peut éventuellement être opposée à l'ancienne Puissance coloniale au moment où elle accordait l'indépendance à l'archipel. Elle ne peut, par contre, être opposée aux populations de l'archipel des Comores elles-mêmes, maîtresses de leur(s) destin(s).

Les États « abstentionnistes »

Nous relèverons, à titre principal, l'attitude des États membres de l'Union européenne. Mayotte faisait partie depuis longtemps des Pays et Territoires d'Outre-Mer associés à la Communauté européenne[24]. Cela impliquait que la Communauté européenne – et donc les États qui en faisaient partie – considéraient que la collectivité départementale de Mayotte relevait constitutionnellement de la République française[25], et que ses habitants, du fait même qu'ils jouissaient de la pleine nationalité française, avaient la citoyenneté européenne[26]. Les ressortissants de la collectivité départementale de Mayotte étaient d'ailleurs électeurs et éligibles au Parlement européen. Ajoutons que l'euro, depuis sa création, est la monnaie légale de Mayotte. Il était donc difficile de soutenir que, pour les États membres de l'Union européenne, Mayotte relevait de l'État comorien. Or, parmi les États membres de l'Union ne figuraient, à l'exception de la France bien sûr, que des États s'étant abstenus lors des votes à l'Assemblée générale des Nations Unies ou même ayant approuvé les résolutions proclamant l'appartenance de Mayotte à l'État des

---

pendance (elle réintégrera la République fédérale des Comores l'année suivante). Au début du mois de septembre 1997, une tentative de débarquement de l'armée fédérale à Anjouan pour rétablir l'autorité de la République islamique des Comores se solde par un échec. Par un référendum organisé le 26 octobre 1997, le nouveau pouvoir d'Anjouan fait approuver l'indépendance.

24 Au même titre que la Nouvelle-Calédonie, la Polynésie française, Saint-Pierre-et-Miquelon, les Terres australes et antarctiques françaises et les îles Wallis-et-Futuna.

25 L'Article 182 du Traité instituant la Communauté européenne (version consolidée) dispose : « Les États membres conviennent d'associer à la Communauté les pays et territoires non européens entretenant avec le Danemark, la France, les Pays-Bas et le Royaume-Uni des relations particulières… ». Le critère de ces relations particulières est que le pays ou territoire considéré doit de relever constitutionnellement d'un des quatre États membres que sont le Danemark, la France, les Pays-Bas et le Royaume-Uni.

26 Conséquence de l'appartenance aux PTOM, cf. article 17 : « 1. Il est institué une citoyenneté de l'Union. Est citoyen de l'Union toute personne ayant la nationalité d'un État membre… ».

Comores (c'était le cas notamment de la Finlande et de la Suède). Il y avait donc deux attitudes différentes des actuels États de l'Union européenne suivant que l'on se trouvait à New York ou à Bruxelles.

La chose n'apparaît plus possible maintenant. En effet, le 11 juillet 2012, le Conseil européen qui réunit les 27 chefs d'États ou de gouvernement des pays membres de l'Union Européenne, a adopté, à l'unanimité, une décision par laquelle Mayotte devient Région Ultra Périphérique à compter du 1er janvier 2014 (Une décision de principe en ce sens avait d'ailleurs déjà été adoptée 8 ans auparavant, le 6 août 2004). (Notons que l'accession au statut de département est une décision de droit interne français, alors que l'accession au statut de RUP est par contre une décision de droit européen). Mayotte fera donc partie du territoire communautaire (ce qui n'était pas le cas tant que Mayotte était PTOM. Aucun État de l'Union européenne ne peut plus soutenir que Mayotte relèverait de la souveraineté comorienne.

En dehors de l'Union européenne on note la même inflexion concernant des pays occidentaux s'étant abstenu lors des votes aux Nations Unies. A titre d'exemple, le site du ministère canadien des Affaires étrangères présente la République des Comores comme composée des trois seules îles de Grande-Comore, Anjouan et Mohéli[27] et indique que, dans le découpage territorial des affaires consulaires, Mayotte et La Réunion relèvent de l'ambassade du Canada à Nairobi.

Les États réputés favorables à une Mayotte intégrée à l'Union des Comores

Nous relèverons, à titre principal, l'attitude des États membres de l'Union africaine. L'Union africaine, à l'époque Organisation de l'Unité africaine, était en pointe dans le combat pour la reconnaissance d'une souveraineté comorienne sur l'île de Mayotte, tant au sein de ses propres instances qu'au sein de celles des Nations Unies. Elle avait même mis sur pied, dès 1976, un comité *ad hoc*, dit Comité des Sept, sur le problème de Mayotte, comité dont faisait partie l'Algérie, le Cameroun, le Gabon, Madagascar, le Mozambique et le Sénégal. Or, ce comité s'est mis en sommeil dès le début des années 1990.

Des indices nous sont également fournis par la consultation des sites officiels d'organisations internationales réunissant bon nombre d'États africains. Ainsi, la COMESA (Commun *Market for Eastern and Southern Africa*), organisation internationale regroupant 20 États africains, affiche-t-elle sur son site une carte de l'Union des Comores ne comportant que

[27] Site des Affaires étrangères canadien, www.dfait-maeci.gc.ca et site du Conseil privé, www.pco-bcp.ca

les îles de Grande-Comore, Anjouan et Mohéli à l'exclusion de l'île de Mayotte[28]. Ainsi, le site de l'Organisation internationale de la Francophonie, organisation qui réunit 46 États dont 28 africains, offre-t-il une carte des Comores spécifiant que Mayotte appartient à la France[29]. Ainsi, la Commission de l'Océan indien qui réunit l'Union des Comores, Madagascar, Maurice, les Seychelles et la France (au titre de La Réunion) se garde-t-elle, dans sa fiche relative à l'Union des Comores, de mentionner les îles qui la constituent mais indique une superficie (1862 km²) qui est celle des seules îles de Grande-Comore, Anjouan et Mohéli[30]. Une telle concordance empêche de conclure qu'il ne s'agirait là que de simples erreurs ou oublis. Il s'agit plutôt de véritables messages tantôt déjà explicites, tantôt encore « subliminaux »[31].

Le thème de Mayotte, longtemps tabou, n'est plus occulté dans les relations bilatérales entre la France et les États africains. Un exemple en est donné, lors de la visite du Président de la République française au Mozambique en juin 1998. Il peut déclarer : « La France est très présente dans l'Océan indien. Elle l'est par ses départements d'Outre-mer, la Réunion, elle l'est par Mayotte, elle l'est également par les relations très anciennes, très spéciales, très amicales qu'elle a avec plusieurs pays francophones de la zone, Madagascar, les Seychelles, l'île Maurice, les Comores… »[32]. Le président mozambicain, Joaquim Alberto Chissano, ne relève nullement le propos. D'ailleurs, cinq ans plus tard, en 2003, la Compagnie aérienne *Linhas Aéras de Moçambique*, sous tutelle du Ministère mozambicain des transports et des communications ouvre une liaison Maputo-Pemba-Mayotte.

Il convient enfin de rappeler qu'un État de la zone a reconnu explicitement la souveraineté de la France sur Mayotte. Il s'agit des Seychelles dans son accord de délimitation des zones maritimes avec la France du 19 mars 2006.

---

[28] www.comesa.int/countries/facts/map/view

[29] www.francophonie.org/membres/CARTES. Soulignons qu'il est difficile de voir dans l'OIF une simple succursale du ministère français des Affaires étrangères.

[30] www.coi-info.org/francais/pays

[31] Le phénomène gagne même certains sites des Nations Unies comme celui du Haut-Commissariat des Nations Unies aux droits de l'homme, www.ohchr.org/french/countries/, sur lequel la carte de la République des Comores exclut Mayotte.

[32] Conférence de presse conjointe de Monsieur Jacques Chirac Président de la République et de Monsieur Joaquim Alberto Chissano, Président de la République du Mozambique (Mozambique), Jardins de la Présidence Maputo, lundi 29 juin 1998.

L'Union des Comores elle-même

Dès 1996, il est clair que le problème de Mayotte, est en voie de passer à l'arrière plan des préoccupations de la République des Comores. La thèse de l'appartenance de Mayotte à l'ensemble comorien n'est certes pas abandonnée mais des considérations de *Realpolitik* font qu'elle est mise sous le boisseau du moins sur la scène internationale. Depuis 1995, en effet, les autorités comoriennes tiennent ce qui ressemble fort à une double attitude et à un double discours. A l'extérieur : apaisement sur la question de Mayotte et refus de son internationalisation. A l'intérieur et appel à la solidarité arabe, islamique et africaine.

Ainsi, lors de la séance inaugurale de la 51ème session de l'Assemblée générale des Nations Unies le 8 octobre 1996, le ministre comorien des Affaires étrangères évoque, en quatre lignes, à la fin de son intervention le problème de Mayotte : « Je ne saurais terminer mon intervention sans évoquer la question de l'île comorienne de Mayotte. Cette question figure d'ailleurs à l'ordre du jour de notre présente session comme point spécifique. Je ne manquerai pas le moment venu, de faire part de son évolution et d'exprimer l'espoir de son dénouement »[33]. Or le ministre sait très bien que le « moment venu » ne viendra pas, les Comores ayant donné l'année précédente leur accord au retrait de la question devant l'ONU. En 1997, son successeur déclare que «… la partie comorienne a choisi de privilégier la voie des négociations bilatérales sur cette question »[34].

En 2001, le nouveau statut conférant à Mayotte le caractère de collectivité départementale et, par là même, affirmant son ancrage dans la République française ne soulève de la part des autorités étatiques comoriennes aucune protestation, même de principe, même de pure forme[35].

[33] Intervention de M. Omar Saïd Ahmed, Ministre des affaires étrangères des Comores, Assemblée générale, 51ème session, 26ème séance plénière du 8 octobre 1996, A/51/PV.26. Le « moment venu » avait peu de chances de venir, ce que n'ignorait pas le ministre, l'Assemblée ayant décidé, dès l'année précédente, de ne plus examiner la question de Mayotte. Cette allusion finale à Mayotte ne mentionne même pas la France alors que, au contraire, un hommage appuyé lui avait été rendu précédemment : « Je saisis cette occasion pour renouveler notre profonde reconnaissance à la France dont l'intervention militaire, demandée par le Gouvernement comorien, conformément aux accords de défense qui existent entre les deux pays, a permis de chasser les mercenaires », *ibid.*

[34] Intervention de M. Ibrahim Ali Mzimba au nom des Comores, Assemblée générale, 52ème session, 76ème séance plénière du 18 décembre 1997, A/52/PV.76.

[35] L'Union des Comores aurait pu saisir, ne serait ce que pour la forme, les instances de l'ONU ou de l'Union africaine ou, à tout le moins, adresser une protestation officielle au gouvernement français. Il n'en a rien été.

En octobre 2002, les Comores acquiescent au report de l'examen de la question de Mayotte devant l'Assemblée générale des Nations Unies[36].

Autre signe d'une évolution de la position comorienne : l'affaire des Jeux des Îles de l'Océan indien, jeux qui, depuis 1977, réunissent, sous l'égide du Comité international olympique, des athlètes de l'île de la Réunion, de l'île Maurice, des îles Seychelles, de l'île de Madagascar, des îles des Comores et des îles Maldives. La question de l'admission de Mayotte, demandée par la France, se posait depuis 1998. Un compromis est finalement adopté avant les jeux de 2003. Les athlètes de Mayotte participeront bien aux Jeux. Ils ne le feront pas sous la bannière de Mayotte mais au sein une délégation mixte, composée d'athlètes de La Réunion et de Mayotte, qui portera le nom de « France Océan indien ». Il n'en reste pas moins que pour l'Union des Comores, admettre officiellement que des ressortissants de Mayotte défilent derrière le drapeau français au sein d'une équipe baptisée « France Océan indien », c'est admettre, qu'on s'en défende ou non, qu'ils ne relèvent pas de l'Union des Comores[37].

Dans la foulée de la rencontre entre les Chefs d'État français et comorien, se tient à Paris les 4 et 5 avril 2005, la 5ème Commission mixte franco-comorienne[38]. Elle est présidée par le ministre français de la Coopération, Xavier Darcos et par le ministre comorien des Affaires étrangères, Souef El Amine. Au sein de la délégation française, la Collectivité départementale de Mayotte est fortement représentée par le vice-président du Conseil général de Mayotte et par deux parlementaires mahorais[39]. La présence d'une délégation de Mayotte au sein de la délégation française est acceptée par les autorités étatiques comoriennes. De plus des accords sont passés sur certains thèmes qui, par leur nature même, présupposent l'existence de territoires relevant de deux entités étatiques différentes. Ainsi en est-il de la lutte contre la fraude douanière, de

---

36 Communiqué de presse AG/1342, 57ème session, Assemblée générale, Bureau, 4ème séance, 15 octobre 2002, matin : « S'agissant du point de l'ordre du jour intitulé « Question de l'île comorienne de Mayotte », le Bureau a recommandé son inscription à l'ordre du jour et son examen à la 58ème session de l'Assemblée générale à la demande du représentant du Portugal suite à un consensus sur ce point entre les délégations de la France et des Comores ».

37 On peut même penser que cette solution retenue par l'Union des Comores porte davantage atteinte à l'affirmation de sa souveraineté sur Mayotte que ne l'aurait fait l'acceptation de sa part d'une délégation représentant Mayotte en tant qu'entité. En effet, la solution finalement retenue implique non seulement que Mayotte est une entité distincte de l'Union des Comores mais de plus que cette entité relève de la souveraineté française.

38 La Commission mixte franco-comorienne ne s'était pas réuni depuis novembre 1991.

39 Vice-président du Conseil général de la collectivité départementale, Bacar Ali Boto, député à l'Assemblée nationale, Mansour Kamardine et le sénateur Adrien Giraud.

l'échange d'informations entre forces de police, de la collaboration entre autorités judiciaires, de la facilitation de l'obtention de visas.

L'arrivée au pouvoir du Président Sambi ne change pas fondamentalement le traitement de la question de Mayotte sur le plan international même si la tonalité est différente sur le plan intérieur. L'État comorien agit beaucoup pour que la « question de l'île comorienne de Mayotte » reste inscrite à l'ordre du jour provisoire des sessions de l'assemblée générale des Nations Unies mais agit très peu pour qu'elle soit réinscrite à l'ordre du jour définitif. Par contre, sur le plan intérieur, la question de Mayotte devient une priorité et chaque année, à l'occasion de la journée Maoré (12 novembre, anniversaire de l'admission des Comores à l'ONU), instaurée en 2008, Mayotte est au centre des préoccupations comoriennes.

L'arrivée au pouvoir du Président Ikililou ne modifie pas la donne. Le 16 juillet 2012, à Addis-Abeba, devant l'Assemblée des Chefs d'État et de Gouvernement de l'Union Africaine, il demande à l'Union Africaine de condamner la décision prise par l'Union Européenne d'accorder à l'île comorienne de Mayotte le statut de Région Ultra Périphérique. Le 31 août 2012, à Téhéran, la même demande est faite au Sommet du Mouvement des Pays Non-alignés[40]. Par contre, le 27 septembre 2012, pas un mot de tout cela devant l'Assemblée générale de l'ONU, où le président comorien souligne l'aspect bilatéral de la question et « lance, une fois encore, devant cette auguste Assemblée, un appel à la France, pour qu'un dialogue franc et sincère soit enfin instauré entre nos deux pays, à tous égards liés, sur la question de l'île comorienne de Mayotte »[41]. Un dernier tour de passe-passe est opéré à l'Assemblée générale. La question de Mayotte est enfin inscrite à l'ordre du jour définitif (succès de la diplomatie comorienne aux yeux de l'opinion publique comorienne) mais il est précisé « que l'Assemblée générale n'examinerait pas ce point jusqu'à nouvel ordre [42]» (donc *statu quo ante*).

Conclusion

En guise de conclusion il convient de se pencher sur les raisons de cette apparente contradiction chez les autorités comoriennes

Il faut dire, à leur décharge que la marge de manœuvre des autorités étatiques comoriennes semble des plus limitées. Privées depuis une di-

---

40 Cette fois, par le vice-président Nourdine Bourhane

41 Débat général, 67ème session, Assemblée générale des Nations Unies, Discours de S.E le Dr. Ikililou Dhoinine, Président de l'Union des Comores, New York, 27 septembre 2012. Nations Unies.

42 Document A/67/250 du 19 septembre 2012, premier rapport du Bureau, page 13.

zaine d'années de tout soutien actif dans la communauté internationale des États sur la question de Mayotte, confrontées à une crise séparatiste qui est loin d'être totalement surmontée, même après l'intervention d'armées étrangères, en proie à des difficultés économiques et financières majeures, l'Union des Comores ne peut se permettre de renoncer à une coopération régionale dans laquelle la France joue un rôle primordial. Qu'il s'agisse de l'allègement de la dette bilatérale, du soutien français pour l'allègement de la dette multilatérale, du soutien français auprès du FMI et de la Banque mondiale et bien sûr de l'assistance technique dans les domaines les plus divers.

Il faut également dire, également à leur décharge, que contrairement à une partie importante de l'opinion publique comorienne, les autorités étatiques ont compris qu'un nouveau vote devant l'Assemblée générale de l'ONU sur la question de Mayotte pouvait se révéler catastrophique pour la thèse comorienne. Certes elle serait toujours majoritaire mais la minorité s'y opposant deviendrait si conséquente qu'il ne serait plus possible d'affirmer que l'*uti possideti*s est une règle coutumière ne souffrant aucune exception.

Quid, dans ces conditions, de l'avenir du contentieux franco-comorien ? La réponse est difficile mais une évidence semble s'imposer : En fait, la clef n'est ni à Moroni, ni à Paris. Elle est à Mamoudzou. Nous citerons pour appuyer cette opinion deux acteurs de contentieux franco-comorien :

Le Premier ministre Balladur en 1994 s'adressant aux mahorais : « Aujourd'hui l'appartenance de Mayotte à la République est une réalité intangible. Personne ne peut sérieusement la remettre en cause, *tant, du moins, que tel sera votre choix* »[43].

L'ancien Président des Comores Sambi en 2008 : « Au lieu de continuer à débattre et à discourir éternellement sur la question de Mayotte, nous devons réfléchir et rechercher les voies et moyens pour apporter un début de solution… **Mayotte reviendra dans le giron naturel le jour où les Mahorais eux-mêmes demanderont de revenir… notre devoir est de changer la situation économique et sociale des Comores pour que les Mahorais s'estiment rassurés pour leur devenir »[44].**

[43] Edouard Balladur, Premier ministre, 24 novembre 1994 devant le Conseil général de Mayotte.

[44] Interview du président de l'Union des Comores, Ahmed Abdallah Mohamed Sambi, à l'occasion de la célébration du 33ème anniversaire de l'indépendance, 6 juillet 2008. Texte publié par le journal gouvernemental Al-Watwan, n°1108 du 7 juillet 2008.

L'avenir (incertain ?) du statut personnel mahorais

Élise RALSER
Université de La Réunion

Le statut personnel mahorais, officiellement désigné sous l'expression « statut civil de droit local applicable à Mayotte », est un bien curieux sujet d'étude[1].

Entendu comme *l'ensemble des éléments* d'identification et d'individualisation de chaque personne dans la société (noms et prénoms, domicile, âge, sexe, capacité, nationalité, parenté, situation matrimoniale...), le statut personnel désigne également *l'ensemble des règles juridiques applicables* à ces mêmes éléments.

Ces règles juridiques applicables devraient être celles du droit civil (qui inclut, entre autres, le droit des personnes, le droit de la famille, des régimes matrimoniaux et des successions), soit le « droit commun ». Cependant, en droit français, certaines catégories de personnes bénéficient d'un régime juridique dérogatoire et donc de l'application de règles *spéciales*, spécifiques à cette catégorie de personnes. Toujours en droit français, les bénéficiaires de ces règles spéciales ne sont plus aussi nombreux que durant la période antérieure à la Décolonisation : il ne s'agit plus aujourd'hui que des Kanaks de Nouvelle-Calédonie, des Mélanésiens de Wallis et Futuna, des Amérindiens de Guyane et des Mahorais de Mayotte. Propres à un groupe déterminé de personnes, ces règles spéciales ne s'appliquent qu'à celles-ci et sont d'application « personnelle ». C'est pourquoi, d'un point de vue terminologique, on ne devrait pas parler de « droit local »[2]. Ces règles *spéciales*, dérogatoires au droit commun,

---

[1] Pour un développement plus complet et plus documenté sur la question, voir notre article « Le statut civil de droit local applicable à Mayotte : un fantôme de statut personnel coutumier », *Rev. crit. DIP*, 2012, pp. 733-774.

[2] Il y a en effet « droit local » lorsqu'il existe des spécificités locales et des règles spéciales en application du principe de la « spécialité législative » ou bien en raison d'une « identité législative » encore incomplète. Ces deux principes, à l'origine de l'existence d'un véritable droit local à Mayotte, se sont bien succédés, mais le « statut civil de droit

sont souvent d'origine coutumière. C'est pourquoi on parle fréquemment, pour désigner cet ensemble de règles, de statut personnel « coutumier » ou « particulier ».

Quoi qu'il en soit, à Mayotte, un changement institutionnel d'envergure est venu bouleverser l'ordre jusque-là établi : à l'annonce de sa départementalisation, acquise en 2011, laquelle conduirait nécessairement à l'identité législative, la doctrine avait annoncé la disparition du statut personnel particulier propre aux Mahorais[3]. Ce ne fut, pourtant, pas le cas ; du moins pas officiellement : les responsables politiques avaient promis aux Mahorais qu'ils pourraient conserver leurs particularités, dans le domaine du droit des personnes, en dépit de la départementalisation. Effectivement, l'ordonnance n° 2010-590 du 3 juin 2010 « portant dispositions relatives au statut civil de droit local applicable à Mayotte et aux juridictions compétentes pour en connaître » réaffirme, de manière très officielle, l'existence du statut personnel mahorais, et rappelle son régime juridique.

Mais, en réalité, l'avenir du « statut civil de droit local applicable à Mayotte » semble bien incertain… En effet, cette « survie » du statut personnel mahorais n'est qu'apparente. Son agonie, en revanche, est bien réelle.

L'apparente survie du statut personnel mahorais

Le nouveau texte de l'ordonnance n° 2010-590 du 3 juin 2010, ratifiée par la loi du 7 décembre 2010, apparaît comme un énième texte consa-

---

local » est relatif à une *personne*, non à un territoire et il s'oppose au « statut civil de droit commun », tandis que, à Mayotte, le « droit commun » ne correspond qu'imparfaitement au droit de l'hexagone (on peut alors distinguer ce dernier du « droit local »). C'est ainsi que la loi n°2001-616 du 11 juillet 2001, transformant l'île en collectivité « départementale », rappelait que l'application du droit à Mayotte était régie par le principe de spécialité législative, mais que ce principe était désormais assorti d'un grand nombre d'exceptions afin de rapprocher Mayotte du droit commun.
De même, l'ordonnance n°2002-1476 du 19 décembre 2002 avait étendu toutes les dispositions du Code civil à Mayotte. Il y avait donc, depuis, identité législative en matière civile, à l'exclusion de quelques mesures d'adaptation.
L'année 2011, enfin, a marqué l'entrée de Mayotte dans une nouvelle ère institutionnelle : la collectivité d'outre-mer de Mayotte, initialement régie par l'article 74 de la Constitution, est désormais soumise, en tant que département, aux dispositions de l'article 73 de la Constitution qui commandent un régime d'identité législative.
Le « droit local », que l'on peut opposer au « droit métropolitain » est alors effectivement voué à disparaître.

[3] Mayotte est même devenue une région ultrapériphérique de l'Union européenne (RUP) au 1er janvier 2014.

crant le statut civil de droit local. Nous délimiterons le domaine de celui-ci, après en avoir rappelé les sources.

Les sources du statut personnel mahorais

Le « statut civil de droit local applicable à Mayotte » puise à la fois à des sources formelles et des sources informelles qu'il nous faut rappeler.

Les sources formelles sont composées des éléments suivants : le Traité de cession du 25 avril 1841 par lequel la France s'est engagée à respecter le statut mahorais ; notre Constitution du 4 octobre 1958 qui reprend ce principe dans son article 75 ; ce sont ensuite des textes d'origine réglementaire qui, en partie, organisent ou organisaient le statut personnel local[4]. Enfin, ces dernières années, ordonnances, lois et décrets se bousculent pour à la fois affirmer et faire évoluer le statut civil de droit local.[5]

Les sources informelles, quant à elles, sont d'une toute autre nature, mais se situent au cœur du statut personnel spécifique à Mayotte : le statut civil de droit local mahorais puise en effet ses véritables sources originelles à la fois dans le droit musulman (droit religieux) et dans certaines coutumes locales. Les règles issues du droit musulman sont recensées dans un recueil intitulé *Minhadj at Twalibine* ou *Guide des zélés croyants*, écrit au XIIIe siècle. Le *Minhadj* est reconnu comme source officielle du droit musulman dans l'archipel[6] et est complété par d'autres traités de rite chaféite : le « *fath al quarib* », le « *kétab el tambin* », le « *fath el moeni* », tous trois rendus applicables par la Délibération n° 64-12 bis du 3 juin 1964 de la chambre des députés du territoire des Comores portant réorganisation de la procédure en matière de justice musulmane. Les coutumes, quant à elles, viennent des populations d'origine africaine, malgache ou arabe

---

[4] Ex : Délibération n°61-16 du 17 mai 1961 de l'assemblée territoriale des Comores relative à l'état civil à Mayotte, *Journal officiel des* Comores, J.O.C. 1961, p. 258.

[5] Ordonnance n° 2000-218 du 8 mars 2000 modifiée fixant les règles de détermination des nom et prénoms des personnes de statut civil de droit local applicable à Mayotte ; Ordonnance n°2000-219 du 8 mars 2000 relative à l'état civil à Mayotte ; Loi « statutaire » n°2001-616 du 11 juillet 2001 relative à Mayotte ; Loi de programme pour l'outre-mer n° 2003-660 du 21 juillet 2003 ; Loi n° 2009-594 du 27 mai 2009 pour le développement économique des outre-mer ; Ordonnance n°2010-590 du 3 juin 2010 portant dispositions relatives au statut civil de droit local applicable à Mayotte et aux juridictions compétentes pour en connaître (ordonnance ratifiée par la loi n°2010-1487 du 7 décembre 2010 – art. 31, 13°) ; loi organique n°2010-1486 et loi ordinaire n°2010-1487 du 7 décembre 2010 relatives au département de Mayotte.

[6] Décret du 1er juin 1939 portant organisation de la justice indigène dans l'archipel des Comores, article 6 : « Les *cadis* jugent d'après le droit musulman et les coutumes indigènes. Le code musulman *Minihadji el Talibir* est seul officiel et applicable dans l'archipel ».

arrivées dans l'île au fil des siècles. Elles n'ont jamais été codifiées, mais ont été érigées en sources du droit local, par les mêmes textes réglementaires que précédemment et au même titre que le droit musulman.[7]

Le domaine du statut personnel mahorais

Distinct du statut civil de droit commun, il reste à énoncer le domaine d'application du statut civil de droit local applicable à Mayotte : à qui s'adresse-t-il ? À quoi s'applique-t-il ?

À qui s'adresse le statut personnel mahorais ?

Notre Constitution énonce clairement que : « *Les citoyens de la République qui n'ont pas le statut civil de droit commun[…]conservent leur statut personnel tant qu'ils n'y ont pas renoncé* » (article 75). Il s'agit alors de toute personne de nationalité française[8], originaire de Mayotte (issue de deux parents soumis au statut coutumier), de confession musulmane et n'ayant pas renoncé officiellement (au terme d'une procédure judiciaire) au statut civil de droit local pour être soumise au droit commun.[9]

À quoi s'applique le statut personnel mahorais ?

« *Le statut civil de droit local régit l'état et la capacité des personnes, les régimes matrimoniaux, les successions et les libéralités* » [10] : tel est le domaine d'application matériel du statut civil de droit local mahorais. Par principe, le statut civil de droit local devrait régir ces questions. Mais qu'en est-il en réalité ?

<u>**1°/** Le statut personnel mahorais régit donc tout d'abord, en principe, l'état et la **capacité des personnes** :</u>

Ces règles relatives à la « capacité » fixent l'âge de la majorité, l'âge nubile, les sanctions de l'incapacité (nullité d'un acte juridique, par exemple), les mesures de protection (autorité parentale, placement sous tutelle…). Or, dans ce domaine, les règles issues du droit musulman pla-

[7] La délibération n°64-12 bis du 3 juin 1964 (article 7) prévoit que les *cadis* peuvent « invoquer aussi les coutumes locales propres à chaque île » ; les traditions orales acquièrent ainsi qualité de source à part entière et se trouvent au même rang que les sources écrites du statut civil de droit local.

[8] Les Comoriens vivant à Mayotte ne relèvent plus, depuis l'Indépendance, du « statut civil de droit local », même si les statuts personnels comorien et mahorais sont proches sur le fond.

[9] Ord. du 3 juin 2010, Article 3.

[10] Ord. du 3 juin 2010, Article 1.

cent la femme dans une situation d'infériorité juridique notoire, par rapport à son tuteur (*wali*) et par rapport à son mari.

Les premières réformes du statut civil de droit local ont toutefois modifié la condition juridique de la femme mahoraise, notamment depuis la loi « statutaire » du 11 juillet 2001 (article 53), position réaffirmée par l'ordonnance n° 2010-590 du 3 juin 2010 : « *Toute femme mariée ou majeure de dix-huit ans peut librement exercer une profession, percevoir les gains et salaires en résultant et disposer de ceux-ci. Elle peut administrer, obliger et aliéner seule ses biens personnels* » (art. 10). Cependant, même ainsi affirmée, la capacité juridique de la femme mahoraise reste limitée à l'exercice de certains droits. Pour le reste (agir en justice, renoncer à son statut personnel, conclure un acte juridique grave…), il faut comprendre que la Mahoraise de statut civil de droit local ne dispose pas d'une capacité juridique aussi étendue que la Mahoraise de statut civil de droit commun.

Il y a donc bien là, dans le domaine de la capacité juridique, survie partielle du statut civil de droit local.

2°/ L'empire du statut personnel mahorais s'étend ensuite à la **famille :**

Le statut civil de droit local, en matière familiale, semble bien ébranlé ces dix dernières années mais, en fait, uniquement sur le terrain de la conclusion et de la dissolution de l'union, par la suppression de la polygamie et de la répudiation, sans toutefois permettre d'accéder aux modes de conjugalité les plus « modernes ». Par exemple, le titre XIII du Livre Ier du Code civil n'ayant pas été étendu aux personnes relevant du statut civil de droit local, celles-ci ne peuvent *a priori* conclure un pacte civil de solidarité. La loi du 17 mai 2013, instaurant le « mariage pour tous », ne les concerne pas non plus[11].

Le mariage reste sinon régi, dans ses **effets**, par le statut personnel de droit local.[12] Par exemple, les Mahorais relevant du statut civil de droit local ne sont pas soumis aux règles du droit commun imposant une obligation d'entretien des enfants (art. 203, C. civ.) et des ascendants (art. 205, C. civ.), ni à celles prévoyant, entre époux, un devoir mutuel de respect, fidélité, secours, assistance (art. 212, C. civ.), la direction morale

[11] O. GOHIN, « La loi et les problèmes propres à l'outre-mer », *in La loi ouvrant le mariage aux couples de personnes de même sexe et le droit public*, RFDA 2013, spéc. p. 979.

[12] L'ordonnance actualise les règles de droit local relatives au mariage, en rendant applicables les dispositions du code civil relatives aux actes de mariage, aux qualités et conditions requises pour se marier, aux formalités relatives à la célébration, aux oppositions et aux demandes de nullité. Mais les chapitres V et VI du titre V du Livre Ier du code civil, relatifs respectivement aux « obligations qui naissent du mariage » et aux « devoirs et droits respectifs des époux » ne sont pas visés par l'article 9 de l'ordonnance.

et matérielle conjointe de la famille (art. 213, C. civ.), ni à aucune des règles du régime « primaire » (obligation aux charges du mariage – art. 214, C. civ. —, obligation de communauté de vie et gestion conjointe du logement familial – art. 215, C. civ. —, représentation entre époux, solidarité aux dettes ménagères…). Ensuite, on applique le « régime matrimonial musulman » : le mariage est sans effet sur les biens des époux. La constitution des patrimoines, les règles de dissolution et liquidation des intérêts patrimoniaux devraient alors suivre les règles du statut civil de droit local.

Il en est de même pour la **filiation**. Le statut civil de droit local, en la matière, n'est pas affecté par les réformes. La reconnaissance d'un enfant naturel par son père est en principe impossible et l'adoption est également interdite. Ces interdictions sont certes en partie contournées par un mécanisme assurément original d'établissement de la filiation par « dation de nom », se substituant à une reconnaissance,[13] mais les principaux éléments de la filiation restent dans le domaine du statut civil de droit local.

3°/ L'empire du statut personnel mahorais s'étend enfin aux **successions** et aux **libéralités**, pour lesquelles les spécificités sont encore assez nombreuses :

En droit commun, l'héritier succède à la personne du défunt, à l'actif et au passif ; en droit musulman, les héritiers sont déchargés de toutes les dettes et ne succèdent qu'à l'actif : on prélève les frais de funérailles, les dettes et les legs ; l'actif restant est ensuite partagé entre les successibles.

Les règles du statut civil de droit local prévoient un partage inégalitaire de la succession en décidant que la filiation naturelle ne peut créer de droits successoraux ni, *a fortiori*, la filiation adultérine ; par ailleurs, les filles du *de cujus* auront droit chacune à la moitié de ce qui revient à chacun de ses fils et on n'hérite pas de la ligne maternelle.

Le statut mahorais connaît la pratique du « *waqf* », institution voisine de la fondation et de la donation : celle-ci est faite à perpétuité par un particulier à une œuvre d'utilité publique, pieuse ou charitable. Le bien donné en usufruit est ensuite placé sous séquestre et devient inaliénable.

Enfin, on peut citer la pratique du *magnahoulé* : il s'agit d'un ensemble de biens fonciers donnés à une femme par son père, son mari ou son frère ; ces biens sont affectés à son seul profit et se transmettront à ses descendants en ligne maternelle. Il s'agit d'une forme de propriété collec-

---

[13] L'article 3, al. 2, de l'ordonnance n° 2000-218 du 8 mars 2000, prévoit en effet que « *avec l'accord de la mère, celui qui se présente comme le père peut, par une déclaration devant l'officier de l'état civil, conférer à l'enfant, par substitution, son propre nom ; cette substitution emporte reconnaissance et établissement de la filiation paternelle* ».

tive démembrée, puisque toute appropriation individuelle est impossible, que les fruits appartiennent aux femmes et que la gestion revient aux hommes.

Ainsi, par ces exemples, on constate que tout un pan des relations familiales reste encore régi par le statut civil de droit local. Celui-ci est cependant voué à disparaître ; nous nous proposons désormais d'exposer de quelle(s) manière(s).

La réelle agonie de l'ensemble du statut personnel mahorais

L'ordonnance n° 2010-590 du 3 juin 2010 a réalisé la « suppression aussi discrète que radicale » des *cadis* (article 16-I)[14]. Avec les *cadis*, le statut civil de droit local va également disparaître, mais de façon plus discrète.

La disparition radicale des *cadis*

Le *cadi*, à la fois chef religieux et véritable magistrat musulman, exerçait jusqu'alors les fonctions à la fois d'officier d'état civil, de notaire et de juge.

Le cadi célébrait les mariages

Le mariage était, jusque il y a peu, célébré en la forme coutumière et il était ensuite simplement enregistré dans les quinze jours par l'officier d'état civil du domicile. L'article 26 de l'ordonnance n°2000-219 du 8 mars 2000 relative à l'état civil modifia une première fois cette façon de faire, en faisant intervenir un officier d'état civil de la commune de résidence de l'un des futurs époux. L'officier assistait à la célébration du mariage par le *cadi*, dressait sur le champ l'acte de mariage et l'inscrivait « sur ses registres » d'état civil.[15] Enfin, la loi n°2006-911 du 24 février 2006, a supprimé le mariage « de droit local » (c'est-à-dire dans les formes traditionnelles). Toute célébration du mariage se fait nécessairement en forme laïque devant l'officier d'état civil.

---

[14] J.-B. FALDUTO et J.-Cl. ESCARRAS, « La disparition du particularisme mahorais en matière juridictionnelle : la fin de la justice cadiale ? », Procédures n° 8, Août 2010, alerte 35 ; C. BLÉRY, *Juridictions civiles d'outre-mer*, Dalloz, Répertoire de procédure civile, 2012.

[15] L'ordonnance n°2000-219 du 8 mars 2000 avait ainsi modifié les articles 26 et 27 de la délibération n°61-16 du 17 mai 1961 de l'assemblée territoriale des Comores relative à l'état civil comorien.

Le cadi rendait la justice

Dans l'exercice de sa mission juridictionnelle, le *cadi* connaissait de toutes les affaires civiles et commerciales et jouissait même d'une compétence exclusive en matière d'état des personnes. La loi n° 2001-616 du 11 juillet 2001 relative à Mayotte, la loi n° 2003-660 du 21 juillet 2003 relative à l'outre-mer, la loi n° 2004-439 du 26 mai 2004 (réformant le droit du divorce) étaient déjà venues modifier et retoucher l'organisation de cette justice. Ces textes avaient par exemple prévu une compétence exclusive du juge de droit commun (faisant disparaître la justice cadiale), puis une compétence partagée (la faisant réapparaître), entre le juge de droit commun et le *cadi*. L'ordonnance n° 2010-590 du 3 juin 2010 donne désormais compétence exclusive aux juridictions de droit commun pour connaître des litiges concernant des personnes « de statut personnel », la compétence des *cadis* étant limitée à un rôle de médiation sociale. Cette suppression s'accompagne d'une (complète) réorganisation de la justice à Mayotte. Par conséquent : le juge de droit commun est désormais seul compétent pour appliquer le statut civil de droit local et il doit le faire même d'office.

Le cadi faisait office de notaire

L'éviction des *cadis* de la scène publique pose encore problème sur le terrain, cette fois, des compétences extrajudiciaires. Le *cadi* faisait jusqu'ici office de notaire pour les « citoyens musulmans ». Il était donc compétent pour établir tous les actes nécessaires au règlement et à la liquidation de la succession d'une personne de droit local. Cette compétence extrajudiciaire vient d'être remise en question, l'ordonnance n° 2010-590 du 3 juin 2010 abrogeant le décret du 1er juin 1939 sur l'organisation de la justice indigène dans l'archipel des Comores sur lequel reposaient les compétences du *cadi*. C'est alors le notaire de droit commun qui interviendra alors que, jusqu'ici, cette intervention n'était que facultative et résultait de l'exercice implicite d'une *option* (en choisissant l'autorité de droit commun, on choisissait de voir appliquer le droit commun). Désormais, les personnes relevant du statut personnel mahorais n'ont plus le choix de l'officier public : peuvent-elles néanmoins exiger du notaire de droit commun l'application des règles du statut civil de droit local en matière de successions et de libéralités ? Que se passe-t-il lorsqu'elles ne demandent pas expressément l'application du droit « coutumier » ?

Faire disparaître les fonctions juridictionnelles et notariales des cadis pourrait sembler anecdotique. Cette suppression est pourtant hautement symbolique et aura des conséquences sur le contenu et l'existence même du statut civil de droit local.

La disparition discrète du statut personnel mahorais

L'évaporation du statut personnel mahorais est plus que discrète : elle est le résultat d'un véritable tour de magie, l'opération consistant à faire disparaître le statut civil de droit local, tout en nous faisant croire qu'il existe toujours. On fait ainsi disparaître le statut civil de droit local dans son *contenu* ; mais aussi dans son *existence.*

L'évaporation du statut personnel mahorais, dans son contenu

Le statut personnel mahorais a été peu à peu vidé de son contenu.

C'est d'abord l'**identité individuelle** qui a été, chronologiquement, affectée. Les événements affectant l'état civil font l'objet d'une inscription sur deux registres différents, l'un pour les personnes de statut civil particulier, l'autre pour les personnes de statut civil de droit commun, tous deux tenus par l'officier d'état civil.[16] Mais un grand nombre d'événements liés à l'état civil ne lui étaient pas déclarés et, lorsqu'ils l'étaient, s'est ajoutée la difficulté d'identifier les personnes par leur **nom de famille**, les règles du statut personnel local ne connaissant pas la notion de nom de famille transmissible.[17] L'organisation et la preuve de l'état civil étant rendues difficiles dans ces conditions, l'ordonnance n° 2000-218 du 8 mars 2000 a alors modifié les règles de détermination des noms et prénoms des personnes de statut civil de droit local. Les Mahorais ont dès lors été invités à choisir un nom et un prénom parmi les différents vocables qui permettaient de les identifier. Cette nouvelle réglementation relative au nom, élément essentiel s'il en est de l'identité, a créé presque autant de problèmes qu'elle n'en a résolus (sur le terrain de l'état civil). Les Mahorais ont, de plus, mal compris et mal ressenti cette évolution, ce qui fut une source d'erreurs supplémentaires.

---

[16] C'est le pouvoir réglementaire qui l'organisa pour la première fois par l'arrêté du 8 décembre 1926 relatif à l'état civil dans l'archipel des Comores, modifié ensuite par la délibération du 26 avril 1947 du Conseil général des Comores, puis l'arrêté du 12 octobre 1950 de l'administrateur supérieur des Comores. La matière était entièrement régie il y a peu par la Délibération n°61-16 du 17 mai 1961 de l'assemblée territoriale des Comores relative à l'état civil des Comoriens musulmans, *J.O.C.* 1961, p. 258. Cette Délibération a été modifiée par l'acte n°71-13 du 30 septembre 1971 de la chambre des députés des Comores et par l'ordonnance n°2000-219 du 8 mars 2000 relative à l'état civil à Mayotte, afin de moderniser cet état civil. Voir aussi l'ordonnance n°2000-218 du 8 mars 2000, fixant les règles de détermination des nom et prénoms des personnes de statut civil de droit local applicable à Mayotte, introduisant, notamment, le principe patronymique, inconnu du droit musulman.

[17] S. BLANCHY et Y. MOATTY, « Le statut civil de droit local à Mayotte : une imposture ? », Droit et Société, 80/2012, p. 117.

Ensuite, pour mettre le statut personnel mahorais en conformité avec les droits et libertés fondamentaux de la République, on a voulu supprimer certaines **inégalités.** On prendra l'exemple des inégalités dans le mariage. L'évolution est particulièrement flagrante en matière de polygamie et de répudiation. Le statut civil local mahorais, puisant l'une de ses sources principales dans le droit musulman, a toujours permis l'une comme l'autre[18]. La célébration sur le territoire de Mayotte, sol français, d'unions polygamiques était donc possible[19] et le prononcé de répudiations « musulmanes », juridiquement valables, également. Mais la loi de programme pour l'outre-mer du 21 juillet 2003 est alors venue interdire la polygamie et la répudiation à Mayotte : « *Nul ne peut contracter un nouveau mariage avant la dissolution du ou des précédents* »[20] ; « *Les dispositions du Code civil relatives au divorce et à la séparation de corps sont applicables à Mayotte aux personnes relevant du statut civil de droit local* [...] »[21].

Mais la rédaction de 2003 laissait entendre que tous ceux qui avaient déjà dix-huit ou quinze ans à cette date pouvaient encore, après cette date, s'engager valablement dans une union polygamique ou dissoudre leur union par répudiation. L'ordonnance n° 2010-590 du 3 juin 2010 fait franchir aux Mahorais un pas supplémentaire, en rendant applicables les dispositions du Code civil relatives aux formalités relatives à la célébration, aux oppositions et demandes de nullité, mais aussi aux actes de mariage, aux qualités et conditions requises pour se marier. L'atteinte au statut civil de droit local touche alors, dans ce domaine, aussi bien la forme que le fond. Cependant, si on a cru pouvoir tout résoudre ainsi, la suppression de la polygamie ne rend pas monogames ceux qui étaient polygames avant l'entrée en vigueur des nouvelles dispositions. Comment alors, dans quelques années, régler la succession d'un homme laissant derrière lui plusieurs épouses ? Il faudra bien admettre que ces mariages passés sont valables, au risque, sinon, cette fois, de porter atteinte aux droits fondamentaux de l'une des épouses.

C'est enfin le système de **l'option de lois** (art. 1 et 5 de l'ordonnance du 3 juin 2010) qui conduira inéluctablement à la disparition progressive du statut personnel mahorais : implicitement, même s'ils ne renoncent pas officiellement à leur statut personnel, les Mahorais sont invités à se

---

18 Art. 30 de la Délibération n°61-16 du 17 mai 1961 de l'assemblée territoriale des Comores relative à l'état civil des Comoriens musulmans, *J.O.C.* 1961, p. 258.

19 La disposition de l'article 433-20, C. pén., sur le délit de bigamie, n'étant applicable qu'aux personnes ayant le statut civil de droit commun (article 725-5, C. pén.). L'exclusion visait aussi l'article 433-21, C. pén., punissant le ministre du culte ayant procédé à une célébration religieuse du mariage avant toute célébration civile.

20 Article 52-2, al. 1, de la loi du 11 juillet 2001.

21 Article 52-3 de la loi du 11 juillet 2001.

soumettre au droit commun. Ils y seront d'autant mieux conduits que, désormais, seule une autorité de droit commun reste compétente pour régler leurs litiges ou liquider leurs intérêt patrimoniaux.

La volatilisation du statut personnel mahorais, dans son existence

Le statut civil de droit local peut disparaître de façon encore plus subtile que précédemment :

Par le biais d'un contrôle de conventionnalité ou de constitutionnalité : l'inégalité juridique entre hommes et femmes dans les domaines de la polygamie, de la répudiation, du droit successoral, de l'autorité parentale, ainsi que l'inégalité juridique entre enfants naturels, adoptifs et légitimes, sont en effet de nature à heurter des principes tant conventionnels que constitutionnels. Polygamie et répudiation ont été supprimées, mais il n'en est pas ainsi de toutes les inégalités dont peuvent souffrir les personnes relevant du statut civil mahorais. On pourrait donc reprocher au statut civil de droit local d'être contraire aux conventions internationales posant un principe d'égalité ou de non-discrimination[22]. La règle coutumière non « conventionnelle » pourrait alors être écartée (ne pas être appliquée).

En supprimant les sources du statut civil de droit local : les sources du statut personnel bénéficient en principe d'une protection constitutionnelle qui se traduit par l'interdiction de remettre en cause l'existence du statut personnel. Cela conduit, finalement, à l'interdiction d'abroger les sources du droit du statut personnel. Pourtant, l'article 16 de l'ordonnance n° 2010-590 du 3 juin 2010, ratifiée par la loi du 7 décembre 2010, a tout simplement, mais sans réserve et définitivement, abrogé la délibération n° 12 bis du 3 juin 1964 de la chambre des députés des Comores portant organisation de la procédure en matière de justice musulmane ainsi que le décret du 1er juin 1939 portant organisation de la justice indigène dans l'archipel des Comores, dont l'article 6 prévoyait que : « *Les cadis jugent d'après le droit musulman et les coutumes indigènes. Le code musulman Minihadji el Talihir est seul officiel et applicable dans l'archipel* ». Les coutumes indigènes et le *Minihadj* ne sont alors plus officiellement applicables à Mayotte !

Le grand *Houdini* lui-même n'aurait pas fait mieux… Doit-on baisser le rideau ? Non, pas tout de suite. Le numéro n'est pas terminé. Tout tour de magie se termine généralement par une réapparition :

---

[22] La CEDH pose surtout un principe de non-discrimination dans son article 14. Cependant, l'article 5 du protocole additionnel n°7 pose bien un principe d'égalité entre hommes et femmes dans le mariage.

Tout d'abord, la coutume, source du droit à part entière, bien que trop souvent méconnue, souffre d'une faiblesse : elle n'est pas écrite. Mais cette faiblesse de la coutume fait aussi sa force : la coutume se passe de l'écrit ! L'abroger *formellement* ne l'empêche pas de survivre en pratique ni de réapparaître. Et rien ne l'empêche de reprendre les règles (abrogées) du *Minhadj*…

Ensuite (et encore mieux) : la conservation et l'application de son statut personnel par le citoyen qui n'y a pas renoncé sont un droit que l'article 75 de la Constitution garantit ; la disposition d'une ordonnance ratifiée est bien une disposition de nature législative ; l'article 16 de l'ordonnance n° 2010-590, en ce qu'il fait disparaître les sources essentielles du statut personnel mahorais, pourrait faire l'objet d'une question prioritaire de constitutionnalité (QPC). Si celle-ci aboutissait, l'article 16 serait lui-même abrogé, ce qui, dans le même temps, ferait réapparaître les *cadis* !

Abracadabra !

La pauvreté à Mayotte : une évaluation par l'Indice de la Pauvreté Humaine

Michael GOUJON
Université de Clermont-Ferrand

François HERMET
Université de La Réunion

Le 31 mars 2011 Mayotte, petite île de l'archipel des Comores dans le canal du Mozambique, devient le 101ème département français et le cinquième département d'outre mer (Dom). Les espoirs de progrès et d'amélioration des conditions de vie qui accompagnent cet évènement institutionnel majeur vont néanmoins se dissiper rapidement. Fin 2011, Mayotte connaît une série de violentes manifestations contre la vie chère qui paralyse l'activité économique pendant près de deux mois. Une désillusion semble s'être emparée d'une partie de la population de ce territoire frappée par les inégalités et la pauvreté, alors qu'elle appartient à un espace national parmi les plus développés au monde.

Dans un tel contexte, la question du niveau de pauvreté relatif de Mayotte devient essentielle, que ce niveau soit comparé à ceux de la métropole, des autres Dom, en particulier La Réunion distante de 1500 kilomètres, ou des autres îles voisines de l'océan Indien. C'est l'objectif que se fixe cet article dont la vocation est double : évaluer le niveau de la pauvreté au sein de ce nouveau Dom et procéder ensuite à une comparaison entre les territoires.

La notion de pauvreté retenue ici ne se limite pas à son expression partielle de « pauvreté monétaire ». Elle prend en compte d'autres types de privations, en l'occurrence celles définies par le Programme des Nations Unies pour le Développement (PNUD). Cet organisme a construit depuis les années 1990, avec une certaine reconnaissance internationale, des indicateurs synthétiques permettant de comparer les niveaux de développement des pays et territoires indépendants dans le monde. Le plus connu de ces indicateurs est l'Indice de Développement Humain (IDH) qui est une mesure synthétique des niveaux de santé, d'éducation, et de richesse monétaire. L'IDH n'étant évalué par le PNUD que pour les états indépendants, d'autres applications au niveau régional ont été réalisées. C'est ainsi que Goujon et Hermet (2012) ont calculé pour la période 2005-2007 le niveau d'IDH de Mayotte, permettant ainsi d'évaluer le retard de développement de cette île (Tableau 1) : Mayotte se situe aux alentours de la 100ème place mondiale, ce qui correspond au niveau de pays tels que les Philippines, la Tunisie, les Maldives, Tonga, ou la Jamaïque. La France continentale occupant quant à elle la 8ème place sur cette période.

Tableau 1. IDH et ses composantes pour Mayotte et la France métropolitaine, 2005-2007

	Mayotte		France Métro.	
	Valeur	Indice	Valeur	Indice
PIB/hab.($PPA) : (R)	5170	0,66	30390	0,95
Espérance Vie (années) : (V)	73	0,80	81	0,93
Tx scolarisation (%): (S)	81	0,81	95	0,95
Tx d'alphabétisation (%) : (A)	80	0,80	99	0,99
Éducation (E) : (1/3)S+(2/3)A		0,80		0,98
IDH : (R+V+E)/3	0,75		0,95	
Rang (*sur 180 pays et territoires*)	100		8	

Sources : Goujon et Hermet (2012)

L'IDH n'établit cependant qu'une mesure moyenne du développement humain et ne prend pas en compte les inégalités au sein même de la population du territoire évalué. L'Indice de Pauvreté Humaine (IPH) apprécie en revanche l'étendue de la pauvreté à partir d'une mesure des privations dans des domaines essentiels de la vie humaine : la longévité et la santé, la connaissance et l'éducation et un niveau de vie décent. La pauvreté apparaît ainsi comme fonction à la fois du niveau de développement et du niveau des inégalités. Plus un pays est inégalitaire, plus la part des pauvres ou des exclus dans la population est importante, et plus l'IPH est dégradé. Depuis 2010, l'IPH a été remplacé dans les publications du PNUD par l'Indicateur de Pauvreté Multidimensionnelle (Alkire, 2011). Les trois dimensions de la pauvreté (santé, éducation, niveau de vie) sont préservées mais les mesures qui y font références sont plus nombreuses. Cependant, pour des raisons d'indisponibilités statistiques, ce nouvel indicateur ne peut à l'heure actuelle faire l'objet d'évaluation pour Mayotte.

Après avoir présenté le principe de construction de l'IPH, on s'attachera à calculer cet indicateur en précisant toutes les hypothèses et tous les arbitrages qui se sont avérés nécessaires. On présente ensuite une comparaison de la pauvreté de Mayotte avec celles de la France métropolitaine et des autres îles voisines de l'océan Indien.

l'Indice de Pauvreté Humaine

L'Indice de Pauvreté Humaine (IPH) du PNUD a pour objectif de synthétiser les multiples facettes de la pauvreté humaine. Sa méthodologie de construction, basée sur l'agrégation de plusieurs composantes ou variables, est similaire à celle de l'IDH (Figure 1).

Principe de construction

De même que le « développement humain » ne se réduit pas à la seule évaluation du niveau du revenu moyen par habitant, le concept de « pauvreté humaine » ne se résume pas à l'insuffisance du revenu monétaire. Les notions de développement et de pauvreté sont en réalité plus complexes que ce que permet de mesurer l'IDH ou l'IPH à travers un nombre limité de dimensions et de variables. Cependant, les variables retenues sont des mesures acceptées des principaux aspects du développement et de la pauvreté et sont très liées à la satisfaction des besoins essentiels comme l'alimentation, le logement, l'hygiène et les soins médicaux, le savoir, les capacités sociales. De plus, le nombre de variables doit demeurer limité pour que l'indicateur synthétique reste compréhensible, acceptable et fasse l'objet d'une large utilisation dans le débat public. La reconnaissance internationale de ces indicateurs du PNUD semble prouver qu'ils rassemblent suffisamment d'informations tout en restant compréhensibles.

Figure 1. Composantes des indicateurs du PNUD

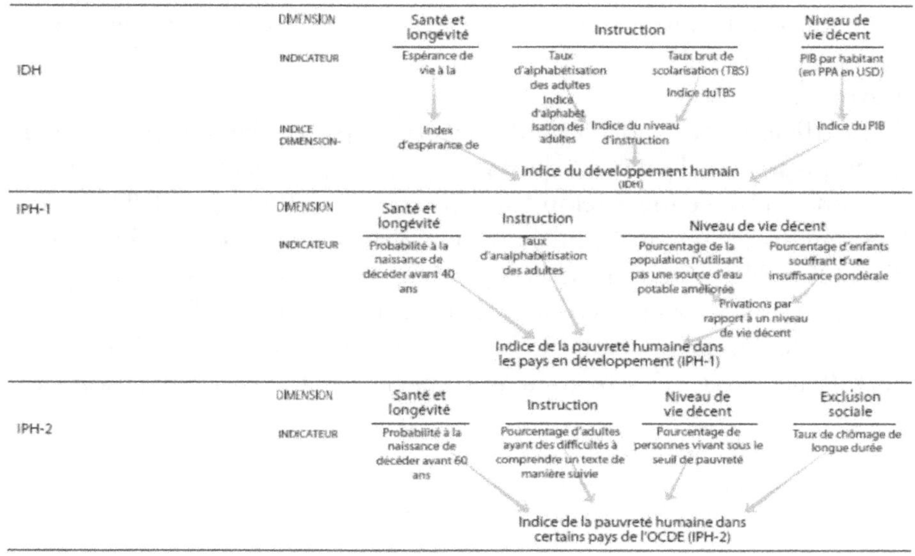

Source : Rapport sur le développement humain 2009 (note technique)

Les deux versions de l'IPH

Alors que l'IDH mesure les niveaux atteints dans les dimensions santé, éducation et niveau de vie, l'IPH mesure les insuffisances ou les privations dans ces dimensions. Cependant, contrairement à l'IDH qui est mesuré de la même façon pour tous les pays, le PNUD considère que la pauvreté doit être appréhendée différemment selon que l'on s'intéresse à un pays en développement ou à un pays développé. Cette distinction mène à deux versions de l'IPH : l'IPH-1 pour les pays en développement et l'IPH-2 pour les pays développés (figure 1).

Dans les dimensions santé et éducation, les différences entre l'IPH-1 et l'IPH-2 se résument à des questions de seuils ou de niveaux : probabilité de décéder avant un certain âge, 40 ans pour l'IPH-1 et 60 ans pour l'IPH-2, niveau d'analphabétisation pour l'IPH-1 et d'illettrisme pour l'IPH-2[1]. Dans la dimension des moyens économiques en revanche, les différences sont plus notables. Pour l'IPH-1, il est retenu une notion de pauvreté absolue mesurée par des éléments physiques : l'accès à l'eau potable et l'insuffisance pondérale des enfants. Pour l'IPH-2, c'est davantage une notion de pauvreté monétaire relative qui est retenue et mesurée sur la base de la distribution des revenus. Le seuil de pauvreté monétaire est alors égal à la moitié de la médiane des revenus (par tête). Il est également ajouté à cette dimension celle de l'exclusion du marché du travail, mesurée par le taux de chômage de longue durée.

Depuis 2010, l'IPH a été remplacé par l'Indice de Pauvreté Multidimensionnelle dans les Rapports du PNUD (Voir Alkire, 2011, pour une présentation des principes et limites de cet indicateur). Le manque de données d'enquêtes nécessaires à la mesure des nombreuses dimensions de ce nouvel indice ne nous permet pas encore de le calculer pour Mayotte[2].

Le 100ème rang sur l'échelle de l'IDH place Mayotte parmi les régions présentant le niveau de développement humain le plus faible de l'Union Européenne. Selon les critères du PNUD, l'IPH-1 serait l'indicateur le mieux approprié pour ce niveau de développement, d'autant qu'il permettrait de comparer le niveau de pauvreté de Mayotte avec celui des autres îles voisines de l'océan Indien. Ces dernières sont en effet toutes évaluées selon l'IPH-1. Néanmoins, se limiter au seul calcul de l'IPH-1 pour ce département empêcherait toute comparaison de la

---

[1] L'analphabétisme est l'incapacité de comprendre, lire et écrire un texte court tandis que l'illettrisme est défini comme un apprentissage imparfait de la lecture et de l'écriture.

[2] Bon nombre de données statistiques essentielles ne sont pas disponibles pour Mayotte au-delà de l'année 2005.

pauvreté mahoraise avec celles de la France hexagonale et de l'Union européenne, où seul l'IPH-2 est évalué. C'est la raison pour laquelle le calcul des deux versions de l'IPH est ici entrepris.

Calcul de l'IPH-1 et de l'IPH-2

Le calcul de l'IPH repose sur une formule d'agrégation qui est une moyenne des valeurs cubiques des variables (tableau 2).

Tableau 2. Les formules de calcul de l'IPH

Pays en développement	Pays développés
$\mathbf{IPH\text{ - }1} = \left[\frac{1}{3}\left(\mathbf{D}_{40}^{3} + \mathbf{A}^{3} + \mathbf{M}^{3}\right)\right]^{\frac{1}{3}}$	$\mathbf{IPH\text{ - }1} = \left[\frac{1}{3}\left(\mathbf{D}_{40}^{3} + \mathbf{A}^{3} + \mathbf{M}^{3}\right)\right]^{\frac{1}{3}}$
D_{40} : probabilité de décéder avant 40 ans, A : taux d'analphabétisme des adultes, M = 1/2 (population privée d'accès régulier à des points d'eau aménagés) + 1/2 (enfants souffrant d'insuffisance pondérale)	D_{60} : probabilité de décéder avant 60 ans, I : taux d'illettrisme des adultes, C : taux de chômage de longue durée, P : taux de pauvreté monétaire.

Sources : PNUD, Rapport sur le développement humain (notes techniques)

Cette formule a pour effet d'augmenter le poids des variables présentant des niveaux élevés (c'est à dire des composantes où les pays présentent de faibles performances). Les pays négligeant l'un ou l'autre des domaines sont donc pénalisés. La substituabilité entre les différentes dimensions, une critique souvent adressée à l'IDH (qui repose sur une moyenne simple) est de ce fait limitée pour l'IPH[3].

Enfin, contrairement à l'IDH, les différentes variables ne sont pas soumises à un calcul de normalisation min-max, car elles s'expriment en pourcentage. Elles sont par conséquent déjà normalisées entre 0 et 100. Le calcul de l'IPH est sur ce point plus transparent.

Le PNUD (2009) calcule l'IPH-1 pour environ 135 pays en développement et l'IPH-2 pour une trentaine de pays développés. Pour ces derniers, ce sont sans surprise les pays d'Europe du nord, dotés d'un système de protection sociale fort, qui arrivent en tête du classement avec des taux d'IPH-2 particulièrement faibles (moins de 10%). Les pays anglo-saxons en revanche ont tendance à être rétrogradés dans le classement de l'IPH par rapport à celui de l'IDH. Cette situation révèle des

[3] Pour une analyse mathématique de l'IPH, se reporter à Anand et Sen (1997) et à la fiche technique du Rapport Mondial sur le Développement Humain du PNUD.

disparités notables en termes d'inégalités dans ces économies. La France quant à elle se maintient au huitième rang mondial, le même rang qu'elle obtient pour l'IDH sur la période considérée ici (2005-2010).

Le calcul de l'Indice de Pauvreté Humaine pour Mayotte

Calculé uniquement au niveau international par le PNUD, l'IPH a fait l'objet de tentatives d'évaluation au niveau régional dans au moins trois études françaises : une relative à la région Nord-Pas-de-Calais (Gadray et al, 2006), une autre en l'Île-de-France (Boutaud, 2007) et enfin La Réunion (Goujon et Hermet, 2013) [4]. Dans le calcul pour Mayotte, l'évaluation de certaines composantes a présenté des difficultés similaires voire supérieures à celles rencontrées par ces trois études. Les méthodes d'approximation ont alors été reprises ou adaptées. Dans le dernier calcul de la pauvreté publié par le PNUD selon cette méthodologie (2009), les composantes sont calculées sur des périodes spécifiques. Nous tentons de les reprendre autant que faire se peut pour Mayotte afin de garder une cohérence temporelle dans les comparaisons.

Probabilité à la naissance de décéder avant 60 ans (IPH-2) ou avant 40 ans (IPH-1)

La probabilité à la naissance de décéder avant 60 ans est le complément à 100 de la probabilité de survie à 60 ans. Ce quotient est calculé à partir des tables de mortalité fournissant les taux de mortalité par âge.

Dans les données du PNUD, la probabilité à la naissance de décéder avant 60 ans est de 7,7% pour la France continentale pour la période 2005-2010. Pour les régions, l'INSEE produit des tables de mortalités à partir des Estimations Localisées de Population (ELP) mais ces tables ne sont pas disponibles pour Mayotte. Le niveau d'espérance de vie est en revanche fournit par l'INSEE-Réunion dans sa publication annuelle du Tableau Économique de Mayotte (TEM). Il est de 73 ans en 2006 (80 ans en France métropolitaine). A partir de cette indication, il est possible d'avoir une estimation des probabilités de décéder via une relation de régression par les moindres carrés ordinaires. Cette méthodologie est d'ailleurs appliquée par le PNUD.

Dans les deux graphiques suivants, sont reportés des couples d'observations de l'espérance de vie et de la probabilité de décéder avant 40 ans (échantillon de 122 pays en développement) et avant 60 ans (pour 51 pays développés et émergents). Les relations, linéaires ou log-linéaires,

[4] Ces différentes évaluations ont été réalisées selon l'IPH-2.

sont de bonne qualité : le coefficient de détermination R^2 étant très proche de 1, la qualité d'ajustement de la droite de régression par les moindres carrés ordinaires s'avère très satisfaisante.

Figure 2. Relation entre Espérance de vie et probabilité de décéder avant 40 ans (122 pays en développement) ou avant 60 ans (51 pays développés et émergents),

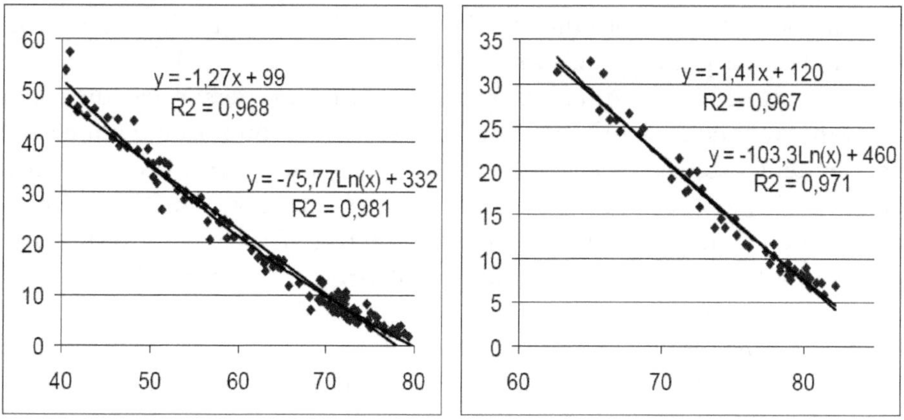

Notes : Espérance de vie (en abscisse, en années) et probabilité de décéder avant 40 ans ou 60 ans (en ordonnées, en %).
Sources : PNUD, et calculs des auteurs

Les résultats pour Mayotte sont reportés dans le tableau 3. En les comparant à d'autres économies insulaires de l'océan Indien, on constate que, mise à part pour La Réunion et Maurice, la probabilité de décéder avant 40 ans à Mayotte est inférieure à celle des îles voisines.

Tableau 3. Espérance de vie et probabilité de décès avant 40 et 60 ans, 2006

	Espérance de vie (années)	**Prob. de décès avant 40 ans (%)**	**Prob. de décès avant 60 ans (%)**
Mayotte	**73**	**6,9**	**16,8**
France métro.	80	-	8,9
La Réunion	77	2,9	11,3
Comores	64	15,3	-
Maurice	72	5,1	-
Madagascar	58	24,4	-
Seychelles	73	--	-
Maldives	67	12,1	-

Sources : PNUD, et calculs des auteurs

Taux d'analphabétisme (IPH-1) et d'illettrisme (IPH-2)

Le taux d'illettrisme est défini par le PNUD comme « la proportion des adultes de 16 à 65 ans ayant des difficultés à comprendre un texte suivi, c'est-à-dire se situant au niveau 1 de compréhension défini dans l'Enquête Internationale sur l'Alphabétisation des Adultes (EIAA) ». Les données relatives à la France sur l'illettrisme proviennent de l'enquête Information et Vie Quotidienne (IVQ) de l'INSEE qui s'intéresse à un échantillon de population comparable (18 à 65 ans). L'illettrisme y est défini comme une « situation face à l'écrit des personnes qui, bien qu'ayant suivi une scolarité en français pendant au moins cinq années, ne parviennent pas, seules et avec le seul recours de l'écrit, à comprendre efficacement un texte écrit portant sur des situations de la vie quotidienne, et/ou ne parviennent pas à transmettre efficacement un message par écrit ». Selon l'INSEE, le taux d'illettrisme correspondant à cette définition serait d'environ 10% de la population de 18 à 65 ans en France. Cependant, ce protocole d'enquête et de mesure de l'INSEE a été jugé par le PNUD différent du protocole EIAA. Les évaluations de l'INSEE n'ayant pas été retenues, le PNUD utilise pour la France un taux d'illettrisme correspondant à la moyenne simple des pays proches pour lesquels des données jugées valables sont disponibles, ce qui correspond à une estimation de 16,4% (soit un coefficient d'amplification d'environ 1,5 par rapport à l'estimation de l'INSEE).

S'agissant de Mayotte, on ne dispose pas de données précises sur l'illettrisme et l'analphabétisme ; l'INSEE n'ayant publié aucun chiffre à ce jour[5]. Selon une enquête de l'ancienne Direction du Travail, de l'Emploi et de la Formation Professionnelle de Mayotte (DTEFP, 2010), le niveau scolaire des adultes est très faible : 71% des personnes déclarent un niveau inférieur ou égal au primaire. Sur les 93 000 personnes de 15 ans ou plus que totalise l'île, 50 000 seulement parlent et écrivent le français et 38 000 ne le parlent pas (soit 42%). Selon l'Agence Nationale de Lutte contre l'Illettrisme (ANLCI, 2010), les chiffres issus de la Journée d'Appel pour la Préparation à la Défense montrent que 73% des jeunes en 2009 ont de grandes difficultés pour la lecture et pour l'écriture. Selon une étude du groupement d'établissements pour la formation continue (GRETA, 2007) menée sur des individus âgés de 30 à 60 ans, dans un environnement où le français serait la langue commune, 70% des sondés présenteraient des difficultés pour comprendre et

[5] Se pose également le problème du choix de la langue à prendre en compte (le PNUD ne fournit aucune indication sur cet aspect) : même si le français est la langue officielle de Mayotte, le shimaoré (originaire d'Afrique) et le shibushi (originaire de Madagascar) sont les deux langues les plus couramment utilisées à Mayotte.

s'exprimer en français au point de ne pouvoir accéder à un niveau d'information et de formation susceptible de les associer au développement économique, social et politique de leur île. Une enquête publiée en juillet 2012 et réalisée par Opcalia avec l'appui de l'ANLCI (Agence Nationale de Lutte contre l'Illettrisme) auprès d'un échantillon représentatif de 300 salariés de tous secteurs d'activité du privé, révèle quant à elle un taux d'illettrisme de 50%.

En se basant sur ces différentes données et en prenant le français comme langue de référence, on peut considérer que l'illettrisme serait a minima de l'ordre de 60%-70% à Mayotte, ce qui placerait ce territoire parmi les pays présentant les moins bonnes performances selon le PNUD. Pour ce niveau d'illettrisme et en reprenant la méthode d'estimation utilisée pour la métropole et La Réunion (Goujon et Hermet, 2012), le taux d'analphabétisme atteindrait alors 20% à Mayotte. Les différents résultats apparaissent dans le tableau 4 où sont également reportés les chiffres pour la métropole et les économies voisines. On note que seuls Madagascar et les Comores enregistrent un niveau d'analphabétisme plus marqué que celui de Mayotte.

Tableau 4. Estimation des taux d'illettrisme et d'analphabétisme

	IPH-2 Illettrisme (%)	**IPH-1** Analphabétisme (%)
Mayotte	60-70 (divers)	20
France métro.	10 (Insee)	1-2 (PNUD-Insee)
La Réunion	20 (Insee)	5
Comores		25
Maurice		13
Madagascar		29
Seychelles		8
Maldives		3

Source : INSEE, PNUD et calcul des auteurs

Accès à l'eau potable et insuffisance pondérale des enfants (IPH-1)

Alors que quasiment tous les logements des départements français sont aujourd'hui raccordés à l'eau potable, la desserte reste encore limitée à Mayotte. On note tout de même quelques améliorations ces dernières années grâce à un service de bornes publiques et à la solidarité du voisinage. Selon l'INSEE-Réunion, seuls 75 % des ménages en 2007 sont alimentés en eau directement dans le logement ou dans l'enclos, et seulement 37% disposent d'une prise d'eau dans le logement. Si on reprend au plus près la définition du PNUD, 25% de la population mahoraise ne dispose donc pas d'un « accès amélioré à l'eau potable »[6].

Concernant l'insuffisance pondérale, une étude de l'Institut de Veille Sanitaire menée en 2006 (Vernay et al., 2009) révèle que Mayotte connaît actuellement une coexistence de situations de carence chez les enfants et de surpoids et d'obésité chez les adultes, en particulier chez les femmes. L'insuffisance pondérale toucherait 10,5% des enfants de moins de 5 ans, un niveau proche de celui observé à Maurice mais inférieur à celui des autres îles voisines (Seychelles mis à part).

Le tableau 5 récapitule ces données et offre un comparatif avec les autres économies en développement de la zone océan Indien.

<u>Tableau 5.</u> Manque d'accès à l'eau potable et insuffisance pondérale des enfants

	Population sans accès à une source d'eau potable améliorée (%)	Enfants souffrant d'une insuffisance pondérale (%)
Mayotte	25	10,5
Comores	15	25
Maurice	0	15
Madagascar	53	42
Seychelles	13	6
Maldives	17	30

Source : PNUD, INSEE, Vernay et al. (2009)

Le taux de chômage de longue durée dans la population active (IPH-2)

Les données du PNUD sur le chômage de longue durée et sur la population active proviennent de l'OCDE. Les définitions sont donc basées sur celles du Bureau International du Travail (BIT). Le chômage apparaît ainsi comme la situation de « toutes les personnes au-dessus d'un âge donné (15 ans) qui n'occupent pas un emploi rémunéré ou ne travaillent pas à leur propre compte, mais sont disponibles pour travailler et ont pris des mesures spécifiques en vue de la recherche d'un emploi rémunéré ou de travailler à leur propre compte ». Le chômage de longue durée est la situation de « chômage d'une durée de plus de 12 mois ». Pour 2007, selon cette définition, la France continentale enregistre un taux de chômage de longue durée de 3,1% de la population active (10% pour La Réunion (Goujon et Hermet, 2013)).

---

6 La part des logements dénués de tout confort (pas d'accès, dans le logement ou dans l'enclos, à l'électricité ou à l'eau courante, ou absence de sanitaires) a baissé, passant de 35% en 2002 à 28% en 2007. Mais ce taux reste encore très élevé comparé à ceux des autres départements d'outre-mer (19% en Guyane, et moins de 5% aux Antilles et à La Réunion).

L'enquête emploi menée au niveau régional par l'INSEE répond aux exigences du BIT, en dénombrant à la fois la population active et le nombre de personnes à la recherche d'un emploi, et le rapport entre les deux (le taux de chômage au sens du BIT). L'INSEE (2010) a mené pour la première fois une enquête sur l'emploi à Mayotte pour l'année 2009. Elle révèle un taux de chômage de 17,6%, dont deux tiers de chômage de longue durée (soit 11,7%)[7]. Le chômage de longue durée, et la situation d'exclusion sociale qui l'accompagne, constituent donc une dimension importante de la pauvreté humaine à Mayotte. De plus, ces chiffres sous-estiment probablement le sous-emploi dans ce département compte tenu de la faiblesse des indemnités chômage et de situations administratives non régularisée (Institut d'Émission des Départements d'Outre-Mer (IEDOM), 2011). Il existe un très fort « halo » autour du chômage : en 2009, 29 300 inactifs souhaitant travailler ne sont pas considérés comme chômeurs au sens du BIT soit parce qu'ils ne recherchent pas d'emploi, soit parce qu'ils ne sont pas disponibles rapidement pour travailler. Ces nombreuses personnes, qui se situent dans une zone intermédiaire entre le chômage et l'inactivité, représentent 44% de l'ensemble des inactifs de 15 à 64 ans (3,5% en France métropolitaine). La question du grand nombre de personnes se considérant comme actives et reclassées inactives au sens du BIT reste donc posée à Mayotte.

Pourcentage de la population vivant en dessous du seuil de pauvreté monétaire (IPH-2)

Dans le calcul de l'IPH-2, la pauvreté monétaire répond à une définition relative de la pauvreté. En effet, le seuil de pauvreté est défini non pas en termes d'insuffisance dans la couverture de besoins fondamentaux comme dans l'IPH-1, mais comme une proportion fixe du revenu moyen de la population. Ce seuil est égal à 50% du revenu disponible médian par unité de consommation (revenu des ménages divisé par la racine carrée du nombre de personnes dans le ménage pour obtenir un équivalent par unité de consommation). Les données utilisées au niveau international par le PNUD sont multiples, mais pour la France c'est essentiellement l'enquête sur les revenus fiscaux des ménages de l'INSEE qui est utilisée. La proportion de pauvres en France métropolitaine est estimée à 7,3% de la population sur la période 2000-2005.

Pour Mayotte, les estimations des taux de pauvreté relative ne peuvent être effectuées qu'à partir des données de l'INSEE-Réunion sur les déciles de niveaux de vie des ménages (Tableau 6). Ces données sont néanmoins

[7] Les femmes sont particulièrement touchées : elles représentent près de 70% des chômeurs de longue durée.

relativement anciennes : en 2013, aucun chiffre n'est disponible au-delà de l'année 2005 ! L'année 2008 étant celle de référence pour cette étude, on applique ici une simple extrapolation linéaire pour obtenir une estimation des déciles de niveaux de vie des ménages en 2008 à Mayotte (sous l'hypothèse que la progression des niveaux de vie entre 2005 et 2008 a suivi la tendance observée dans la décennie qui a précédé).

On constate une baisse progressive des inégalités (mesurées par le rapport D9/D1) à Mayotte. Cependant, ces dernières demeurent nettement plus amples que celles observées en France métropolitaine (ainsi qu'à La Réunion). Par conséquent, ces fortes inégalités doivent générer un taux de pauvreté plus grand à Mayotte, ce qui est observable quand un seuil de pauvreté propre à chaque territoire est choisi. En reprenant le seuil du PNUD de 50% du revenu médian du territoire étudié, le taux de pauvreté monétaire atteint 20% à Mayotte, contre moins de 10% en Métropole. En prenant comme référence le seuil de 50% du revenu médian national (France métropolitaine), le taux de pauvreté à Mayotte atteint 89% ! Aux inégalités s'ajoute en effet les niveaux de vie moyens significativement plus bas dans les Dom par rapport à la métropole.

Le choix du revenu médian de référence donnant des estimations fortement opposées du taux de pauvreté monétaire à Mayotte, nous calculerons deux alternatives de l'IPH-2 : l'une relative au revenu du territoire et l'autre au revenu national.

Tableau 6. Niveaux de vie, inégalités et taux de pauvreté monétaire (2008)

Déciles de niveau de vie (€/mois)	Mayotte 1995	Mayotte 2005	Mayotte 2008 (extrapolé)	France métro. 2008
D1	24	70	84	830
D2	50	98	112	1040
D3	71	129	147	1210
D4	94	166	188	1370
D5 (médian)	118	201	**226**	**1520**
D6	143	243	273	1680
D7	176	300	337	1890
D8	220	394	446	2180
D9	300	678	791	2760
D9/D1	**12,6**	**9,7**	**9,4**	**3,3**
Seuil 50% médian régional	59	101	113	760
Taux 50% médian régional	24	21	20	7
Seuil 50% médian national			760	760
Taux 50% médian national			89	7

Sources : INSEE et calculs des auteurs

L'évaluation des niveaux de pauvreté de Mayotte

On dispose à présent de tous les éléments nécessaires au calcul du taux de pauvreté de Mayotte selon les deux indicateurs synthétiques du PNUD.

Le niveau d'IPH-1 pour Mayotte

Le tableau 7 récapitule les estimations des différentes variables entrant dans la définition de l'IPH-1. A titre de comparaison, sont également fournis les chiffres des autres pays en voie de développement de la région océan Indien qui sont voisins de Mayotte.

Selon l'IPH-1, le taux de pauvreté de Mayotte atteint 17,8% de la population, ce qui place ce territoire à la 74ème place mondiale sur les 135 pays en voie de développement référencés par le PNUD. Seul Madagascar et les Comores présentent dans la zone des taux de pauvreté plus importants. Il est à noter cependant que ce niveau de pauvreté relatif pour Mayotte est comparable à celui des pays en voie de développement qui lui sont proches en termes d'lDH (ie aux alentours de la 100ème place).

Tableau 7. Niveau d'IPH-1 et des composantes pour Mayotte et comparateurs

	Mayotte	Comores	Maurice	Madagascar	Seychelles	Maldives
Probabilité de décéder (%)	6,9	15,3	5,1	24,4	-	12,1
Tx d'analphabétisme (%)	20	25	13	29	8	3
Abs. accès eau potable (%)	25	15	0	53	13	17
Insuffisance pondérale (%)	10,5	25	15	42	6	30
IPH-1 (%)	**17,8**	**20,9**	**9,7**	**36,5**	**-**	**17,0**
Classement (135 pays)	**74**	**78**	**45**	**113**	**-**	**66**

Sources : PNUD et calculs des auteurs.

Le niveau d'IPH-2 pour Mayotte

Le Tableau 8 récapitule les taux de pauvreté en termes d'IPH-2 pour Mayotte, la France métropolitaine et La Réunion (Goujon et Hermet, 2013). En se basant sur des critères établis pour les pays développés, le taux de pauvreté à Mayotte serait égal à 38,6%, si l'on prend comme référence le revenu médian des ménages mahorais, et 61,4% si c'est le revenu médian national qui est pris en compte. Dans les deux cas cependant, ce niveau de pauvreté place Mayotte bien au-delà du dernier pays développé référencé par le PNUD dans son classement (le 25ème et dernier pays, l'Italie, présente un taux de pauvreté de 29,8%).

Tableau 8. Niveau IPH-2 et des composantes pour Mayotte, la France et La Réunion

	Mayotte	France métro.	La Réunion
Probabilité de décéder (%)	17	9	11
Taux d'illettrisme (%)	60	10	20
Tx de chômage de longue durée (%)	12	3	10
Tx de pauvreté monétaire (réf régionale) (%)	20	7	8
Tx de pauvreté monétaire (réf nationale) (%)	89	7	37
IPH-2 (réf revenu médian régional) (%)	**38,6**	**11**	**13,9**
IPH-2 (réf revenu médian national) (%)	**61,4**	**11**	**24,8**
Classement (25 pays)	**>25**	**8**	**24**

Sources : PNUD et calculs des auteurs

Une analyse plus détaillée des variables entrant dans la composition de l'IPH-2 révèle que même si le retard de Mayotte est sensible dans les quatre dimensions, ce sont le taux de pauvreté monétaire et le taux d'illettrisme qui contribuent le plus au niveau de pauvreté élevé de ce 101ème département français.

Conclusion

Le 11 juillet 2012, une décision du Conseil Européen accorde à Mayotte le statut de Région Ultra-Périphérique, lui permettant ainsi d'être bénéficiaire des Fonds Structurels Européens depuis le 1er janvier 2014. Cette disposition, qui apparaît moins de 15 mois après la départementalisation, est révélatrice de la prise en compte du retard en matière de développement de ce nouveau Dom, retard allant de pair avec un niveau de pauvreté bien supérieur à la moyenne européenne.

L'exercice présenté ici fournit une évaluation synthétique de ce niveau de pauvreté humaine pour Mayotte en suivant une méthodologie pertinente utilisée par le PNUD. On offre ainsi la possibilité de comparer le niveau de pauvreté de ce nouveau Dom à la moyenne nationale française, mais aussi à celui de La Réunion, son homologue de l'océan Indien, et à ceux des autres pays de la zone. Même si la situation de Mayotte s'est améliorée ces dernières années, il apparaît à la lumière de cet exercice, que ce nouveau département français détient sans conteste le record national en matière de pauvreté. Dans la zone océan Indien par ailleurs, seule Madagascar et les Comores connaissent pire situation.

Dans ce contexte, il ne fait aucun doute que les aides financières massives de la France et de l'Europe sont nécessaires. Ces transferts permettront alors de reproduire le processus de convergence en termes de niveau de vie qui fut observé pour les quatre premiers Dom (Jean-Pierre, 2007 ; Charles et al., 2011). La mise en place du Revenu de Solidarité Active depuis le 1er janvier 2012 et les centaines de millions d'euros des fonds structurels européens qui seront débloqués sur la période 2014-2019 sont par exemple des éléments qui contribueront sans conteste au développement et à la lutte contre la pauvreté dans cette petite économie.

Pour autant, le changement statutaire de Mayotte, et l'augmentation des transferts publics qui en découle, ne pourra garantir à lui seul la croissance économique et la baisse de la pauvreté. Mayotte reste handicapée par l'étroitesse de son marché intérieur, par un taux de chômage élevé aggravé par une poussée démographique importante, et par le manque de débouchés extérieurs. Comme c'est le cas pour les quatre autres Dom, il est donc fort à parier que le caractère insulaire de cet étroit territoire de 374km² ne manquera pas de peser sur ses perspectives de développement.

Bibliographie

AFD (2012), « Quel niveau de développement des départements et collectivités d'outre-mer ? Une approche par l'indice de développement humain », Document de Travail, n°129.

ALKIRE S. (2011), « Mesurer la pauvreté multidimensionnelle : les limites », Revue d'Économie du Développement, vol 25, 61-104.

ANAND S, SEN A. (1997), « Concepts of Human Development and Poverty: A Multidimensional Perspective », New York: UNDP.

ANLCI (2010), Flash Infos Mayotte du jeudi 7 octobre 2010. http://www.anlci.gouv.fr/

BOUTAUD A. (2007), « Les indices synthétiques du PNUD en région Île-de-France », Étude pour le MIPES - Conseil Régional Île-de-France.

CEROM (2010), « Mutations et évolutions de l'économie mahoraise à la veille de la départementalisation », n°1.

CHARLES A., DARNÉ O., HOARAU J.-F. ET JEAN-PIERRE P.(2011), « La persistance des écarts de richesse entre La Réunion et

les standards français et européens : l'apport des tests de racine unitaire », Document de travail du CEMOI, n°2011-13.
DTEFP (2010), « Le dispositif de lutte contre l'illettrisme à Mayotte », Rapport.
GADRAY J., RUYTERS C. ET LAFFUT M. (2006), « Des indicateurs régionaux de développement humain dans le Nord-Pas-de-Calais et en Wallonie », Étude pour le Conseil Régional Nord-Pas-de-Calais.
GOUJON M. (2008), « L'indice de Développement Humain : Une évaluation pour La Réunion », Région et Développement, n°27, 225-244.
GOUJON M. (2009), « L'indice de Développement Humain de La Réunion: des progrès depuis 20 ans mais un retard persistant », INSEE-Economie de La Réunion, n°134, p.32-36
GOUJON M., HERMET F. (2012), « L'indice de Développement Humain : Une évaluation pour Mayotte », Région et Développement, n°36, 229-244.
GOUJON M., HERMET F. (2013), « L'indice de Pauvreté Humaine : Une évaluation pour La Réunion », Inégalités et Pauvreté dans les Pays Riches, A. DIEMER, H. GUILLEMIN, Eds Oeconomia, 2013.
GRETA (2007), « La diffusion du français auprès de la population adulte de Mayotte », Note réalisée par Simone Drey, chargée de mission sur les questions de diffusion du Français auprès de la population adulte.
IEDOM (2011), « Panorama de Mayotte », Note expresse, n°113.
IEDOM (2011), « Tendances conjoncturelles, 3e trimestre 2011 », Note expresse, n°127.
IEDOM (2012), « Mayotte – Rapport annuel 2011 », Paris.
INSEE-Réunion (2008), « Compétences à l'écrit, en calcul, à l'oral », INSEE partenaires n°2, Octobre.
INSEE-Mayotte (2008), « Enquête budget de famille 2005 », Mayotte Résultat, n°8.
INSEE-Mayotte (2009), « Recensement de la population au 31 juillet 2007. De petits logements pour de grands ménages », Mayotte infos, n°41.
INSEE-Mayotte (2010), « Un marché de l'emploi atypique », Mayotte Infos, n° 48.
INSEE-Réunion, Tableau Économique de La Réunion (TER), Publication annuelle.
INSEE-Réunion, Tableau Économique de Mayotte (TEM), Publication annuelle.
JEAN-PIERRE P.(2007), « Transferts et déséquilibres macroéconomiques des économies ultramarines », Document de Travail de l'Agence Française de Développement, n°51.

MATH A. (2012), « Mayotte. La situation économique et sociale », Chronique internationale de l'IRES, n° 134, 41-54.

OPCALIA (2012), « Lutte contre l'illettrisme à Mayotte », Opcalia Info Presse.

PNUD (2009), « Rapport Mondial sur le Développement Humain ». New York : UNDP.

PREFET DE MAYOTTE (2012), « Plan départemental de prévention et de lutte contre l'illettrisme et l'analphabétisme à Mayotte 2011-2015 – Mayotte j'écris ton nom ».

SUEUR J.P., COINTAT C., DESPLAN F.(2012), « Mayotte : un nouveau département confronté à de lourds défis », Commission des lois du Sénat, Rapport d'information.

VERNAY M, NTAB B, MALON A, GANDIN P, SISSOKO D, CASTETBON K. (2009), « Alimentation, état nutritionnel et état de santé dans l'île de Mayotte : l'étude NutriMay, 2006 ». Institut de veille sanitaire, Université de Paris 13. Saint-Maurice, 56 p.

Les caractéristiques du chômage à Mayotte

François HERMET
Université de La Réunion

Michel PAUL
Université de La Réunion

Mayotte enregistre depuis plusieurs années une croissance économique importante. Le Produit Intérieur Brut (PIB) qui mesure la richesse produite par les entreprises, publiques ou privées, résidant sur le territoire mahorais a plus que doublé sur dix ans pour atteindre en 2011, selon les dernières statistiques disponibles de l'Insee, 1575 millions d'euros. Cette progression correspond à une croissance moyenne de 8,7% par an, largement supérieure à celles des autres régions métropolitaines (de l'ordre de 1% en moyenne) et domiennes (4,5% à La Réunion). Cette forte croissance s'est également accompagnée d'une augmentation importante du PIB par tête (5200 euros en 2005, 7900 euros en 2011), d'une forte augmentation de la consommation des ménages, de 414 millions en 2005 à 819 millions d'euros en 2011, et d'un accroissement significatif de l'investissement (213 millions en 2005, 246 millions en 2011).

Chacun s'accorde pour considérer que le processus de départementalisation de Mayotte a joué son rôle dans ce développement économique et social de l'île. Dans le contexte d'un rattrapage progressif avec la Nation, les investissements publics dans les infrastructures, le développement de l'emploi public et la mise en place de droits sociaux nouveaux ont de fait largement contribué à améliorer le niveau de vie de ses habitants (Insee Analyses Mayotte n°2, 2014). Ces efforts sont bien évidemment appelés à se poursuivre compte tenu du retard de développement important que connaît encore aujourd'hui le département. En dépit de sa forte croissance, Mayotte demeure en effet le département français le plus pauvre avec un niveau de vie quatre fois inférieur à celui de la France continentale : en 2011, le niveau de vie médian par adulte équivalent (ou unité de consommation) s'y fixait à 384 euros par mois contre

1599 euros pour la France hexagonale et l'indice de développement humain (IDH) y est lui aussi largement inférieur[1]. La "*rupéisation*" de Mayotte, en autorisant l'accès à des fonds européens plus importants, laisse penser que ce mode de développement marqué par de forts niveaux de transfert public sera encore de mise dans les années à venir.

Dans ce contexte, il devient essentiel de porter l'attention sur le marché du travail qui, de par son rôle essentiel dans les économies contemporaines, n'est pas un marché comme les autres. C'est en effet sur ce marché que se déterminent les revenus du travail qui constituent, au niveau macroéconomique, la principale source de revenu des ménages (de l'ordre de 70% selon l'Insee). D'autre part, il existe aujourd'hui un relatif consensus chez les économistes pour considérer que c'est fondamentalement le fonctionnement du marché du travail qui détermine à terme la capacité d'une économie à produire de la richesse et du Bien-Être pour la population (Layard et al. (1991), Lindbeck (1993)). Compte tenu de la volonté politique de plus en plus marquée, tant chez les décideurs publics locaux que nationaux, de favoriser des modes de développement endogène pour les économies domiennes (*cf.* notamment le Rapport d'Information n°519 du Sénat), la question de l'état du marché du travail est alors un préalable nécessaire dans le diagnostic qui doit préparer, le cas échéant, à une telle transition. Pour finir, il s'avère que ce marché se caractérise aussi par de nombreux dysfonctionnements avec, en particulier, des niveaux de chômage élevés qui contribuent à entretenir la pauvreté de certaines catégories de la population.

Cette dernière question est d'un intérêt tout particulier pour Mayotte qui est considérée comme une économie émergente dans laquelle le poids des activités traditionnelles, liés à la production de biens et services domestiques, reste encore important. De ce fait, il n'est pas certain que la forte croissance économique de l'île se retrouve *ipso facto* dans les chiffres de l'emploi et du chômage car cela requiert aussi une certaine proximité de la population avec les emplois crées, la nature de la relation salariale et le fonctionnement même du marché du travail. De fait, les statistiques disponibles montrent que, derrière les bas taux de chômage au sens du BIT, une grande partie de la population est en fait touchée par le chômage avec un halo particulièrement important. Dans ce contexte, les bas taux d'activité posent eux aussi problème car ils révèlent qu'un grand

[1] L'IDH de Mayotte est estimé à 0.637 par Sudrie (2013) et 0.75 par Goujon & Hermet (2012) contre 0.83 pour la France continentale. En dépit d'une différence importante, les deux évaluations s'accordent pour considérer que l'écart repose principalement sur la différence de richesse monétaire par habitant, les composantes santé et éducation ayant été tirées au cours de ces dernières années vers le haut par les politiques publiques mises en œuvre dans le département.

nombre de personnes, les femmes et les jeunes en particulier, sont très éloignés du marché du travail. La photographie obtenue témoigne alors des grandes difficultés que rencontre le marché du travail mahorais. Les enjeux en la matière sont primordiaux car le développement de Mayotte se jugera à l'aune de sa capacité à insérer sa population de façon durable dans l'emploi. Des choix politiques forts peuvent alors être pris aujourd'hui pour infléchir les effets de cette dynamique et faire en sorte qu'elle profite à toute la population.

Le chômage à Mayotte : premiers éléments d'analyse

La mesure du chômage : aspects méthodologiques

Un chômeur au sens du Bureau International du Travail (BIT) est une personne (*i*) sans emploi, (*ii*) disponible pour travailler dans les deux semaines et (*iii*) ayant fait des démarches en vue de trouver un emploi au cours d'une période de référence. La mesure de ce chômage au sens du BIT se fait au moyen d'une enquête dédiée, l'enquête Emploi de l'Insee, et non à partir des inscriptions des demandeurs d'emploi auprès de Pôle Emploi. Vis-à-vis de la mesure du chômage, ces données administratives posent en effet problème car des personnes peuvent être à la recherche d'un emploi sans être inscrites à Pôle Emploi (ce sera notamment le cas d'individus satisfaisant aux trois conditions mais qui, ne remplissant pas les conditions d'ouverture de droit à une indemnisation, ne voient pas l'intérêt de s'inscrire). Inversement, ces données sont également susceptibles de faire rentrer dans le champ des chômeurs des individus qui ne sont pas véritablement à la recherche d'un emploi mais qui voient un intérêt à s'inscrire à Pôle Emploi (couverture sociale, indemnisation) ou qui, compte tenu des perspectives immédiates offertes par le marché du travail, ne sont pas dans une prospection pleinement active (demandeurs d'emploi découragés).

La différence auquel conduit l'exploitation de ces deux sources de données peut être d'importance. Ainsi, selon l'Insee[2], 20% des chômeurs au sens du BIT ne sont pas inscrits à Pôle Emploi et, similairement, « *un cinquième au moins des demandeurs d'emploi de catégorie A de Pôle Emploi ne seraient pas classés comme chômeurs au sens du BIT* ». Compte tenu de ces différents éléments, il convient de garder à l'esprit que les individus en temps partiel subi (il suffit d'avoir travaillé une heure pour ne pas être considéré comme chômeur selon les critères du BIT), et ceux qui ne sont pas dans une recherche active, ne rentrent pas dans les statistiques du chômage

---

[2] http://www.insee.fr/fr/publications-et-services/default.asp?page=dossiers_web/chomage/chomage-defm.htm

produites par l'Insee. Les premiers apparaissent dans les statistiques sur le sous-emploi et les seconds dans celles du halo.

Les premiers constats pour Mayotte

Ces aspects méthodologiques étant précisés, Mayotte comptait en 2013 9500 chômeurs au sens du BIT pour une population active de 48900 personnes (Insee Analyse Mayotte n°1, 2014). Il en résulte un taux de chômage de 19,5%, i.e. un actif sur cinq ne parvient pas à trouver un emploi, ce qui est deux fois supérieur au taux métropolitain mais, parallèlement, nettement inférieur à celui des autres Dom (tableau 1).

Tableau 1. Taux de chômage dans les Dom et en France métropolitaine, années 2009 et 2013

	Mayotte	La Réunion	Guadeloupe	Martinique	Guyane	Métropole
2009	17.6	27.2	23.5	22.0	20.5	9.1
2013	19.5	29.0	26.1	22.8	21.3	9.9

Source : Insee, Enquêtes Emploi 2009 et 2013

Comparé à 2009, seule année pour laquelle on dispose de statistiques comparables[3], on enregistre (*i*) une forte augmentation du nombre de chômeurs (de 7600 à 9500, +25%) et (*ii*) une légère augmentation du taux de chômage (un peu moins de 2 points de pourcentage). Compte tenu de la croissance de l'emploi et de celle de la population en âge de travailler (respectivement 10.2% et 10.8% sur la période), on peut faire reposer cette hausse sur un accroissement de la participation au marché du travail (+1,95%). On a ainsi :

$$\Delta u \cong \dot{x}+\dot{N}-\dot{L}=1.95+10.2-10.8$$

avec Δu la variation du taux de chômage u, x le taux d'activité, N la taille de la population en âge de travailler et L le niveau d'emploi (un point au-dessus de la variable indique que l'on prend son taux de croissance)[4].

[3] Deux enquêtes Emploi, une en 2009 et une en 2013, ont été à ce jour réalisées sur le territoire de Mayotte.

[4] Notant PA la taille de la population active et U le nombre de chômeurs, le taux d'activité et le taux de chômage sont précisément donnés par $x = PA/N$ et $u = U/PA$. Le taux de chômage est calculé sur la seule population active qui se ventile elle-même en deux catégories, les L actifs occupés qui bénéficient déjà d'un emploi et les U chômeurs qui sont eux à la recherche d'un travail, de sorte que $PA = xN = L+U$. Une hausse du taux de chômage peut ainsi résulter d'une augmentation de la population en âge de travailler (effet de la démographie) et/ou d'un accroissement de la participation

Cette configuration semble un peu différente de celle observée pour la période 2002-2007 sur laquelle on notait, à partir des recensements de la population[5], une légère baisse du chômage et une stabilité du taux d'activité (INSEE Mayotte Infos n°40). Ces statistiques montrent également une certaine dynamique de l'emploi. Face à une augmentation de la population active dont on peut considérer qu'elle est importante (2,6% en moyenne annuelle contre 2,2% à La Réunion et 0,6% en métropole), l'emploi croît en effet à un rythme soutenu, presque suffisant pour absorber, dans le cadre d'une croissance équilibrée, l'augmentation de la population en âge de travailler.

Les différentes catégories de chômeurs

En matière de chômage, la donnée d'un chiffre global masque souvent une réalité plus complexe. Le risque de chômage n'est pas en effet le même pour tout le monde et frappe de façon plus forte certaines catégories de la population comme les jeunes, les femmes, les peu qualifiés et les étrangers. De fait, ces "*faits stylisés*" du marché du travail se vérifient aussi à Mayotte.

La répartition du chômage par âge et par sexe

A Mayotte, les jeunes (15-29 ans) sont sans surprise plus touchés par le chômage[6] (37.4%). Cela vaut également pour les femmes dont le taux est supérieur à celui des hommes quelle que soit la tranche d'âge considérée (tableau 2). La conséquence en est un nombre de chômeurs femmes significativement plus important que celui des hommes (5 400 *vs* 4 100)

---

au marché du travail et/ou de destructions d'emploi. Le lecteur intéressé pourra se référer à Cahuc et Zylbergerg (1996) pour la dérivation formelle de cette décomposition de la variation du taux de chômage.

[5] Ces comparaisons sont à prendre avec une grande précaution, le chômage dans les enquêtes de recensement étant mesuré à partir des déclarations des répondants. L'Insee précise toutefois que ces réponses ont fait l'objet d'un certain nombre de reclassements de façon à se rapprocher au mieux de la définition du chômage au sens du BIT.

[6] Il y a plusieurs raisons pour lesquelles le taux chômage des jeunes tend à être au-dessus de celui du reste de la population. En premier lieu, la gestion de leur main d'œuvre par les entreprises se faisant souvent au moyen d'une règle LIFO, les jeunes seraient plus exposés aux aléas de la conjoncture (chômage conjoncturel). Parallèlement, étant souvent en phase d'insertion, leur savoir-faire en matière de recherche d'emploi peut être moindre et leurs prospections sont, en moyenne, moins efficaces que celles de leurs aînés (chômage frictionnel). Pour finir, le taux en étant calculé sur la seule population des jeunes peut être entaché d'un effet de composition sur le niveau de diplôme (les peu diplômés, parce qu'ils sortent les plus rapidement du système scolaire, peuvent être surreprésentés dans cette sous-population, ce qui tire alors leur taux de chômage vers le haut).

là où, au contraire, on compte 1,12 homme pour 1 femme en France continentale (Insee Première, 2014) et 1,08 homme pour 1 femme à La Réunion (Enquête emploi 2013, 2014). On notera l'importance de l'écart, 13 points en moyenne sur l'ensemble de la population (ce différentiel en métropole s'est aujourd'hui inversé), mais qui tend toutefois à se réduire compte tenu, d'une part, de la forte augmentation du taux de chômage masculin et, d'autre part, de la légère baisse depuis 2009 du taux de chômage féminin. Cette dernière baisse repose sur une croissance de l'emploi féminin relativement forte (15,3% contre 7.5% pour les hommes) et un taux d'activité qui est resté stable sur la période (-0,3% contre +4,7% pour les hommes). En revanche, l'Insee précise que le chômage des jeunes a lui fortement augmenté depuis 2009 : + 11 points de pourcentage pour les moins de 30 ans (Insee Analyses Mayotte n°1, 2014).

Tableau 2. Taux de chômage par classe d'âge, Mayotte 2013

	Hommes	Femmes	Ensemble
15-29 ans	34.0	42.2	37.4
30-49 ans	11.2	24.0	16.8
50-64 ans	5.6	17.4	8.9
Ensemble	14.4	27.4	19.7

Source : Insee, Enquête Emploi Mayotte 2013

Tableau 3. Chômage et taux de chômage par sexe, Mayotte 2009 et 2013

	Nombre de Chômeurs		Taux de chômage	
	2009	2013	2009	2013
Hommes	2 700	4 100	10.7	14.4
Femmes	4 900	5 400	28.2	27.4

Source : Insee, Enquêtes Emploi Mayotte 2009 et 2013

Le rôle du diplôme

On ne dispose pas à ce jour de statistiques tirées de l'enquête Emploi sur le lien entre le diplôme et le risque de chômage à Mayotte[7]. On peut toutefois se référer aux recensements de la population, notamment celui de 2007 à partir duquel sont tirées les données du tableau 4. Ces statis-

[7] L'Insee donne en revanche des informations sur le lien entre le diplôme et le taux d'emploi, nombre d'actifs occupés que divise la taille de la population en âge de travailler, des moins de 30 ans. Au regard des valeurs fournies (13% pour les sans diplômés, de l'ordre de 30% pour les titulaires d'un CAP-BEP, 42% pour les titulaires d'un baccalauréat et 80% pour les BAC +2 et plus), un diplôme du supérieur apparaît comme un facteur essentiel de l'insertion des jeunes (Insee Analyses Mayotte n°1, juillet 2014).

tiques montrent un fort effet du diplôme, le taux de chômage des diplômés du supérieur étant en particulier sept fois inférieur à celui des non diplômés. Ce constat est confirmé par une analyse "*toutes choses égales par ailleurs*" de l'Insee. Partant d'une situation de référence, un homme de nationalité française, né à Mayotte, âgé de 25 à 50 ans et titulaire d'un baccalauréat pour lequel le taux de chômage est à 12%, les pénalités sont de l'ordre de 8 et 12 points de pourcentage pour les non scolarisés et les personnes sorties du système éducatif au niveau primaire tandis que la prime liée à la validation d'un cursus du supérieur est de 8 points (Insee Mayotte Infos n°40, 2009). Sur la période 2002-2007, on observe toutefois, en dépit d'une baisse générale du taux de chômage (au sens du recensement), une augmentation du taux de chômage des diplômés et ce quel que soit le niveau d'éducation considéré. L'Insee explique ce constat par une augmentation beaucoup plus importante du nombre de diplômés comparé au nombre d'emplois sur lesquels leurs qualifications leur permet de postuler. Les baisses depuis 2009 du taux d'emploi - particulièrement fortes chez les diplômés du secondaire (-20 points de pourcentage) - laissent à penser que ces difficultés se sont poursuivies au cours de la dernière décade. La prime liée à l'obtention d'un diplôme du supérieur demeure toutefois assez forte pour l'insertion sur le marché du travail (sur ce point, cf tableau 9).

Tableau 4. Taux de chômage au sens du recensement selon le niveau de diplôme, Mayotte 2002 et 2007

	2002	2007
Aucun	34.3	32.6
CEP	23.1	24.3
BEPC, brevet	15.4	23.3
CAP, BEP	13.2	20.1
BAC	8.9	14.2
Diplôme universitaire	4.4	4.6
Ensemble	29	26

Source : Insee, recensements de la population

L'effet de la nationalité sur le chômage

Les enquêtes de recensement permettent également d'obtenir des statistiques sur le chômage (au sens du recensement) des personnes de nationalité étrangère qui est, comme le montre le tableau 5, beaucoup plus important que celui des nationaux. L'Insee précise également que les étrangers représentent près de la moitié des chômeurs, sachant que la part des personnes de nationalité étrangère était de 41% en 2007 (Insee Première, 2009), et qu'ils sont pour la plupart sans diplômes (Insee

Mayotte Infos, 2009). Toutes choses égales par ailleurs, la pénalité liée au fait d'être de nationalité étrangère est estimée comme étant comprise entre 5 et 6 points de pourcentage (pour l'année 2007). En outre, on sait également que trois personnes sur quatre d'origine étrangère travaillent à temps partiel et sont vraisemblablement pour un grand nombre d'entre eux dans le sous-emploi.

Tableau 5. Taux de chômage au sens du recensement selon la nationalité, Mayotte 2002 et 2007

	2002	2007
Étrangers	37.8	33.9
Français	24.0	21.7
Dont nés à Mayotte	28.2	26.0
Ensemble	29	26

Source : Insee, recensements de la population

La durée du chômage

Ces premiers éléments peuvent être complétés par quelques statistiques sur la durée du chômage qui informent aussi sur le mode de fonctionnement du marché du travail. Un même taux de chômage peut en effet être le fruit de deux situations fort différentes selon que le taux d'entrée dans le chômage, défini comme le pourcentage de la population active qui rentre à chaque période dans l'état de chômeur, est grand et la durée est courte ou, a contrario, que le taux d'entrée est faible et la durée est longue.

Cette distinction est d'importance car elle a des implications fortes en matière de politique de l'emploi. Ainsi, un pays dans lequel le taux de destruction (net) des emplois serait petit et la durée longue doit plutôt s'attacher à réduire la durée du chômage plutôt que de sauvegarder le volume des emplois (dans un tel cas de figure, le faible niveau du taux d'entrée laisse à penser que les rendements de mesures comme celles consistant à éviter des licenciements seront faibles). Par ailleurs, cette distinction a aussi des conséquences importantes en matière de Bien-Être. A taux de chômage donné, on peut en effet penser que l'on vit moins bien dans une société où la durée du chômage est longue et le taux d'entrée est bas. Dans une telle situation, le fait de perdre son emploi est particulièrement pénalisant car cela va se traduire vraisemblablement par un épisode de chômage long, avec potentiellement tous les effets de déqualification, d'exclusion et de précarité qui accompagnent souvent le chômage de longue durée. A contrario, une économie dans laquelle la durée serait basse (et le taux d'entrée grand) met en œuvre une certaine forme de partage du travail entre les actifs dans la société. Qui plus est, le fait de tomber dans le chômage est sûrement vécu comme moins pénalisant dans la mesure où, s'il est relativement plus fréquent de perdre son travail, la durée de l'interruption est plus courte et il est aussi relativement plus facile de retourner vers l'emploi.

S'agissant de Mayotte, on ne dispose pas de statistiques sur la durée du chômage mais sur l'ancienneté dans le chômage (qui est en règle générale supérieure). On observe alors un très fort chômage de longue durée avec 83% des chômeurs qui sont sans emploi depuis plus d'un an contre 40,4% en métropole et 71% à La Réunion (Enquête Emploi 2012). L'ancienneté médiane dans le chômage est de 3 ans et l'ancienneté moyenne de 3 ans et 3 mois contre 14 mois en métropole (Insee, Tableaux de l'Économie Française, 2014). Les femmes sont là aussi plus touchées que les hommes (44 mois vs 32 mois) avec un écart d'un an qui apparaît alors comme étant particulièrement important. Comparé aux chiffres de 2007, la situation s'est de plus dégradée : en 2009, 2 chômeurs sur 3 étaient au chômage depuis plus d'un an et l'ancienneté médiane était de deux ans.

Derrière la relative bonne performance en matière de taux de chômage, en comparaison des autres Dom, ces éléments soulignent d'ores et déjà un ensemble de difficultés certaines que rencontre le marché du travail à Mayotte. Ces dernières deviennent grandissantes lorsque l'on s'intéresse à la périphérie du chômage au sens du BIT.

La situation en périphérie du chômage

Le taux d'emploi et le taux d'activité sont faibles

Par définition, le taux d'emploi est le rapport entre la population active occupée, c'est-à-dire le nombre de personnes en âge de travailler occupant effectivement un emploi L[8], sur la taille de la population en âge de travailler N. Comptablement, ce ratio correspond également au produit du taux d'activité (ou taux de participation)[9], i.e. le pourcentage de la population en âge de travailler qui souhaite occuper un emploi salarié, par 1 moins le taux de chômage. On a en effet :

$$\frac{L}{N} = \frac{L}{PA}\frac{PA}{N} = \frac{L}{L+U}\frac{L+U}{N} = \left(1 - \frac{U}{L+U}\right)\frac{L+U}{N} = (1-u) \times x$$

Ce dernier indicateur est souvent utilisé en complément du taux de chômage dont la seule donnée peut masquer un mauvais fonctionnement

[8] Ou plus directement le niveau de l'emploi.

[9] $x = PA/N = (L+U)/N$

du marché du travail. En particulier, s'il est clair qu'un marché du travail fonctionnera d'autant moins bien que le nombre d'agents qui parvient à trouver un emploi, relativement à la taille de la population active, est bas, un faible taux de participation peut lui aussi signaler des dysfonctionnements. Tel sera le cas notamment d'une économie dans laquelle les femmes renonceraient à travailler, en raison par exemple de discriminations salariales fortes, et/ou dans laquelle les jeunes se porteraient peu sur le marché du travail, en raison d'une mauvaise employabilité. De façon plus générale si l'on fait sienne l'idée que, d'une façon ou d'une autre, compte tenu du statut et du lien social que peut apporter l'emploi dans nos sociétés contemporaines, la plupart des individus souhaitent travailler, il est clair qu'une économie sera d'autant plus performante qu'elle parviendra à mettre dans l'emploi une grande partie de sa population en âge de travailler.

Le tableau 6 retrace les valeurs du taux d'emploi et du taux de participation pour Mayotte, les autres Dom et la France continentale. Le premier constat est la faiblesse du taux d'emploi à Mayotte. Sur une population de 115000 individus en âge de travailler, seules 3,4 personnes sur 10 ont en effet un emploi contre 6 sur 10 en métropole et 4,4 sur 10 à La Réunion. Le tableau 8 retrace pour sa part les valeurs de ces taux pour les différentes classes d'âge. On constate que cet écart n'est pas le fruit d'un effet de structure lié au fort poids des jeunes dans la population mahoraise (une personne sur deux à Mayotte à moins de 20 ans) et à la faiblesse du taux d'emploi qui caractérise cette classe d'âge (hormis la catégorie intermédiaire, les écarts sont toutefois nettement plus faibles comparé à La Réunion).

Ces faibles taux positionnent Mayotte au dernier rang dans le classement des Dom et cela est également le cas s'agissant du taux d'activité (41,8%) qui est très nettement inférieur à celui de la métropole (71,1%) et des autres Dom. Cette faible participation explique dans une large mesure l'écart en matière de taux d'emploi qui est observé avec la France continentale (la contribution de ce facteur est de l'ordre de 80%). Ces éléments amènent à conclure que la relative bonne performance en matière de chômage de Mayotte repose avant toute chose sur une faible participation au marché du travail, ce qui pose la question des chercheurs d'emploi découragés ainsi que celle de l'insertion des femmes.

<u>Tableau 6.</u> Taux de chômage, Taux d'emploi et Taux d'activité dans les Dom et en France continentale (année 2013)

	Taux de chômage	Rang	Taux d'emploi	Rang	Taux d'activité	Rang
Mayotte	19.5	1	33.5	5	41.8	5
La Réunion	29.0	5	44.0	4	62.2	3
Guadeloupe	26.1	4	48.2	2	65.4	2
Martinique	22.8	2	51.6	1	67.0	1
Guyane	21.3	3	45.1	3	57.4	4
France	9.9		64.0		71.1	

Source : Insee, Enquêtes Emploi 2013

<u>Tableau 7.</u> Poids de la participation dans l'écart avec le taux d'emploi de la métropole

Mayotte	La Réunion	Guadeloupe	Martinique	Guyane
79.5%	37.1%	30.8%	28.7%	60.4%

Comme le souligne l'Insee en juillet 2014, la situation des jeunes et celle des femmes est particulièrement difficile. Ainsi, en dépit d'un certain développement de l'emploi des femmes (+15,3% contre 10,2% pour l'ensemble de l'économie mahoraise), le taux d'emploi féminin demeure particulièrement faible (23,2% en 2013, 22,9% en 2009). Seule une femme sur quatre en âge de travailler occupe ainsi un emploi, ce qui est largement inférieur au taux de la France métropolitaine (60,4 %). Cette différence entre les hommes et les femmes repose dans une large mesure sur un taux d'activité féminin qui est lui aussi très bas[10], une femme sur trois, largement inférieur à celui des hommes (plus de 20 points d'écart) et à son équivalent en France continentale (67.0%). Les chiffres sont encore plus critiques pour les moins de 30 ans qui apparaissent, avec un taux d'emploi de 12,4%, très éloignés du marché du travail. Le bas taux d'activité qui caractérise cette catégorie de la population (19,9 contre 37,3 pour les 15-24 ans en métropole) interpelle également étant entendu que les jeunes sortent plus vite du système scolaire et devraient en conséquence se présenter plus rapidement sur le marché du travail.

[10] Aligner le taux d'activité féminin sur le taux masculin conduirait à une augmentation du taux d'emploi féminin de plus de 15 points, soit à peu près 70% de la différence observée.

Tableau 8. Taux d'emploi, taux d'activité et taux de chômage par classe d'âge et sexe, Mayotte, La Réunion et France métropolitaine

	Taux d'emploi			Taux d'activité			Taux de chômage		
	Mayotte	France métro.	La Réunion	Mayotte	France métro.	La Réunion	Mayotte	France métro.	La Réunion
15 - 29 ans (15-24 ans)	12.4	28.4	13.7	19.9	37.3	31.2	37.4	23.9	56.2
30 - 49 ans (25-49 ans)	50.0	80.8	56.5	60.0	88.9	77.8	16.8	9.1	27.4
50 - 64 ans	46.2	57.6	43.8	50.7	61.7	53.5	8.9	6.7	18.0
Hommes	45.4	67.9	48.9	53.0	75.5	68.4	14.4	27.4	27.0
Femmes	23.2	60.2	39.5	31.9	66.8	56.4			30.7
Ensemble	33.5	64.1	43.3	41.8	71.1	60.7	19.7	9.9	28.8

Source : Insee, enquêtes Emploi 2013
Note : Les deux premières catégories d'âge se rapportent, s'agissant de la France métropolitaine et de La Réunion, aux classes d'âge 15-24 ans et 25-49 ans. Les données de La Réunion portent sur l'année 2012.

Par ailleurs, les taux d'emploi des jeunes sont quel que soit le niveau de diplôme en net recul depuis 2009 (tableau 9), avec des baisses particulièrement prononcées pour les diplômés du secondaire (de l'ordre de 20 points de pourcentage (Insee Analyse Mayotte n°1, 2014).

Tableau 9. Taux d'emploi des jeunes (15-29 ans) selon le niveau de diplôme, Mayotte 2009 et 2013

	Aucun diplôme	CAP BEP	Baccalauréat	Ens. supérieur	Ensemble
2009	19	56	62	90	15.9
2013	13	30	43	82	12.4
Répartition 2013	54.3	13.5	16.8	15.4	

Source : Insee, enquête Emploi Mayotte 2009 et 2013

Au-delà de la pertinence du concept d'activité au sens du BIT pour une économie émergente comme celle de Mayotte, trois grands facteurs sont mis en avant par l'Insee pour expliquer ces faibles niveaux d'activité. **Le premier** renvoie au niveau d'études de la population de Mayotte qui demeure dans l'ensemble très bas (selon le recensement de la population

2012, 54,3% des personnes âgées de 15 ans ou plus sont sans diplôme, 30,3% sont diplômés du secondaire et 15,5% sont diplômés du supérieur). Face à des offres d'emploi qualifiées de "*bien ciblées*", une grande partie de la population, considérant que leur employabilité ne leur permet pas de postuler à ces emplois, renoncerait à se présenter sur le marché du travail. Le **deuxième** concerne plus particulièrement les femmes et la difficultés qu'il existe d'organiser la garde des enfants. Les familles sont en effet nombreuses (4,1 personnes par ménage selon le recensement 2007 contre 2,31 pour la France prise dans son ensemble) avec, surtout, une organisation scolaire dans le primaire qui est souvent par demi-journée. Cette situation conduit un grand nombre de femmes à rester au foyer. Pour finir, le **troisième** facteur tiendrait à des problèmes de régularisation de la forte population d'immigrés clandestins[11].

Un halo du chômage particulièrement important

Les critères du BIT ont le mérite d'être simples et clairs. Ils ne permettent pas pour autant d'approcher certaines situations intermédiaires comme celles des chercheurs d'emploi découragés qui, considérant que leur recherche serait infructueuse, ne font plus les efforts attendus. Ces personnes, non considérées comme chômeurs selon les critères du BIT, sont pourtant des individus sans emploi, désirant travailler et qui sont de ce fait plus proches du marché du travail que les autres inactifs. Elles sont en particulier susceptibles d'intégrer la population des chômeurs BIT à l'occasion d'une amélioration de la conjoncture, pour peu qu'elles prospectent de façon plus intensive (pour ce motif, on parle parfois de force de travail potentielle pour qualifier cette catégorie d'offreurs de travail).

Afin de mieux rendre compte de ces situations, des indicateurs complémentaires au chômage BIT ont été développés par les instituts nationaux de statistiques avec, en particulier, la mesure du halo du chômage. Ce dernier regroupe deux catégories de personnes considérées comme inactives dans l'enquête Emploi. Les premières sont des individus qui cherchent un travail mais qui ne sont pas disponibles, le cas échéant dans le délai de 15 jours, pour prendre un nouvel emploi (par exemple, parce qu'ils suivraient une formation professionnelle, ce qui les inscrit pour autant dans une réelle démarche de participation au marché du travail). Les secondes sont des personnes disponibles pour travailler mais qui n'ont pas fait de recherches récentes pour en trouver un.

[11] Entre 50 000 et 60 000 personnes, ce qu'il convient de comparer à la taille de la population mesurée lors du dernier recensement de 2012 (212 600 personnes). Selon les services de la préfecture, 15 908 reconduites à la frontière ont été réalisées à Mayotte au cours de l'année 2013 (16 389 en 2012, plus de 26 000 en 2010).

L'enquête Emploi 2013 révèle que le halo du chômage est particulièrement important à Mayotte. Ainsi, pour l'année 2013, on dénombre 29900 personnes qui, tout en étant considérées comme inactives au sens du BIT, souhaitent travailler (29300 en 2009). A l'échelle de Mayotte, cet effectif est considérable. Les inactifs du halo sont en effet trois fois plus nombreux que les chômeurs BIT - contre un peu moins d'un pour deux en métropole (Insee Première n°1516, 2014) – et représentent plus de 60% des inactifs (contre 21% à La Réunion (2012) et 4,3% en métropole (2013)). Par ailleurs, la somme du halo et du chômage au sens du BIT équivaut, à quelques centaines près, à la taille de la population active occupée (38 800 pour les 15-64 ans).

Tableau 10. Le halo du chômage à Mayotte

2013	PAT ne travaillant pas				
	Chômeurs + Inactifs	Chômeurs	Halo	Chômeurs + halo	Halo / inactifs
Ensemble	76 900	9 500	29 900	39 400	44.4
Hommes	29 500	4 100	9 970	14 070	39.3
Femmes	47 400	5 400	19 930	25 330	47.4
2009	PAT ne travaillant pas				
	Chômeurs + Inactifs	Chômeurs	Halo	Chômeurs + halo	Halo / inactifs
Ensemble	69 300	7600	29 300	36 900	47.5
Hommes	27 600	2700	10 300	13 000	41.4
Femmes	41 700	4 900	19 000	23 900	51.6

Source : Insee, Enquêtes Emploi Mayotte 2009 et 2013

S'agissant de sa composition, le halo est constitué au 2/3 de femmes et à 40% de jeunes (moins de 30 ans, en baisse de 10 points par rapport à 2009). La publication relative à l'enquête 2009 y soulignait également le fort poids des personnes de nationalité étrangère (60%). Par ailleurs, 15% des personnes interrogées répondent qu'elles ne sont pas disponibles dans les 15 jours pour travailler et les 85% restants (89% dans l'enquête 2009) qu'elles ne recherchent pas d'emploi dans l'immédiat. Le nombre de travailleurs découragés est alors estimé comme étant compris entre 12000 et 13000 (8000 en 2009), soit environ 40% du halo[12]. La prise en compte de ces personnes dans le chômage conduit à un taux de chômage élargi de 36,1% en 2013 et qui passe à 47,3% si l'on y inclut toutes les personnes du halo disponibles pour travailler (respectivement 30,7% et 48,7% pour l'année 2009). L'Insee dans sa publication de 2009 précise

[12] Plusieurs autres motifs, parmi lesquels le fait d'attendre les résultats d'une recherche antérieure, peuvent expliquer le fait de ne pas rechercher un emploi dans l'immédiat.

également qu'un grand nombre de personnes du halo « *renoncent à toute recherche en raison de leur situation administrative non régularisée. Ils ne peuvent notamment pas s'inscrire à Pôle emploi* ».

La croissance de l'emploi est (peut-être) duale

Les services non marchands et l'emploi public sont moteurs dans la création d'emplois

Le tableau 11, tiré du rapport 2013 de l'IEDOM, donne la ventilation des emplois salariés par grand secteur pour les années 2002, 2007 et 2012. Ces données tirées des enquêtes de recensement témoignent d'une certaine dynamique de l'emploi. Ainsi, au cours des cinq dernières années, les créations d'emploi s'élèvent à 4700 emplois, ce qui correspond à un taux de croissance annuel de 3,5%. L'essentiel de ces créations d'emploi s'est fait dans le secteur des services, celui des services non marchands en particulier (+ 6800) qui regroupe les activités liées à l'administration publique, l'éducation, la santé et l'action sociale. La croissance de l'emploi public se retrouve au niveau macroéconomique avec la très forte hausse des salaires des administrations publiques qui représentent dorénavant 75% du total des rémunérations perçues par les ménages (Insee Mayotte n°2, 2014). On note aussi un fort développement du BTP, que l'on lie aux mesures de défiscalisation et aux investissements publics dans les infrastructures (IEDOM, 2013), ainsi que de très fortes destructions d'emploi dans le secteur de l'agriculture. Ces tendances sont confirmées par les statistiques les plus récentes sur les offres d'emploi. Ainsi, sur les 2240 offres enregistrées par Pôle Emploi en 2013, en augmentation de 5% par rapport à 2012, 47% concernent l'administration publique, 23% les services marchands et 10% le secteur de la construction. Cette évolution s'inscrit de façon plus large dans un processus de long terme qui voit l'économie mahoraise muter d'une société agricole vers une société de services.

Tableau 11. Répartition sectorielle des emplois salariés

	2002	2007	2012
Agriculture	2127	2002	415
Industrie	945	1251	1484
BTP	2364	2002	3056
Commerce	3309	3002	3145
Services marchands	4254	3753	5697
Services non marchands	7800	9007	15903
Petits Boulots	2836	4003	-
Total	23 636	25 021	29 700

Source : Insee, recensement de la population

Les formes d'emploi

Cette croissance de l'emploi s'est accompagnée sur le long terme d'un développement du salariat. Ainsi, parmi la population en emploi, 9 personnes sur 10 sont salariés en 2012 contre 2 sur 3 en 2007 et 1 sur 3 au début des années 80, ce qui positionne Mayotte au niveau de la métropole. D'autre part, selon les données du recensement 2009, 80% des actifs occupés avaient une activité déclarée donnant lieu à la délivrance d'une fiche de paie, ce qui laisse à penser que l'informel qui semble être assez important à Mayotte (Adie, 2008) est en phase de diminution.

Cette croissance s'est également traduite par un développement de l'emploi stable. Ainsi, on sait que 71% des 29700 personnes en emploi en 2012 bénéficient d'un contrat à durée indéterminée (IEDOM, 2013) et que, compte tenu du rattrapage avec la Nation, plus de la moitié des actifs occupés travaillent à présent dans le secteur public (Insee Première n°1488, 2014). En revanche, les tendances récentes sur les emplois précaires et les temps partiels restent posées. Pour l'année 2007, on sait avec les données de recensement que la croissance de l'emploi s'était aussi accompagnée d'un développement des "*petits boulots*"[13] dont le poids était passé de 12 à 15% de l'emploi total (IEDOM, 2013). Ces derniers qui s'apparentent à du temps partiel se retrouvent principalement dans les secteurs de l'agriculture, de l'artisanat, de la construction et de la restauration ; ils concernaient surtout des hommes jeunes et d'origine étrangère (Insee Mayotte Infos n°40, 2009).

Quelles implications pour les politiques de l'emploi ?

Les statistiques qui viennent d'être présentées soulignent un grand nombre de difficultés. Si des progrès indéniables ont pu être réalisés en matière de niveau de vie et de développement humain, la situation du marché du travail à Mayotte est alarmante. A côté du faible taux de chômage, les taux d'activité sont bas, l'insertion des jeunes semble particulièrement difficile et le halo est hypertrophié. Il est alors d'autant plus urgent de répondre à ces difficultés que, la pression démographique restant forte à Mayotte, le nombre de jeunes arrivant sur le marché du travail, en dépit d'un solde migratoire déficitaire, devrait encore demeurer très important dans les années à venir. Le moment des choix de politiques économiques forts semble alors être arrivé pour Mayotte.

---

[13] Les petits boulots sont définis par l'Insee Mayotte comme des emplois informels, saisonniers et occupés à temps partiel qui assurent un revenu de subsistance. Selon le recensement de la population de 2007, 13% des hommes actifs occupés exerçaient uniquement des petits boulots contre 15% pour les femmes.

Une croissance de l'emploi non soutenable à terme

Le premier problème est celui de la croissance de l'emploi qui n'est pas en l'état soutenable à terme. Si l'on peut s'attendre effectivement à ce que la dépense publique continue à croître dans les années à venir - la phase de rattrapage dans laquelle est engagé Mayotte n'étant pas encore achevée à ce jour - une croissance durable de l'emploi public ne saurait constituer une stratégie possible, compte tenu de l'état des budgets nationaux et des nouvelles orientations prises par les décideurs politiques en la matière. Dans ces conditions, l'économie de Mayotte devra s'appuyer sur le secteur privé, qui connaît lui aussi un certain développement depuis plusieurs années, pour pouvoir continuer à créer de l'emploi. Le poids du secteur privé semblant aujourd'hui plus faible qu'il ne le devrait (Insee Analyse Mayotte n°2, 2014), cette option semble réalisable et requiert de bien cibler les secteurs pour lesquels Mayotte dispose d'un avantage comparatif. Dans ce contexte, deux items sont toutefois susceptibles de poser problème : l'augmentation du coût du travail et la durée légale du travail.

L'augmentation du coût du travail pour les bas salaires

Le salaire minimum de Mayotte (le SMIG) doit à terme rattraper le SMIC national : au 1er janvier 2015 le premier se fixe à 7,26 euros de l'heure (+2,1% par rapport à 2014), le second à 9,61 euros (+0,8%). L'augmentation de ce salaire minimum sur la période récente est considérable avec, à ce jour, une hausse de plus de 70% sur ces dix dernières années !

Au niveau macroéconomique, le salaire minimum a des effets complexes car il conditionne souvent, via des mécanismes d'indexation, l'évolution des salaires de plusieurs catégories de travailleurs. Parallèlement, ses effets sur le seul emploi des peu qualifiés – le plus souvent rémunérés au salaire minimum - constituent, du point de vue théorique, une question ouverte qui doit être tranchée empiriquement. En particulier et dans la mesure où la contrainte de salaire minimum porte sur le seul taux horaire, et non sur l'ensemble de la rémunération, une augmentation du salaire minimum peut conduire les entreprises à remplacer les heures par les hommes selon un effet substitution qui tire l'emploi vers le haut. Parallèlement, une augmentation du taux de salaire parce qu'il correspond également à l'augmentation du coût d'un facteur de production, celui de l'entrant « *durée du travail* », génère une dégradation de la rentabilité de l'entreprise qui la conduit à produire moins (effet volume), ce qui tire l'emploi vers le bas. La plupart des études empiriques s'accordant pour considérer que l'offre d'emplois diminue au bout du compte avec le taux de salaire, on peut s'attendre à ce que cette augmentation du coût du travail génère aussi des destructions d'emploi à Mayotte. L'ampleur de ces dernières reste toutefois à mesurer, via l'estimation économétrique des élasticités de la demande de travail des entreprises locales[14].

La durée légale du travail

Le second item sur ces aspects demande de travail a trait à la durée légale du travail qui est aujourd'hui de 39 heures par semaine à Mayotte mais qui est susceptible de passer à 35 heures dans le cadre, là aussi, d'une harmonisation avec la réglementation nationale. Dans la mesure où « *aucune étude sérieuse n'a pu montrer qu'une réduction de la durée du travail se traduisait par des créations d'emploi* » (Artus et al., 2007 p.10)[15], cette question fait aussi partie des sujets qui doivent attirer l'attention des décideurs publics locaux. Mayotte dispose en effet d'un code du travail spécifique qui pourrait peut-être autoriser, dans le cadre de négociations avec les autorités nationales, des marges de manœuvre en la matière.

Le problème de qualification de la main d'œuvre

Le second problème renvoie à la qualification de la main d'œuvre. Comme le souligne l'Insee, le chômage à Mayotte serait structurel, dû essentiellement à l'inadéquation de l'offre et de la demande d'emplois (mismatch). L'importance du halo laisse effectivement penser qu'une grande partie de la population n'est pas en mesure de postuler sur ces emplois nouveaux, faute de qualifications suffisantes et/ou adaptées.

Dans ce contexte, les recommandations en matière de politique économique sont claires et requiert de développer les compétences, générales et spécifiques, des offreurs de travail. Les efforts dans le système éducatif sont bien évidemment indispensables mais les effets de ces investissements seront à moyen et long terme. A plus court terme, il appartient aux décideurs publics locaux de soutenir des programmes de formations professionnelles répondant aux besoins de secteurs bien ciblés. L'enquête Besoin de Main d'Œuvre de Pole Emploi (2012) qui recense les profils recherchés par les entreprises peut y aider (sur ce point, voir également le diagnostic territorial stratégique du consortium Amnyos/Technopolis/Oréade-Brèche, 2012). Ainsi, en 2013, sur un volume prévisionnel de 1035 postes, 45% des besoins concernent le secteur des

---

14 A notre connaissance, aucune étude économétrique de ce type n'est à ce jour disponible pour Mayotte.

15 Le lecteur intéressé pourra également se rapporter à d'Autume& Cahuc (1998) et Paul (2012) pour des analyses théoriques des effets de la réduction du temps de travail sur l'emploi.

services, dont une embauche sur huit celui de la santé, et un tiers les activités liées au BTP. On sait également que 27% des projets de recrutement sont jugés difficiles par les employeurs, plus particulièrement ceux touchant aux métiers de la santé. Par ailleurs, le tourisme est un secteur dont on peut penser qu'il doit être soutenu à moyen terme, le lagon de Mayotte constituant aux yeux des experts un actif naturel d'exception. L'IEDOM dans son rapport 2013 précise que le tourisme présente un potentiel d'emplois certain mais que son développement est aujourd'hui limité « *en raison d'une promotion encore récente de l'île, du coût élevé du transport aérien, de la faiblesse tant quantitative que qualitative des structures d'hébergement et du manque de qualification de la main d'œuvre disponible* ».

Quelles recommandations pour la mise en œuvre des politiques de l'emploi ?

Dans le domaine de la formation, l'évaluation des politiques publiques montre que les programmes efficaces sont ceux dont le budget par tête est élevé et qui ciblent une population bien précise, certaines catégories de la population, y compris parmi les plus défavorisés, semblant réussir mieux que d'autres. Lorsqu'ils s'adressent plus spécifiquement aux jeunes, il convient aussi d'y associer le milieu familial dont le rôle est de fait déterminant (Carneiro & Heckman, 2003).

En ce qui concerne plus spécifiquement les programmes d'aide à l'emploi, qui visent à améliorer l'employabilité des personnes sans travail, on sait aussi qu'il vaut mieux que la formation se fasse en entreprise. Comparé à des situations de chômage simple, les études montrent en effet que les formations hors entreprises sont neutres et que les emplois temporaires dans le secteur public sont inefficaces, voire contre-productifs s'agissant des chances de retour vers un emploi régulier (c'est-à-dire un emploi non aidé du secteur public ou privé ; *cf.* notamment Sianesi (2004) et Brodaty et al. (2001)). Bien évidemment, rien ne dit que de telles conclusions particulièrement sévères pour les politiques de l'emploi à la française s'appliquent nécessairement à Mayotte. Parallèlement, ces éléments laissent aussi à penser qu'il y a des enseignements à tirer des expériences étrangères en la matière et que ces derniers peuvent aider à orienter et guider les choix des décideurs locaux dans le domaine de la formation.

D'autres problématiques touchant à l'offre de travail peuvent également être mises en avant. Ainsi, dans le contexte d'un rattrapage avec la Nation, ont été mis en place à Mayotte des droits nouveaux avec le développement des prestations sociales, dont certaines sont sous conditions de ressources, la mise en place de l'allocation de chômage et l'introduction du RSA. Ce dernier, précisément entré en vigueur le 1er janvier 2012, à 25% du niveau national, a connu depuis deux revalorisations successives (37,5% puis 50% du montant national). A terme, le barème ainsi que les conditions d'éligibilité doivent être alignés sur ceux de la métropole et des autres Dom. Dans son rapport annuel 2013, l'IEDOM précise que la CAF enregistre à la fin de l'année 2013 une population de 3835 bénéficiaires du RSA et que, depuis sa mise en place, le nombre d'allocataires a augmenté rapidement (+ 48.3% en un an).

Par la suite, si ces dispositifs contribuent sans conteste à améliorer le niveau de vie des ménages, ils posent aussi **la question de la fiscalité de l'offre de travail**. On pense tout d'abord aux travaux de Piketty (1998) qui a montré comment l'extension de l'allocation parentale d'éducation (APE) aux mères de deux enfants avait conduit à une réduction de leur taux d'emploi de plus de onze points. On pense aussi aux travaux d'Anne et L'Horty (2002) qui ont montré comment les dispositifs nationaux d'aide sociale pouvaient créer des trappes à inactivité pour certaines catégories de ménages, notamment les familles monoparentales et les couples avec enfants. Ces travaux amènent à s'interroger sur les effets contreproductifs de ces dispositifs qui, en incitant certaines personnes à ne pas intégrer le marché du travail, contribuent à les marginaliser. A cet égard, le RSA fait aussi aujourd'hui l'objet d'un débat, les gains liés à la reprise d'un emploi (RSA activité) étant considérés par beaucoup comme étant trop faibles pour que le dispositif soit véritablement incitatif. Dans tous les cas de figure, ce débat dépassant largement le cadre de Mayotte, on soulignera simplement ici qu'il n'est pas du tout certain que la mise en place de ces aides sociales conduise à une amélioration de l'insertion sur le marché du travail.

Un autre item a trait à l'immigration et à son impact sur le fonctionnement du marché du travail. Il n'est pas question ici de prendre position sur ce problème qui dépasse largement le seul cadre du marché du travail. Soulignons simplement que la théorie économique sur le sujet est claire (*cf.* notamment Borjas (1999)) et que les réponses apportées sont circonstanciées car elles dépendent de plusieurs facteurs comme le degré de flexibilité des salaires, la nature de la règle de droit en matière de rémunération, la plus ou moins grande mobilité du capital et le degré de qualification, relativement à celui des natifs, des migrants (toutes ces variables influent sur la capacité d'absorption du marché du travail). On peut alors souhaiter que ces éléments fassent aussi partie du débat de façon à ce que les décisions publiques en la matière soient prises de la façon la plus éclairée possible.

Pour finir, on peut aussi souligner la nécessité d'un réseau de transport efficace (infrastructures routières, transport en commun, etc.) pour le bon fonctionnement du marché du travail. L'accès au fonds structurels européens, que permet dorénavant le statut de RUP de Mayotte, devrait avoir un impact positif en la matière.

Bibliographie

Adie [2008], Le travail indépendant informel à Mayotte, Rapport d'étude.

Amnyos Technopolis Oréade-Brèche [2012], Diagnostic territorial stratégique de Mayotte préalable à la définition et à la rédaction des futurs programmes européens 2014-2020, Rapport final.

Anne & L'Horty [2002], "*Transferts sociaux locaux et retour à l'emploi?*", Économie et Statistiques, n°357-368, pp. 49-71.

Artus, Cahuc & Zylberberg [2007], Temps de travail, revenu et emploi, Rapport du Conseil d'Analyse Économique n° 688, La documentation française, Paris.

d'Autume & Cahuc [1998], "*La réduction de la durée du travail : faut-il y croire ?*" Revue d'Économie Politique, 108, 1, pp. 5-14.

Borjas [1999], "*The economic analysis of immigration*", Handbook of Labor Economics, volume 3, chapitre 28, pp. 1697-1760, Elsevier.

Brodaty, Crépon & Fougère [2001], "*Using Matching Estimators to Evaluate Alternative Youth Employment Programs : Evidence from France, 1986-1988*", in Econometric Evaluations of Active Labour Market Policies in Europe, Springer Verlag.

Cahuc & Zylberberg [1996], Économie du Travail, la formation des salaires et les déterminants du chômage, De Boeck Université.

Carneiro & Heckman [2003], Human Capital Policy, in Inequality in America : What Role for Human Capital Policies ?, Cambridge, MIT Press.

Goujon & Hermet [2012], L'indice de développement humain : une évaluation pour Mayotte, Région et Développement n° 36, pp. 229-244

IEDOM [2013], Mayotte – Rapport annuel 2013.

Informations Rapides Réunion n°300, avril 2014, "*Enquête Emploi 2013 à La Réunion – Un taux de chômage autour de 29% depuis quatre ans*".

Informations Rapides Réunion n°245, décembre 2012, "*Enquête emploi 2012 à La Réunion, Contrats aidés et découragement des chômeurs infléchissent le taux de chômage*".

Insee [2014], Les revenus et le patrimoine des ménages, édition 2014.

Insee [2014], Tableaux de l'Économie Française, Collection Insee Références, édition 2014.

Insee [2010], Tableau Économique de Mayotte, Édition 2010, Direction Régionale de La Réunion, Antenne de Mayotte

Insee Analyses Mayotte n°1, juillet 2014, Enquête Emploi Mayotte 2013, "*9 500 chômeurs et 29 900 inactifs qui souhaitent travailler*".

Insee Analyses Mayotte n°2, octobre 2014, PIB Mayotte 2011, "*Une économie en rattrapage soutenue par la dépense publique*".

Insee Mayotte Infos n° 48, Emploi, décembre 2010, "*Enquête Emploi 2009 – Un marché de l'emploi atypique*".

Insee Mayotte Infos n°40, Travail-Emploi, avril 2009, "*Recensement de la population au 31 juillet 2007 – La progression de l'emploi permet au chômage de baisser*".

Insee Première n°1516, septembre 2014, "*Une photographie du marché du travail en 2013*".

Insee Première n°1488, février 2014, "*Mayotte, département le plus jeune de France* ".

Insee Première n°1231, avril 2009, "*Mayotte : recensement de la population de 2007 – Une population multipliée par quatre en 30 ans*".

Layard, Nickell & Jackman [1991], Unemployment – Macroeconomic Performance and The Labour Market, Oxford University Press.

Lindbeck [1993], Unemployment and Macroeconomics, The Ohlin Lectures, MIT Press.

Pôle Emploi Mayotte [2012], "*Enquête Besoin en Main d'OEuvre à Mayotte en 2013*", Études, Évaluations et Statistiques, avril 2012.

Paul [2012], "*Emploi et Durée du Travail*", mimeo, disponible à http://cemoi.univ-reunion.fr/publications/documents-de-travail/.

Piketty [1998], "*L'impact des incitations financières au travail sur les comportements individuels : une estimation pour le cas français*", Économie et Prévision, n°132-133, pp.1-36.

Sénat [2012], Rapport d'Information n°675, session extraordinaire de 2011-2012.

Sénat [2009], La situation des départements d'outre-mer, Rapport d'Information n°519, session extraordinaire de 2008-2009.

Sianesi [2004], "*An Evaluation of the Swedish System of Active Labour Market Programmes in the 1990s*", Review of Economics and Statistics, 86, 1, 133-155, 2004.

Sudrie [2013], "*Quel niveau de développement des départements et collectivités d'outre-mer ? Une approche par l'indice de développement humain*", document de travail n°129, Agence Française de Développement.

Alimentation en eau potable et gestion des déchets à Mayotte : un état des lieux

Daouda DIAKITE
Université de La Réunion

Freddy HUET
Université de La Réunion

Situé dans l'océan Indien, le département de Mayotte comprend deux îles principales[1] d'origine volcanique qui sont séparées l'une de l'autre par un bras de mer de 1 km. : Grande Terre (360 km²) et Petite Terre (14 km²). Le climat à Mayotte, de type tropical humide, est fortement influencé par la mer notamment la direction des vents marins. L'année hydrologique se scinde très clairement en deux saisons bien distinctes : le *kashkasi* et le *kusi.* La première est une saison pluvieuse et chaude qui part de mi-octobre à fin avril. La seconde, étalée sur le reste de l'année, est une saison plutôt sèche et fraîche. La répartition des précipitations est inégale entre la partie nord très arrosée (entre 1500 et 2 000 mm de pluie par an), et la partie sud où le climat est plus sec (700 mm en moyenne).

La faible superficie de Mayotte conjuguée à sa forte croissance démographique et économique soulèvent des enjeux cruciaux, notamment du point de vue de l'alimentation en eau potable (AEP) et de la gestion des déchets ménagers. En outre, l'évolution institutionnelle de l'île nécessite d'importants investissements de rattrapage aussi bien dans les structures de production, d'adduction et de distribution d'eau que dans celles relatives à la collecte et au traitement des déchets.

Ces investissements sont par ailleurs d'autant plus justifiés que du point de vue de l'alimentation en eau, la demande pour les différents usages (domestique, agriculture et industriel) sera de plus en plus forte. En outre, la faible performance des filières d'élimination des déchets

[1] Ces deux îles sont les seules habitées de façon permanente. Sinon, Mayotte comprend également une trentaine d'îlots épars mais non habités.

ménagers pose des problèmes aigus en termes de salubrité et de santé publique. En effet, en amont, la collecte des déchets est insuffisante et mal organisée à l'échelle du territoire. En aval, les filières de recyclage sont quasi-inexistantes et les déchets sont stockés dans des conditions qui ne respectent pas les normes environnementales.

Dans ce qui suit, nous proposons de faire un état des lieux de l'alimentation en eau potable et la gestion des déchets à Mayotte. Au-delà de l'aspect purement descriptif de la situation actuelle, notre objectif est de soulever les problèmes et enjeux futurs les plus cruciaux dans ces deux secteurs. Ainsi, dans une première partie consacrée à l'AEP, nous situerons d'abord le cadre institutionnel et réglementaire. Les ressources en eaux et les installations existantes sont ensuite répertoriées, suivi de l'analyse du système tarifaire en vigueur. Puis, quelques problèmes sont soulevés ainsi que les perspectives du secteur. Dans la seconde partie, où nous traiterons spécifiquement de la gestion des déchets, il s'agira également de situer le cadre institutionnel dans un premier temps. Puis, nous analyserons les principales prescriptions du PEDMA (Plan d'Élimination des Déchets Ménagers et Assimilés) de 2009 adopté par le conseil général à travers ses principaux objectifs.

L'alimentation en eau potable à Mayotte

L'alimentation en eau potable se définit comme l'ensemble des équipements, des services et des actions qui permettent à partir d'une eau brute, de produire une eau conforme aux normes de potabilité en vigueur distribuée ensuite aux consommateurs. On considère trois grandes étapes pour obtenir une eau potable au robinet du consommateur. Il y a d'abord la production qui commence par les prélèvements et/ou les captages de la ressource brute dans le milieu naturel et se termine par le traitement en vue de potabiliser cette eau brute. Il y a ensuite l'adduction qui consiste à transporter puis à stocker l'eau potable produite, et enfin la distribution aux consommateurs.

Comment ce secteur de l'AEP est-il organisé à Mayotte ? Quelles sont les ressources disponibles ainsi que les installations existantes ? Quels sont les principaux usages de l'eau et quels sont les principes généraux du système tarifaire en vigueur ? Quelles sont les forces et les faiblesses du système dans son ensemble ainsi que les perspectives dans le secteur ? Voici les grandes questions auxquelles nous nous proposons d'apporter des réponses dans cette première partie.

Cadre institutionnel et réglementaire

Le statut administratif particulier de Mayotte jusqu'en 2009 n'a pas empêché le secteur de l'AEP de l'île de s'inspirer largement de l'organisation du secteur de l'eau en France métropolitaine. Désormais département français à part entière, le cadre institutionnel et réglementaire est appelé à évoluer vers le cadre institutionnel national voire européen.

Le Syndicat Intercommunal d'Eau et d'Assainissement de Mayotte (SIEAM) est en charge de la gestion de l'AEP sur l'ensemble de l'île. Avant 1992, on comptait trois Syndicats de communes : Nord-Est (Mamoudzou, Koungou, Dzaoudzi-Labattoir et Pamandzi), Nord-Ouest (Ouangani, Chiconi, Sada, Chirongui, Bouéni et Kani-Kéli) et les Communes de Bandrélé, Dembéni, Tsingoni et M'tsangamouji gérées en régie directe. Le 1er janvier 1992, ces trois syndicats de communes ont fusionné pour donner le Syndicat d'Alimentation en Eau de Mayotte (SAEM). Depuis avril 1998, les statuts du SAEM ont été modifiés pour prendre en compte l'intégration de l'assainissement dans ses compétences. Cette modification des statuts s'est traduite par un changement de nom, le Syndicat prenant la dénomination actuelle, SIEAM. Le Syndicat exerce aujourd'hui, en lieu et place des 17 communes, l'ensemble des compétences en matière d'AEP domestique, industrielle et agricole ainsi qu'en matière d'assainissement.

Le SIEAM a signé en 1992 un contrat d'affermage de 15 ans avec la SOGEA[2] Mayotte (future SMAE) pour la gestion du service d'eau potable. Ce contrat a été renouvelé en 2008 pour une nouvelle période de 15 ans, soit jusqu'en 2023. Par ailleurs, un Office de l'Eau devait être créé dans le cadre de l'adaptation du droit de l'environnement à Mayotte. Cependant, la création de cet office a été reportée et ses prérogatives sont pour le moment exercées par la Direction de l'Agriculture et de la Forêt (DAF) qui joue également le rôle de Direction Régionale de l'Environnement (DIREN).[3]

Les ressources en eaux de Mayotte

Les principales ressources en eau brute à Mayotte sont les ressources de surface (captages, drains, captages en rivière et en mer et retenues collinaires) et les ressources souterraines (forages). La ressource de surface reste cependant le mode privilégié pour l'alimentation en eau potable, avec en cas de besoin une production à partir des eaux marines

---

[2] Socoman -- SGE (Société Générale d'Entreprises) -- Eau et Assainissement.

[3] Aux dernières nouvelles, l'Office de l'Eau de Mayotte est désormais opérationnel.

(Petite-Terre). Ainsi 68% de la production provient des eaux de surface, 28% des eaux souterraines et 4% de l'unité de dessalement de Pamandzi (SDAGE, 2010-2015).

Captages en rivière et ressources souterraines

La majeure partie de la production d'eau de l'île provient d'un ensemble de 15 captages placés pour l'essentiel sur des rivières. La plupart de ces installations ne respectent pas les normes en vigueur. En effet, en plus de l'absence d'arrêté d'autorisation d'exploitation obligatoire pour chacun d'eux, ces captages ne sont pas pourvus de périmètre de protection bien défini et les études d'impact n'ont pas été menées de façon systématique (Bacar-Pacevicius, 2006). Par ailleurs, la potabilisation est davantage compliquée par la pratique des lessives en rivière, parfois à hauteur des captages, car seulement 12,9% des ménages mahorais est équipé en machine à laver (INSEE, 2010). Ces rivières sont également sollicitées pour l'irrigation, parfois non maîtrisée, ce qui influe également sur les débits d'eau.

Contrairement aux ressources de surface, les eaux souterraines ont l'avantage d'être moins sensibles aux pollutions et leur potabilisation demande moins de traitement. En outre, selon la qualité de l'eau prélevée, l'eau issue des forages peut être mise à disposition localement, ce qui limite le recours à un important réseau d'adduction comme dans le cas des captages en rivière. Les différentes campagnes de recherche menées depuis 1989 ont conclu à un potentiel intéressant en eaux souterraines. Grâce à ces recherches, neuf forages ont été réalisés et mis en exploitation pour une production d'eau potable de l'ordre de 3300 mètres cubes par jour. Cependant, la turbidité[4] ajoutée aux teneurs en fer et en manganèse de ces forages sont généralement au-dessus des seuils fixés (valeurs guides) pour la distribution. Le Syndicat s'attelle à adapter l'outil de production notamment les systèmes de traitement pour les forages à fort potentiel mais souffrant de ces excès.

Retenues collinaires et eau de mer

Les retenues collinaires stockent l'eau brute à l'amont des usines de traitement pour permettre de mieux utiliser les volumes disponibles en saison humide. Actuellement il existe deux retenues collinaires exploitées (Combani et Dzoumogné). Combani a été construite en 1998 et est alimentée par la *MroOuaMwala*, affluent de la *MroouaOurouvéni*. Sa capacité est de 1,5 millions de mètres cubes et couvre une superficie de 23,7 hec-

[4] Teneur de l'eau en particules suspendues qui la troublent.

tares. Dzoumogné, construite en 2001, est alimentée par 3 affluents de la *MroOuaTanabé*. Elle a une capacité de 2,5 millions de mètres cubes et couvre une superficie de 22,3 hectares. Une troisième retenue collinaire est en projet à l'embouchure de l'Ourovéni.

Le recours aux usines de dessalement de l'eau de mer semblait inéluctable face aux prévisions du précédent Schéma Directeur de 2003[5]. Autrefois écartée au profit des autres modes de production du fait de son coût élevé, notamment en énergie, les usines de dessalement reviennent au-devant de la scène grâce aux progrès technologiques réalisés dans ce domaine. Cette solution reste donc entière à Mayotte mais les plans actuels ne l'envisagent qu'en cas de déficit chronique entre besoins et ressources disponibles.

Les installations d'AEP existantes à Mayotte

L'eau potable à Mayotte est produite grâce à cinq stations de traitement et de neuf forages qui alimentent directement le réseau de distribution. L'inventaire qui suit est largement extrait du SDAGE 2010 - 2015 de Mayotte.

Les stations de traitement

On dénombre cinq usines réparties sur la Grande Terre, avec une capacité de production totale estimée à 24 100 mètres cubes par jour. Ces usines sont alimentées par les ressources souterraines et les captages en rivière mentionnés plus haut.

L'usine de Ourouveni a une capacité de production de 4000 mètres cubes par jour et approvisionne le centre et le Sud de l'île. Sa station de traitement est alimentée par les captages des rivières Ourouveni et M'roalé, et la retenue collinaire de Combani. L'usine de Bouyouni est la plus importante de l'île de par sa capacité de production - 10000 mètres cubes par jour. Sa production est destinée à l'approvisionnement du Nord de l'île. Sa station de traitement est alimentée par les captages des rivières Longoni, Dzoumogné, Mougohoni, Meresse et Bouyouni haut et les retenues de Combani et de Dzoumogné. La station de M'Rereni a une capacité de production de 700 mètres cubes par jour. Sa production est destinée à un approvisionnement local. La station est alimentée par les drains de M'Rereni et la retenue de Combani qui fournit l'appoint en période sèche par pompage. La station de M'Tsangamouji a une capacité de 400 mètres cubes par jour. Elle est alimentée par deux captages réalisés sur la rivière Ampourianna. Enfin, la station de Mamoudzou, la plus

[5] Schéma Directeur d'Alimentation en Eau Potable (SDAEP).

ancienne des stations, a un débit de 3000 mètres cubes par jour. Elle est alimentée par les captages de Kwale haut et de Gouloue, et les deux forages de Kawéni.

Ces usines de traitement utilisent les systèmes classiques de potabilisation comme la floculation-décantation suivie de la filtration pour les eaux de surface. Ces systèmes de traitement prennent en compte certaines contraintes locales du fait d'une eau chargée en lessive, d'une turbidité très variante selon les saisons, etc.

On note pour terminer l'usine de dessalement installée fin 1997 à Petite Terre suite à la grande sécheresse. Sa capacité est en théorie de 2000 mètres cubes par jour mais le sous-dimensionnement du drain maritime ne permet de prélever que 1200 à 1500 mètres cubes par jour. Les 17 communes que compte le Syndicat sont alimentées en eau potable par ces usines de production à travers 200 km de conduites d'adduction et 400 km environ de conduites de distribution.

Les réservoirs et stations de pompage

Les réservoirs servent à réguler le débit sur les ouvrages de production et de transfert en assurant les pointes de demande et à assurer une sécurité de distribution aux usagers en cas d'incidents de production ou de distribution. Les réservoirs du réseau d'eau potable de Mayotte, au nombre de 65, ont une capacité de stockage totale de 22000 mètres cubes, soit environ 34 heures de réserve. Leur nombre, assez considérable, entraîne d'énormes coûts d'exploitation et complexifie la mise en place d'une télégestion efficace. La capacité par unité, comprise entre 100 et 4000 mètres cubes, est assez modeste, ne permet d'alimenter qu'un ou deux villages et n'assure pas le maintien d'une réserve incendie optimale. Le réseau d'adduction comporte également des stations de pompage au nombre de 18. Depuis 2004, les nouveaux sites sont équipés en matériel de télégestion que se soit au niveau de la gestion de la quantité (débits et volumes), de la qualité (chlore, turbidité, paramètres de qualité, pression) et de la continuité d'exploitation notamment la présence de tension (Bacar-Pacevicius, 2006).

Pour faire face aux délestages assez fréquents à Mayotte, en particulier lors d'épisodes cycloniques, le système d'AEP dispose sur ses sites stratégiques de groupes électrogènes. Ceux-ci permettent une autonomie de fonctionnement de 72 heures et assurent l'approvisionnement d'environ 90% de la population en cas d'arrêt complet de la fourniture d'électricité.

Les usages de l'eau à Mayotte

L'usage de l'eau est essentiellement domestique à Mayotte même si les usages agricoles et industriels commencent à prendre de l'importance. En 2008, les usages domestiques comptaient pour 85% des usages contre moins de 5% pour les activités touristiques et industrielles. Les plans de gestion de la DAF visent à rationaliser les sources d'approvisionnement en eaux brutes et à réserver en priorité l'eau potable aux usages domestiques.

L'usage domestique de l'eau

Le rythme de croissance de la demande en eau potable à Mayotte est de l'ordre de 7% par an. Ainsi, pour assurer la mission de service public, il est nécessaire de consentir un effort soutenu d'investissements. Estimé à 40% en 1991, le taux de raccordement est très vite passé à 75% en 2002. Cette amélioration des raccordements domestiques a entraîné une augmentation de la part des volumes consommés par les usagers domestiques de 70% en 1992 à 83% en 2006. Sur la même période, on note une baisse progressive des consommations quotidiennes par abonné de 600l/abonné/jour à 500l/abonné/jour. Cette baisse est la combinaison d'effets parfois opposés de l'usage de compteurs d'eau individuels d'une part et l'amélioration du taux d'équipement des ménages d'autre part. En effet, sur la période 1992-2006, on assiste à une augmentation régulière de la consommation journalière par habitant raccordé de 40l/hab/jour à 80l/hab/jour. Il existe bien évidemment de fortes disparités entre les communes que ces chiffres moyens ne révèlent pas. Au total, on peut résumer les chiffres clefs de l'alimentation en eau à Mayotte comme suit :

Production moyenne quotidienne en 2008	24 000 m^3/j
Volumes consommés en 2008	6,2 millions de m^3
Rendement moyen en 2008	80%
Population 2007	186452 hab
Nombre d'abonnés en 2008	33.906
Consommation moyenne par abonné en 2008	182 m^3/an
Consommation par habitant en 2008	99l/hab/j
Taux de raccordement en 2008	75%

Source. TEM Mayotte, 2010.

En 2008, on note une augmentation des volumes consommés de l'ordre de 5% par rapport à 2007. La consommation moyenne individuelle, estimée à 99 litres par jour et par habitant, est très inférieure à celle des autres départements et collectivités d'Outre-mer et de la Métropole. En effet, diverses sources évaluent cette consommation moyenne à 260 litres d'eau à La Réunion et 150 litres en France métropolitaine.

Pour faire face à l'évolution exponentielle des besoins, la DAF a adopté un ensemble de mesures[6]. D'abord, le renforcement des unités de production existantes et non l'installation de nouvelles unités (réduction des coûts d'exploitation oblige) ainsi que le renforcement de la production à Mamoudzou, pour limiter les transferts d'autres usines. Ensuite, les bouclages opportuns de réseaux limitant le transfert sur longues distances et la création de réserves stratégiques inexistantes du fait de réservoirs de capacité assez faible (100 à 200 mètres cubes). Enfin, la recherche de fuites pour maintenir, voire améliorer l'indice linéaire de pertes. Du fait de la relative non vétusté des canalisations, les pertes sont évaluées à 20% à Mayotte contre 45% à la Réunion où le réseau est vieillissant. Enfin, selon certains experts, les nombreuses casses observées çà et là sur les canalisations sont dues dans une large mesure à la fragilité de la voirie à Mayotte.

Usages industriels et agricoles

Les usages industriels et agricoles de l'eau sont encore modérés à Mayotte. En effet, le tissu industriel sur l'île est peu développé, et la majorité des entreprises existantes utilisent très peu d'eau potable à l'exception notable des entreprises du secteur agroalimentaire. Celles-ci sont en effet très consommatrices d'eau et les normes de qualité sont également les plus exigeantes. Elles sont en outre les principales causes de l'enrichissement en éléments organiques sur la zone de Kawéni. La plupart des entreprises industrielles à Mayotte sont implantées dans les 4 pôles techniques de l'île à savoir Kawéni, Longoni, Vallée III et Badamiers. Cette concentration permet un meilleur contrôle des rejets des eaux vannes et autres résidus dans le milieu naturel. A ce jour, la demande d'eau pour les usages industriels représente environ le dixième de celle destinée aux usages domestiques.

Selon le Comité du Bassin, l'agriculture à Mayotte se distingue à bien des égards du milieu agricole métropolitain. En effet, les exploitations sont de petite taille (moins de 1 ha) et les mahorais pratiquent

[6] La DAF, en l'absence de certaines structures publiques propres au secteur de l'eau (Office de l'Eau, DIREN,..) et de certaines compétences au sein même du Syndicat, statut particulier de Mayotte oblige, a piloté un certain nombre de grands travaux dans l'AEP. Progressivement, les autres structures s'installent et les équipes techniques du Syndicat jouent de plus en plus leur rôle et assurent leurs missions.

l'agriculture généralement comme activité complémentaire. On retrouve des exploitations un peu partout sur l'île même si la concentration est plus forte dans les plaines côtières (Dembéni et Chirongui), sur le Grand plateau (de Mtsangamouji à Ouangani) et dans le Centre Ouest. Les exploitants agricoles ont pour le moment très peu recours aux systèmes d'AEP et se servent le plus souvent directement en rivière. Le Schéma départemental d'alimentation en eau potable (SDAEP) estime à 2000 m3/j en période d'étiage la consommation d'eau de l'agriculture. Cette eau serait fournie par le biais de 200 petits réseaux rudimentaires mal entretenus ainsi qu'une trentaine de puits. Il est cependant à parier que cette situation ne saurait perdurer avec l'augmentation de la population et par ricochet des activités agricoles. A terme, les conflits d'usage entre les différents acteurs sont donc à prévoir dans la fourniture de l'eau. Enfin la pollution des eaux, inhérente à l'agriculture intensive (engrais, pesticides, herbicides, etc...), est très limitée à Mayotte du fait de l'exploitation très familiale des parcelles et du coût des produits phytosanitaires.

La tarification

Le principe général de la tarification de l'eau en France est fixé par l'Article 1, Loi n° 2004-338 du 21 avril 2004 portant transposition de la directive 2000/60/CE du Parlement européen à savoir : *les coûts liés à l'utilisation de l'eau, y compris les coûts pour l'environnement et les ressources elles-mêmes, sont supportés par les utilisateurs en tenant compte des conséquences sociales, environnementales et économiques ainsi que des conditions géographiques et climatiques.*

La tarification de l'eau à Mayotte est très récente. Elle a réellement commencé dans les années 1990 et avant cette date, l'eau était quasi gratuite (SDAGE, 2010 -2015). Le tableau ci-dessous retrace le prix de l'eau en fonction des tranches de tarification (exprimées en €/mètres cubes par an).

Tranches	Part fermier	Part SIEAM	Part État	Prix total
0 à 30 m^3	0,62	0,52	0,02	1,16
31 à 70 m^3	1,68	1,58	0,02	3,28
Plus de 71 m^3	2,19	2,61	0,02	4,82

Source : SOGEA (2008)

La grille des tarifs est donc de type blocs progressifs où le prix du mètre cube est croissant avec les volumes d'eau consommés. Cette structure tarifaire a en théorie deux objectifs : la subvention des petits consommateurs (présumés pauvres) par les gros consommateurs d'une part et la réduction du gaspillage d'eau d'autre part. Le prix moyen[7] de l'eau potable à Mayotte est estimé à 2 euros le mètre cube en 2008. Ce prix se trouve dans la moyenne nationale même s'il n'est pas aisé de comparer le prix de l'eau en France[8]. A Mayotte, l'eau potable issue du dessalement renchérit les coûts totaux de production et cela se traduit par un prix de vente plus élevé aux consommateurs. En effet, par le biais d'une convention signée avec le Conseil Général, le fermier SOGEA a construit et exploite l'usine de dessalement. Les volumes ainsi produits par cet équipement sont vendus au Syndicat SIEAM à un prix fixé par la convention. En guise de compensation, le Syndicat reçoit une subvention du Conseil Général (SDAGE, 2010-2015). Le tarif de l'eau pratiqué à Mayotte repose en théorie sur les principes de tarification sociale afin qu'aucune couche de la population ne soit exclue de l'accès. Cependant, certaines sources estiment en moyenne à 17% la part du revenu des ménages mahorais consacrée au règlement de la facture eau. Ce chiffre, au demeurant contesté par l'opérateur, est bien au-delà du seuil de *transportabilité* de 3 à 5% défini par le Grenelle de l'environnement. Toutefois, une partie de la facture d'eau potable appelée *part sociale* est directement financée par le Conseil Général. La quasi-totalité de la population étant éligible à cette aide sociale, la collectivité verse directement les montants correspondants au Syndicat afin de gagner en efficacité et d'alléger les procédures administratives. Le Conseil Général prévoit à terme la création d'un fonds d'aide sociale pour l'eau pour remplacer ce mécanisme de subvention.

Spécificités, forces, faiblesses et perspectives

L'année 1992 marque clairement un tournant majeur dans l'histoire de l'alimentation en eau potable à Mayotte avec d'une part la naissance d'un syndicat unique de l'eau sur tout le territoire et d'autre part la signature du premier contrat d'affermage dans le secteur. Dès lors, on assistera à la réalisation de grands travaux afin d'équiper l'île en systèmes modernes de production, d'adduction et de distribution d'eau potable. La production initialement basée sur les captages en rivière s'est progressivement éten-

---

[7] C'est le prix moyen de l'eau du robinet, pour un ménage de 3 ou 4 personnes qui consomme 120 m3 (120 000 litres) d'eau par an. Cette quantité est l'estimation de l'eau que l'on utilise durant l'année pour différents usages comme boire, cuisiner, se laver, etc. Avec cette définition, en ignorant les frais d'abonnement, on trouve un prix moyen de 3,40 €le m3 en 2008.

[8] La gestion étant une prérogative communale, les syndicats se sont multipliés dans certaines localités faisant varier les prix du simple au triple.

due aux retenues collinaires, à l'eau de mer et enfin aux ressources souterraines.

Le système d'AEP à Mayotte se compose de cinq stations de traitement alimentées par diverses eaux brutes (surface, souterraines, retenues collinaires) et d'une usine de dessalement d'eau de mer. Le système comprend également une soixantaine de réservoirs qui jouent pleinement leur rôle de régulateur de débit notamment face aux pics de consommation et autres incidents lors du transfert et de la distribution. Contrairement à la fin des années 90, l'AEP ne constitue plus aujourd'hui un défi majeur. Cependant, la sécheresse de 1997 et les pluies tardives de 2011 ont montré les limites et la fragilité du système dans son ensemble. Il importe donc dès à présent de mener des réflexions, comme ce fut le cas lors des assises de l'eau tenues en juillet 2012, sur la préservation de la ressource et l'adoption de comportements économes en eau.

Il existe un syndicat unique ainsi qu'un opérateur unique dans la gestion de l'eau potable à Mayotte. Ce syndicat unique est une force pour le système d'AEP de l'île. En effet, contrairement à certains Dom, cela facilite les transferts d'eau plus facilement d'une commune à une autre. En Guadeloupe par exemple, où 12 structures de gestion de l'eau opèrent, comme le souligne le Président du Comité de bassin "*les vannes d'une installation sise sur une autre commune que celle du syndicat gestionnaire peuvent être fermées sur un simple caprice*"! Ainsi la connexion entre les différents réseaux d'AEP des communes du Syndicat permet de surmonter les déficits en eau perceptibles dans le Sud par les abondantes ressources du Nord. Cependant certaines communes, notamment M'tsangamouji (Nord-Ouest), semblent peu apprécier cette flexibilité et s'inquiètent de se voir dépouiller de leurs ressources propres sans de réelles contreparties.

Le fermier SOGEA est l'unique opérateur dans l'AEP à Mayotte. Il est lié depuis 1992 au Syndicat unique SIEAM par un contrat d'affermage reconduit en 2008. Cet opérateur est une entreprise locale de sorte que la gestion de l'eau échappe aux majors nationaux que sont Veolia-Eau, Lyonnaise des Eaux et Saur. Le renouvellement du contrat de 1992 arrivé à échéance en décembre 2006 a cependant donné lieu à un contentieux entre la SIEAM et SOGEA d'un côté et Véolia-Eau de l'autre. Cette dernière avait en effet obtenu le 08 décembre 2006, l'annulation de la procédure d'attribution auprès du tribunal administratif de Mamoudzou pour différents manquements. Cependant, le Conseil d'État a annulé le 24 octobre 2008 l'ordonnance du juge des référés. Le contrat ainsi validé a finalement démarré en 2008 pour une période de 15 ans.

La tarification d'un service public comme l'alimentation en eau potable dans un département comme Mayotte ne peut se faire sans tenir compte des conditions sociales particulières sur l'île. En effet, les prix actuellement en vigueur, bien que vraisemblablement en deçà des coûts réels de production et de fourniture de l'eau, sont déjà au-delà du supportable pour une frange importante de la population. Ainsi, le Conseil Général s'est vu obliger de subventionner quasi-systématiquement durant le premier contrat d'affermage une partie du prix de l'eau potable distribuée ainsi que de l'assainissement. Dans le cadre d'une politique tarifaire plus globale prenant en compte les considérations sociales, environnementales et d'équilibre budgétaire, le SDAGE 2010-2015 prévoit l'instauration d'une assistance financière aux couches sociales les plus défavorisées. Cela est d'autant plus indispensable que le branchement à l'assainissement public, actuellement négligeable, alourdira davantage les factures eau et assainissement. Selon l'opérateur, l'assainissement se traduira par une hausse du prix moyen du mètre cube d'eau de 1,50 à 2,50 euros soit un prix final de plus de 4 euros. Pour le Comité de Bassin, il apparaît de plus en plus inéluctable l'instauration de redevances, même symboliques, afin de sensibiliser les usagers de l'eau potable.

Le système tarifaire est de type blocs progressifs où les prix marginaux (prix du mètre cube dans un bloc donné) augmentent avec le niveau de consommation. Cette structure tarifaire censée favoriser en théorie les pauvres (avec de faibles consommations d'eau) se révèlent dans bien des cas catastrophiques pour ces derniers. En effet, il est fréquent que les ménages pauvres dans un enclos donné utilisent le plus souvent le même compteur pour contourner entre autres les frais de raccordement et/ou l'abonnement. Leurs consommations d'eau se retrouvent donc *de facto* dans les blocs supérieurs ; ce qui alourdit leurs factures comme le souligne l'association de consommateurs. Ce problème est assez courant dans la plupart des pays en développement (PED) et une solution consiste à subventionner les compteurs individuels. Par ailleurs, le manque de professionnalisme dans les installations d'eau à l'intérieur des maisons (après les compteurs) entraîne d'importantes fuites d'eau. Cela a pour conséquences des factures excessives et une surconsommation préjudiciable à la ressource.

L'AEP à Mayotte utilise pour 76% de sa production les ressources en eau douce de surface de l'île (captages sur 22 cours d'eau et retenues collinaires). Les efforts réalisés ces dernières années ont payé car l'ensemble de la population a accès à de l'eau potable selon différents type de branchement. Cet effort doit perdurer afin de renforcer toutes les infrastructures liées à la distribution d'eau potable, à sécuriser le réseau et la qualité de l'eau distribuée. Le contexte de démographie galopante de l'île et d'augmentation des besoins individuels rappellent la nécessité d'œuvrer sans cesse à l'accroissement des ressources disponibles et des équipements de l'ensemble du système (production, transfert et distribution).

Le Sud de l'île en particulier accueille essentiellement des cours d'eau temporaires et est dépourvu de moyens de production.

De par leur accessibilité directe, les eaux douces superficielles sont très vulnérables aux pollutions et à la détérioration de la qualité des eaux. Étant donné qu'elles constituent la principale source pour l'alimentation en eau potable, leur qualité est directement liée à la santé de la population. En amont des retenues collinaires, la ressource est dans l'ensemble de très bonne qualité contrairement à l'aval où il y a de sérieux problèmes de protection et de préservation. En effet, Les habitudes coutumières à Mayotte telles que la lessive en rivière, les lavages de voitures, l'amoncellement de déchets en saison sèche dans les lits des cours d'eaux sont autant de facteurs qui dégradent la qualité des eaux superficielles. La population mahoraise n'est encore que peu sensibilisée à la qualité de l'eau et aux risques sanitaires associés. De même, les industriels et artisans étant actuellement essentiellement concentrés dans le secteur de Kaweni, les eaux douces superficielles sont pour le moment dans une moindre mesure menacées par ce type de rejets. Enfin, l'urbanisation incontrôlée vers les hauts de l'île, parfois en amont des captages, est plus qu'inquiétant si des mesures appropriées ne sont pas adoptées. Dans cette optique, les agences de l'opérateur SOGEA en charge de la surveillance des rivières alimentant les retenues collinaires gagneraient à être renforcées.

Cette menace de plus en plus inquiétante de l'activité humaine et son corollaire de déchets générés nous amène à la seconde partie de ce travail consacrée à la gestion des déchets ménagers à Mayotte.

La gestion des déchets ménagers

La gestion des déchets ménagers recouvre deux dimensions : la collecte auprès des usagers et le traitement des déchets collectés. Concernant le traitement proprement dit, deux grandes modalités sont envisageables : la valorisation et le stockage. Les déchets peuvent être valorisés de deux façons différentes. La valorisation « matière » consiste à développer des filières de récupération de déchets encore utilisables en vue de les réemployer, comme par exemple pour le matériel informatique. D'autre part, le recyclage doit permettre de collecter sélectivement certains matériaux (verre, papier/carton, pneumatiques etc.) en vue de les transformer en produits nouveaux. Ainsi les pneus recyclés peuvent par exemple être réutilisés sous forme de granulats pour les revêtements de sols sportifs souples ou d'aires de jeux. La valorisation énergétique a pour but d'utiliser les déchets collectés en vue de produire de nouvelles sources d'énergie. Par exemple, la combustion des déchets par incinération peut permettre de produire de l'électricité et contribuer ainsi à la diversification énergétique d'un territoire. Les déchets non valorisés doivent quant à eux être stockés dans des centres d'enfouissement.

La performance de la gestion des déchets ménagers repose sur une efficacité dans l'organisation de divers aspects liés à la collecte en amont, et au traitement en aval. Tout d'abord, le meilleur déchet étant celui qui n'est pas produit, la sensibilisation des usagers sur certaines pratiques environnementales (compostage domestique par exemple) peut permettre de réduire le volume des déchets collectés. Ensuite, les déchets produits doivent faire l'objet d'une organisation de collecte efficace. Ainsi, une fréquence de collecte régulière permet d'éviter l'amoncellement de déchets sur le bord des routes et le développement des externalités négatives associées (mauvaises odeurs, maladies etc.). De même, certaines actions mises en place en amont (politique de sensibilisation des usagers au recyclage et distribution de bacs roulants différenciés par exemple) conditionnent l'efficacité du traitement en aval. Concernant plus spécifiquement le volet « traitement », le Grenelle de l'environnement préconise le développement des filières de valorisation et recommande d'utiliser la solution du stockage en dernier recours, c'est-à-dire pour les déchets ne pouvant faire l'objet d'une quelconque valorisation.

Pour une île comme Mayotte, la gestion des déchets soulève des enjeux importants, en termes de salubrité et de santé publique, d'impact environnemental et même sur le plan touristique, en termes d'image de l'île telle qu'elle est perçue par les touristes qui viennent la visiter. Dans ce qui suit, nous nous proposons dans un premier temps de dresser un état des lieux des différents aspects de la gestion des déchets ménagers à Mayotte. Face à la performance insuffisante de la collecte et du traitement des déchets, nous mettons ensuite en lumière les principales orientations du PEDMA (Plan d'Élimination des Déchets Ménagers et Assimilés) pour remédier à cette situation.

État des lieux de la gestion des déchets à Mayotte

Le contexte institutionnel

Jusqu'en 2011, la collecte et le traitement des déchets à Mayotte étaient organisés par 4 syndicats de communes et deux communes indépendantes : le SICTOM[9] Nord, le SIVOM[10] Petite Terre, le SIVOM Centre, le SIDS[11] Sud, Mamoudzou et Koungou. A Mamoudzou, la collecte et le traitement étaient assurés par une société privée (STAR

---

[9] Syndicat intercommunal de collecte et de traitement des ordures ménagères.

[10] Syndicat intercommunal à vocations multiples.

[11] Syndicat intercommunal de développement du Sud.

Mayotte) par l'intermédiaire d'une délégation de service public alors que la ville de Koungou a opté pour une gestion en régie.

Depuis 2011, la compétence en matière de traitement a été transférée à un syndicat unique : le SIDEVAM (Syndicat Intercommunal D'Élimination et de VAlorisation des déchets de Mayotte). Cette évolution s'explique par le fait que les seuils de rentabilité économiques ne leur permettaient pas une gestion efficace à l'échelle infra-départementale des aspects « traitement ». De la même façon, afin d'assurer une meilleure internalisation des économies d'échelle, le SIDEVAM s'occupera à partir de 2014 de la collecte des déchets sur toute l'île.

Une performance de collecte insuffisante

A Mayotte, les déchets sont essentiellement collectés en mélange. Il n'existe pas de tri sélectif (pour le verre ou les emballages par exemple) et presque pas de collecte séparative pour les déchets non routiniers (comme les déchets verts, les encombrants). Ainsi, en 2007, sur les 54600 tonnes de déchets collectés, 46300 tonnes étaient collectés en mélange. Le recyclage n'est donc quasiment pas développé sur l'île. Il faut cependant souligner quelques initiatives individuelles dans le domaine de la valorisation matière. Par exemple, la société Tetrama spécialisée dans le BTP a développé des filières de valorisation des pneus ou des déchets verts. La société Enzo Technic recyclage s'est quant à elle lancée dans le recyclage des métaux, des D3E (Déchets d'Équipements Électriques et Électroniques) et de certains déchets dangereux.

Les déchets collectés sont principalement de nature organique (56%), les déchets recyclables ne comptant que pour environ 16% du total des volumes collectés. Néanmoins, avec le développement de l'île, on peut s'attendre à une évolution de la structure de la collecte, avec une diminution progressive du poids des déchets organiques et une augmentation de l'importance d'autres types de déchets comme les matières plastiques et les emballages.

Mais l'insuffisance de la performance de la collecte s'explique surtout par le fait qu'une part importante de la population n'est pas équipée en bacs roulants. A titre d'exemple, en 2007, seule 20% de la population desservie par le SIDS était équipée en bacs roulants, 10% de la population desservie par le SIVOM Centre, et 30% de la population desservie par le SIVOM Petite Terre. En outre, dans les zones où la collecte est assurée, celle-ci n'est pas nécessairement effectuée en porte-à-porte et les points de collecte en apports volontaires sont parfois éloignés des lieux d'habitation. Le seul point de satisfaction concerne la fréquence de collecte qui, dans les zones où celle-ci est assurée, est relativement élevée :

Territoire	Fréquence de collecte par semaine
Mamoudzou	5 fois
Koungou	3 fois
SIDS	3 fois
SIVOM Centre	3 fois
SICTOM Nord	2 fois
SIVOM Petite-Terre	6 fois

Source : tiré de « Élaboration de PEDMA : projet de Plan », Conseil Général de Mayotte, octobre 2009.

Malgré tout, l'organisation de la collecte s'avère globalement défaillante à Mayotte et les conséquences sont visibles sur le territoire : un peu partout, les bacs débordent et les déchets continuent à être jetés ça et là (au bord des routes, des ravines...).

Une amélioration en vue des conditions de stockage des déchets

Jusqu'à récemment, les déchets collectés étaient acheminés vers des décharges à ciel ouvert non autorisées et non conformes à la réglementation. L'île en comporte 5 : la décharge de Chirongui, des Badamiers à Petite Terre, d'Hachiké gérée par le SIVOM Centre, de Dzoumogné et d'Hamaha. Les mauvaises conditions de stockage ont entraîné une contamination des sols et des nappes phréatiques par les substances toxiques produites par les déchets (comme les lixiviats). De même, les brûlages organisés par la population[12] ou par les décharges elles-mêmes ont augmenté la pollution de l'air et favorisé la contamination de la chaîne alimentaire par la retombée de dioxines sur les terrains agricoles cultivés.

Les conditions dans lesquelles les déchets sont actuellement stockés ou brûlés sont donc loin d'être satisfaisantes sur le plan sanitaire et environnemental. Cependant, cette situation est appelée à évoluer très prochainement. En effet, une installation de stockage des déchets non dangereux (ISDND) conforme aux normes européennes doit s'ouvrir en 2014 à Dzoumogné. Cette installation financée en partie par l'Union Européenne, a pour vocation d'accueillir tous les déchets ultimes de l'île, c'est-à-dire les déchets ne pouvant faire l'objet d'une valorisation quelconque. Quant aux décharges actuelles, elles ont pour vocation d'être

[12] Le brûlage a constitué jusqu'à maintenant le mode traditionnel d'élimination des déchets dans les villages mahorais car c'est un mode d'élimination des déchets peu coûteux qui permet de limiter la prolifération de certains animaux nuisibles (rats, moustiques etc.) et le développement de certaines maladies (Mekhous [2011]).

réaménagées et/ou transformées en quais de transit à l'ouverture de l'ISDND.

La capacité de stockage de la future installation de Dzoumogné est estimée à 2 millions de mètres cubes pour une durée de vie prévisible située entre 15 et 30 ans. La durée de vie effective de l'installation dépendra des dispositifs mis en place pour réduire les flux destinés au stockage (actions de prévention et valorisation des déchets collectés notamment). En l'occurrence, si rien n'est fait pour réduire le volume des déchets destinés à l'enfouissement, le problème inhérent à l'élimination des déchets collectés pourrait très vite se poser de nouveau.

Les principaux objectifs de PEDMA

Le développement de la prévention

Afin d'améliorer l'efficacité de la gestion des déchets, un PEDMA a été élaboré par le Conseil Général de Mayotte en 2009 pour la période allant de 2010 à 2020. Un des objectifs prioritaires de ce plan est de développer la prévention. On entend par « prévention » toutes les actions mises en œuvre par les pouvoirs publics afin de réduire le flux de déchets collectés. Ces actions de prévention sont d'autant plus nécessaires que la quantité de déchets produite par les mahorais ne cesse de progresser. En effet, si en 2007, 54600 tonnes de déchets ont été collectées, on estime à 120000 tonnes le volume de la collecte à l'horizon de 2020. Cette progression prévisible s'explique par la croissance démographique et le développement économique prévisibles de l'île.

Si la loi « Grenelle 1 » du 3 août 2009 a fixé comme objectif une réduction de la production d'ordures ménagères de 7% sur 5 ans, sa mise en œuvre à Mayotte pose problème du fait de l'évolution démographique. Dans le contexte mahorais, l'objectif est plutôt de développer une politique de prévention efficace qui permette de freiner la croissance de la production de déchets.

A Mayotte, sur 100 tonnes de déchets collectés, entre 51 et 61 tonnes sont relatifs à des matériaux fermentescibles issus du jardin ou de la cuisine. Le principal enjeu du PEDMA en matière de prévention est donc d'encourager le développement du compostage domestique, notamment par la distribution de composteurs individuels ou collectifs et par un effort de formation de la population sur l'usage de ces matériels. L'objectif est d'arriver à ce qu'un quart de la population mahoraise pratique régulièrement le compostage d'ici à 2020, ce qui aurait pour effet de détourner des flux de déchets collectés une quantité de matériaux compostables estimée à 3800 tonnes par an entre 2015 et 2020.

Les emballages représentent un peu plus de 15% des tonnages collectés. Afin de réduire les flux, la prévention doit s'exercer en amont auprès des producteurs, par exemple en les sensibilisant à un conditionnement des produits économe en emballage. Elle doit également s'exercer en aval auprès des consommateurs mahorais, par exemple en les incitant à utiliser des couches biodégradables ou lavables ou à boire l'eau du robinet plutôt que l'eau minérale. Le PEDMA souhaite enfin encourager et pérenniser les dispositifs existants (soutien et développement des consignes sur les bouteilles de verre ou de gaz, réduction des sacs en plastique aux caisses de supermarché).

L'amélioration de la salubrité

L'amélioration de la salubrité est l'objectif le plus important de PEDMA. Cette amélioration passe notamment par une desserte de la totalité des usagers, avec une fréquence de collecte régulière, un circuit de collecte qui respecte un certain ordre, et la fourniture de bacs roulants à l'ensemble de la population. Ainsi, le PEDMA estime les besoins en bacs roulants à plus de 7000 mètres cubes en 2015 et plus de 8000 mètres cubes à l'horizon 2020. Au-delà de la distribution des bacs, le PEDMA souligne la nécessité de développer l'éducation et la sensibilisation de la population à l'utilisation des bacs au moyen de spots diffusés à la télévision ou de panneaux implantés le long des routes.

Le développement de la valorisation

L'intérêt du recyclage est de permettre d'économiser des ressources naturelles, de l'énergie et des matières premières. Ainsi, le Grenelle de l'Environnement affichait l'objectif ambitieux de réduire de 15% le flux de déchets destiné à l'enfouissement ou à l'incinération à l'horizon de 2012 et d'augmenter de 45% la valorisation matière (recyclage et valorisation organique) à l'horizon 2015 pour les déchets ménagers et assimilés.

La valorisation des matériaux recyclables

A Mayotte, les matériaux recyclables (emballages/journaux/magazines, plastiques et verre) représentent environ 16% des déchets collectés. Le PEDMA a pour ambition de développer la collecte sélective sur l'île ainsi que la valorisation matière. L'objectif affiché est de faire en sorte que 5% des déchets collectés fassent l'objet d'une valorisation en 2015, et que ce pourcentage double en 2020. Cependant, le côté micro-insulaire de Mayotte est un fort handicap pour le développement du recyclage. Il existe en effet peu de débouchés pour les matériaux valorisables : la plupart des déchets recyclés doivent être réexpédiés par voie maritime, ce qui pose le problème du coût de transport. Sans l'existence de dispositifs de soutiens financiers comme les contrats Eco-emballages, ces filières ne seraient économiquement pas rentables.

La valorisation de la matière organique

Compte tenu du poids que représente la matière organique dans le total des déchets produits par les ménages mahorais (56%), leur valorisation représente un enjeu majeur pour le PEDMA. La matière organique se présente essentiellement sous trois formes : les déchets verts, la fraction fermentescible des ordures ménagères (FFOM) constituée pour l'essentiel de restes de repas ou de préparation de repas, et les papiers/cartons.

A Mayotte, les déchets verts représentent à eux seuls 17% des flux collectés. Afin de prolonger la durée de vie de l'ISDND de Dzoumogné, le PEDMA a pour ambition de mettre en place une collecte séparative de ces déchets en déchèterie ou en porte-à-porte à destination de deux plate-formes de compostage (Dembéni et Tsoundzou) qui accueilleront aussi les boues des stations d'épuration. Enfin, les éleveurs étant très demandeurs de végétaux susceptibles d'être consommés par le bétail, le PEDMA recommande le développement de connexions avec la filière élevage afin qu'une partie des déchets verts collectés puisse servir à l'alimentation du bétail.

La mise en place d'un réseau de déchèteries

Actuellement, le département ne dispose pas de déchèteries. Les déchèteries constituent la solution la plus adaptée pour la récupération des déchets encombrants (ferraille, déchets d'équipements électriques et électroniques : D3E, pneus usagers etc.) car une déchèterie est ouverte plusieurs jours par semaine alors que la collecte en porte-à-porte n'est qu'occasionnelle. Il est cependant nécessaire que les futures déchèteries soient suffisamment proches des lieux d'habitations pour que les habitants soient incités à s'y rendre.

Toujours dans la perspective de maximiser la durée de vie du centre de stockage de Dzoumogné, le PEDMA recommande donc la construction de déchèteries le plus rapidement possible. Les besoins sont de l'ordre de 8 déchèteries, pour un investissement de 2,4 à 4,8 millions d'euros. Outre les déchets encombrants, les déchèteries doivent pouvoir accueillir les déchets ménagers spéciaux (DMS) : piles, solvants, batteries, huiles, peintures etc. Ces déchets, de par leur nature, ne peuvent être éliminés de la même façon que les déchets ménagers courants.

Compte tenu de la dangerosité de certains D3E et de l'accroissement de leur gisement, l'Europe a été amenée à les réglementer. Ainsi, la directive européenne 2002/96/CE du 27 janvier 2003 impose une collecte séparative des D3E avec un objectif de 4kgs par an et par habitant en 2006. Des objectifs de recyclage et de valorisation sont également imposés par cette directive qui donne la priorité à la réutilisation des appareils lorsque cela est possible. Afin de satisfaire aux exigences réglementaires, le Plan prévoit de collecter 3kgs par habitant et par an à l'horizon 2015 et 4kgs par an et par habitant à l'horizon 2020. En outre, pour ne pas trop alourdir la charge de la collecte pour les collectivités, le PEDMA recommande de diriger les flux collectés majoritairement vers les distributeurs qui sont juridiquement dans l'obligation de récupérer, valoriser et éliminer ces déchets.

En dehors des D3E, le Plan encourage une valorisation locale des encombrants lorsque cela est possible. Par exemple, les objets réutilisables doivent être réparés et vendus dans des ressourceries locales. Les objets non valorisables localement, comme par exemple les métaux, doivent être conditionnés localement et exportés.

La question du financement

Au total, la mise en œuvre du PEDMA représente un investissement de près de 60 millions d'euros hors renouvellement du matériel. En dehors de l'ouverture de l'ISDND à Dzoumogné (25 millions d'euros), les autres postes de dépenses concernent la réhabilitation des anciens centres de stockage (5 millions d'euros), l'ouverture de déchèteries (7,2 millions d'euros), l'ouverture d'un centre de tri à Mamoudzou (4 millions d'euros), la réalisation de plateformes de compostages et co-compostage (10,8 millions d'euros) et de stations de transit (7,6 millions d'euros).

En outre, le tableau suivant détaille le coût complet par habitant de la réalisation des différentes mesures envisagées par le PEDMA :

Postes de dépenses	**Fourchette basse**	**Fourchette haute**
Prévention	4€/hab	6€/hab
Bacs roulants	2€/hab	2€/hab
Collecte ordures ménagères résiduelles	20€/hab	25€/hab
Collecte sélective et tri	6€/hab	11€/hab
Compostage des déchets verts	4€/hab	5€/hab
Déchèteries	10€/hab	10€/hab
Transport	9€/hab	12€/hab
Enfouissement en ISDND	21€/hab	26€/hab
TOTAL	**76€/hab**	**97€/hab**

Source : tiré de « Élaboration de PEDMA : projet de Plan », Conseil Général de Mayotte, octobre 2009

Ces coûts tiennent compte des amortissements liés aux investissements et sont calculés hors subventions. Le total des différents postes conduit à un coût approximatif de 76 à 97 euros par habitant. Le revenu annuel médian mahorais étant de 2417 euros par habitant[13], la charge financière pour l'usager serait (hors subventions) de l'ordre de 3 à 4% du revenu annuel médian, ce qui est loin d'être négligeable.

Bien sûr, une partie de ces coûts sera *in fine* financée par l'Europe, ce qui aura pour effet d'alléger la charge financière pour les usagers mahorais. Ainsi, l'Union Européenne a-t-elle participé à la réalisation du nouveau centre de stockage de Dzoumogné à hauteur de 8,5 millions d'euros. Pour autant, les maires mahorais ont récemment refusé de voter leur participation au budget du traitement des déchets, arguant le coût pour leurs administrés[14], ce qui montre bien que malgré les subventions obtenues, le financement de la filière demeure précaire.

Conclusion

En définitive, les bouleversements institutionnels récents de Mayotte ainsi que son développement démographique, économique et touristique impliqueront à l'avenir de nécessaires adaptations dans le secteur de l'eau et des déchets. En l'occurrence, l'augmentation prévisible des besoins domestiques, agricoles et industriels en eau pourrait, à terme, se traduire par des tensions sur la ressource. De plus, l'élimination des déchets à Mayotte demeure un problème épineux et des efforts sérieux restent encore à réaliser pour mettre à niveau les infrastructures de collecte et de traitement ainsi que pour optimiser l'organisation de ces filières. L'enjeu est de taille, tant sur le plan économique (développement du tourisme) que sur le plan sanitaire et environnemental. De plus, les nécessaires adaptations dans ces deux secteurs comprendront un coût financier qui risque d'être difficilement supportable pour la population. Ces adaptations ne pourront dès lors être réalisées que si elles s'accompagnent de politiques d'aide sociale et/ou de subventionnement adéquates.

---

13 *« Le revenu des habitants de Mayotte en 2005 : hausse des niveaux de vie et baisse des inégalités »*, INSEE infos, numéro 28, février 2007

14 Le Journal de Mayotte : *« Gestion des déchets : le blocage des maires ! »*, 4 février 2014, Anne Perzo-Lafond : http://lejournaldemayotte.com/2014/02/gestion-des-dechets-blocage-des-maires/

Bibliographie

Bacar-Pacevicius -Pacevicius Anne-Elise (2006), *Mise à jour du schéma directeur d'alimentation en eau potable de Mayotte*, Mémoire de stage. Faculté de géographie et d'aménagement, Université Louis Pasteur de Strasbourg.

Beseme J.L. et J.L. Ravard (2010), *Rapport sur la mise en œuvre du programme de mesures pour l'atteinte du bon état des eaux à Mayotte*, Conseil général de l'environnement et du développement durable (rapport n°007184) et Conseil général de l'agriculture, de l'alimentation et des espaces ruraux (rapport n°10028).

Comité de bassin de Mayotte (2009), *Schéma Directeur d'Aménagement et de Gestion des Eaux (SDAGE) Mayotte 2010-2015.*

Comité de bassin de Mayotte (2009), *Schéma Directeur d'Aménagement et de Gestion des Eaux (SDAGE) Mayotte 2010-2015*, Document d'Accompagnement N°1 : gestion de l'eau à l'échelle du bassin hydrographique.

Comité de bassin de Mayotte (2009), *Schéma Directeur d'Aménagement et de Gestion des Eaux (SDAGE) Mayotte 2010-2015*, Document d'Accompagnement N°2 : dispositions prises en matière de tarification de l'eau et de récupération des coûts.

Comité de bassin de Mayotte (2009), *Schéma Directeur d'Aménagement et de Gestion des Eaux (SDAGE) Mayotte 2010-2015*, Les orientations et dispositions du SDAGE.

Conseil Général (2009), *Élaboration du PEDMA – Projet de Plan*, Rapport 4, soumis au comité de pilotage.

Chantel, Cécile (2008), *La gestion des déchets à Mayotte*, IEDOM – Agence de Mayotte, note expresse numéro 52.

Direction de l'Agriculture et de la Forêt de Mayotte (2009), *Dossier Mayotte le 101ème Département et le 5ème Dom.*

INSEE (2010), *Tableau Économique de Mayotte*, Édition 2010. Direction Régionale de la Réunion, Antenne de Mayotte.

Luu, Philippe (2007), *Le revenu des habitants de Mayotte en 2005 : hausse des niveaux de vie et baisse des inégalités*, INSEE infos, numéro 28.

Perzo-Lafond, Anne (2014), *Gestion des déchets : le blocage des maires !*, Journal de Mayotte, 4 février 2014 : http://lejournaldemayotte.com/2014/02/gestion-des-dechets-blocage-des-maires/

Sommer, Roger, Mouhamadi Issahaca, Alain Girard, Lionel Marin, Louis Rocchi (2010), *Enquête publique relative au Plan d'Élimination des Déchets Ménagers et Assimilés de Mayotte (PEDMA)*, rapport-conclusions-avis motivés.

La rupéisation de Mayotte

Hélène PONGÉRARD-PAYET
Université de La Réunion

« *Choisir, c'est se priver du reste* »[1].

Région ultrapériphérique (RUP) ou pays et territoire d'outre-mer (PTOM) ? Quel statut choisir à l'égard de l'Union européenne ? Tel est le dilemme auquel l'État français et un certain nombre de ses collectivités ultramatines ont été confrontés ces dernières années. Actuellement, au nombre de neuf (Guyane, Guadeloupe, Martinique, Réunion, Açores, Madère, Canaries, Saint-Martin et Mayotte), les RUP[2] sont intégrées à l'Union européenne et doivent, donc, appliquer le droit de l'Union, sous réserve d'adaptations liées à leurs handicaps structurels, qui sont gravés dans le marbre depuis le traité d'Amsterdam. Moyennant une réécriture substantielle de l'article 227 § 2 du traité de Rome, relatif aux départements français d'outre-mer, la notion d'ultrapériphérie n'a, en effet, été consacrée que tardivement, avec force juridique contraignante, à l'article 299 § 2 CE, devenu depuis le traité de Lisbonne[3] les articles 349 et 355 §

---

[1] Citation d'André Gide.

[2] Sur les RUP, voir notamment F. Brial, « La place des régions ultrapériphériques au sein de l'Union européenne », *CDE*, 1995, p. 461 ; J.-Y. Faberon et J. Ziller, *Droit des collectivités d'outre-mer*, LGDJ, collection Manuel, 2007, pp. 111-150 et la bibliographie citée pp. 458-459 ; I. Omarjee, « Régions ultrapériphériques », *Répertoire communautaire Dalloz*, décembre 2002 (mise à jour janvier 2014) ; N. Rubio, « Les régions ultrapériphériques de l'Union européenne », *in* L. Tesoka et J. Ziller (dir.), *Union européenne et outre-mers unis dans leurs diversités*, Actes du colloque des 12 et 13 avril 2007 à Florence, IDOM et Centre Robert Schuman, PUAM, 2008, p. 121 ; L. Sermet, « La notion juridique de l'ultrapériphéricité communautaire », *Europe*, juin 2002, p. 3 ; I. Vestris, *Le statut des régions ultrapériphériques de l'Union européenne. La construction d'un modèle attractif et perfectible d'intégration différenciée*, Bruylant, Collection droit de l'Union européenne - Thèses, 2012 ; C. Vitalien, « Les régions ultra-périphériques entre assimilation et différenciation », *RFAP*, 2002, n° 101, p. 115.

[3] D. Perrot, « Les Régions ultrapériphériques françaises selon le Traité de Lisbonne », *RTDE*, octobre-novembre 2009, n° 4, p. 717 ; N. Rubio, « La consolidation du régime

1 TFUE. À l'inverse, le statut des PTOM[4] a été consacré dès le traité de Rome afin de promouvoir leur développement économique et social. Bien qu'ils dépendent d'un État membre de l'Union, les PTOM ne sont pas intégrés, mais simplement associés à l'Union européenne. Par conséquent, le droit de l'Union ne leur est pas en principe applicable[5], à l'exception d'un régime spécifique d'association fondé sur l'article 355 § 2 TFUE (ex-article 299 § 3 CE), la quatrième partie du traité[6] et la décision d'association en cours[7]. Actuellement, les pays et territoires d'outre-mer sont au nombre de vingt-cinq et dépendent de quatre États membres[8] (le Royaume-Uni[9], les Pays-Bas[10], le Danemark[11] et la

---

des régions ultrapériphériques par le Traité de Lisbonne », *Gazette du Palais*, 19 juin 2008, n° 171, p. 65.

4 Sur les PTOM, voir notamment D. Dormoy, « Association des pays et territoires d'outre-mer (PTOM) à la Communauté européenne », *J-Cl. Europe Traité*, Fasc. 473, 1er juillet 2007 ; « Les pays et territoires d'outre-mer associés à l'Union européenne », *in* L. Tesoka et J. Ziller (dir.), *op. cit.*, p. 139 ; J.-Y. Faberon et J. Ziller, *Droit des collectivités d'outre-mer*, *op. cit.*, pp. 239-281 et la bibliographie citée pp. 462-463 ; J.-C. Gautron, « Le statut communautaire des Dom et des PTOM », *RAE*, 2006, n° 3, p. 390 ; T. M'Saïdié, *Les Pays et territoires d'outre-mer dans l'Union européenne*, Bruylant, Collection droit de l'Union européenne - Thèses, 2013 ; I. Omarjee, « Association (Pays et territoires d'outre-mer)», *Répertoire communautaire Dalloz*, septembre 2003 (mise à jour janvier 2014); D. Perrot, « Le « régime spécial d'association des PTOM » : entre extériorité et intériorité », *in* I. Bosse-platière et C. Rapoport (dir.), L'État *tiers en droit de l'Union européenne*, Bruylant, Collection droit de l'Union européenne – Colloques, 2014, p. 409 ; J. Ziller, « L'association des pays et territoires d'outre-mer à la Communauté européenne », *RFAP*, 2002, n° 101, p. 127.

5 Exclus en principe du champ d'application du traité sur le fonctionnement de l'UE (ex-traité CE), les PTOM sont, cependant, inclus dans le champ d'application du traité Euratom. Le traité UE est présumé s'appliquer, pour sa part, à l'ensemble du territoire des États membres, donc aux PTOM.

6 Art. 198 à 204 TFUE.

7 Décision n° 2013/755/UE du Conseil du 25 novembre 2013 relative à l'association des pays et territoires d'outre-mer à l'Union européenne (*JOUE*, n° L 344, 19 décembre 2013, p. 1), qui remplace la décision n° 2001/822/CE du Conseil du 27 novembre 2001, relative à l'association des pays et territoires d'outre-mer à la Communauté européenne (*JOCE*, n° L 314, 30 novembre 2001, p. 1).

8 Voir J. Ziller, « Les États européens et les territoires ultramarins placés sous leur souveraineté », *Nouveaux cahiers du CC*, 2012, p. 171.

9 Anguilla, Îles Caïman, Géorgie du Sud et Îles Sandwich du Sud, Îles Falkland (ou Malouines), Montserrat, Pitcairn, Sainte Hélène et ses dépendances, Territoire de l'Antarctique britannique, Territoires britanniques de l'océan Indien, Îles Turks et Caicos, Îles Vierges britanniques, Bermudes. Mais, depuis 1986, les décisions d'association ne s'appliquent plus aux Bermudes, conformément à leurs souhaits, bien qu'ils continuent à figurer à l'annexe II du traité sur le fonctionnement de l'UE (ex-annexe II du traité CE).

10 Aruba, Bonaire, Curaçao, Sint Maarten, Bonaire, Saba et Sint Eustatius.

11 Le Groenland.

France[12]). Le régime d'association leur garantit essentiellement un régime commercial préférentiel et un accès au Fonds européen de développement (FED).

RUP ou PTOM, quel statut choisir ? Pour pouvoir répondre à cette question, encore faut-il pouvoir estimer les avantages et les inconvénients des deux statuts[13], voire d'une évolution statutaire en termes socio-économiques. A cet égard, il est couramment admis qu'en règle générale, les PTOM envient l'accès aux fonds structurels des RUP et les RUP la plus grande liberté économique et commerciale dont jouissent les PTOM. En théorie, le choix semble aisé entre l'association et l'intégration, entre plus ou moins d'autonomie à l'égard de l'Union. Néanmoins, en pratique, la réponse à la question de la préférence statutaire externe est difficile et d'ordre casuistique, l'approche comparative RUP/PTOM revêtant un caractère relatif[14]. Selon le professeur Jacques Ziller, « *la question de savoir si l'intégration est préférable à l'association dépend très étroitement de la structure du marché, mais aussi de la démographie et de l'environnement régional de chaque territoire concerné, indépendamment de son statut en droit interne, mais aussi des possibilités de financement disponibles pour la politique de cohésion économique et sociale (fonds structurels) comparée à ceux du FED* »[15]. En fonction de la collectivité concernée, du projet de développement poursuivi, des données et des intérêts en présence, la réponse à la question de savoir si le statut de RUP est préférable à celui de PTOM peut varier en pratique, ainsi que nous le confirme certaines expériences récentes d'évolution statutaire externe. Ainsi, alors que Saint Martin, collectivité d'outre-mer (COM) française à la situation économique et sociale préoccupante, a préféré rester une RUP pour pouvoir bénéficier des fonds structurels, Saint Barthélemy (COM française également) a préféré changer de statut vis-à-vis de l'Union européenne pour devenir un PTOM le 1er janvier 2012 afin de pouvoir conserver sa recette principale, le droit de quai, et se soustraire à l'application, jugée trop contraignante, des normes communautaires car elles rendaient coûteux et difficile l'approvisionnement en produits pétroliers et en biens de consommation dans la zone américaine.

---

12 La Nouvelle-Calédonie, la Polynésie française, les Terres australes et antarctiques françaises, Saint-Pierre-et-Miquelon, Wallis-et-Futuna et Saint Barthélemy.

13 Pour une étude de ce type, voir F. T. Rakotondrahaso, *Le statut de Mayotte vis-à-vis de l'Union européenne*, PUAM, Collection Droit d'Outre-mer, 2014.

14 D. Dormoy, « L'évolution de régions ultrapériphériques (RUP) en pays et territoires d'outre-mer (PTOM)», *in* J.-Y. Faberon (dir.), *Les collectivités françaises d'Amérique au carrefour des institutions*, La Documentation française, 2006, p. 293.

15 J. Ziller, « L'Union européenne et l'outre-mer », *Pouvoirs*, 2005, n° 113, p. 153.

Alors que le choix d'une évolution statutaire à l'égard de l'Union a fait l'objet pour Saint Barthélemy d'une étude d'impact spécifique, l'étude un temps envisagée pour Mayotte, qui aurait été basée sur une approche coûts/bénéfices, n'a jamais vu le jour[16]. Pourtant, Mayotte a choisi de délaisser le statut de PTOM au profit de celui de RUP, parce qu'elle enviait l'accès des RUP aux fonds structurels et qu'elle pensait que la rupéisation était une conséquence inéluctable de la départementalisation approuvée par la population mahoraise à 95,24 % le 29 mars 2009. En droit interne, Mayotte est devenue un département régi par l'article 73 de la Constitution française le 31 mars 2011[17]. A l'égard de l'Union, elle a cessé d'être un PTOM pour devenir une RUP au sens de l'article 349 TFUE le 1er janvier 2014, en application de l'article 1er de la décision du Conseil européen du 11 juillet 2012[18]. Conformément au canevas général du colloque intitulé "Mayotte : État des lieux, Enjeux et Perspectives", la première partie de la contribution tend à dresser, à la date des 29 et 30 novembre 2012[19], un état des lieux de la "rupéisation" de Mayotte en étudiant les conditions que l'État français a dû respecter pour permettre à Mayotte d'acquérir le statut de RUP. Puis, au titre des enjeux et des perspectives, la seconde partie de l'étude s'efforce de déterminer de manière prospective quels seront les effets potentiels de la rupéisation à Mayotte.

Les conditions de la rupéisation appliquées à Mayotte : état des lieux

En devenant un département en 2011, Mayotte n'est pas devenue *ipso facto* une RUP. Pour permettre sa rupéisation en 2014, l'État français a dû respecter à l'égard de l'Union un certain nombre de conditions, relevant de la clause passerelle de l'article 355 § 6 TFUE. Il existe, en effet, « *un découplage juridique entre l'évolution statutaire interne et l'évolution statutaire européenne* »[20].

---

16 F. T. Rakotondrahaso, *op. cit.*, p. 179.

17 Sur la départementalisation de Mayotte, voir notamment O. Busson, « Mayotte, 101e département français : un modèle pour une République renouvelée ?», *RDP*, mai 2010, p. 711 ; C. Du Payrat, *Pourquoi avoir fait de Mayotte le 101e département français ?*, L'Harmattan 2012 ; O. Gohin, « La départementalisation de Mayotte », *JCP A* 2011, n° 3, 11 janvier 2011, p. 12 et « Mayotte en droit constitutionnel français », *RJOI*, 2013, n° 17, p. 7 ; M. Verpeaux, « Le nouveau département de Mayotte. Espoirs et réalités », *AJDA*, 2011, p. 1725.

18 Décision 2012/419/UE du Conseil européen du 11 juillet 2012 modifiant le statut à l'égard de l'Union européenne de Mayotte, *JOUE*, n° L 204, 31 juillet 2012, p. 131.

19 Date de la tenue du colloque, organisé à l'Université de La Réunion.

20 J. Ziller, « Les possibilités et les limites constitutionnelles et internationales d'évolutions statutaires », *in* M. Elfort, J.-Y. Faberon, V. Goesel-Le Bihan, T. Michalon

Le découplage juridique des évolutions statutaires interne et externe

L'expérience de Mayotte nous enseigne que la rupéisation n'est pas une conséquence automatique de la départementalisation et nous amène à penser, à la lecture des textes européens et constitutionnels de droit interne ainsi qu'à la lumière de précédents historiques, que la départementalisation n'aurait pas dû être considérée comme un préalable indispensable à la rupéisation.

Une rupéisation non automatique suite à la départementalisation

Il existait jusqu'à la départementalisation de l'île une forte croyance des autorités mahoraises et nationales selon laquelle Mayotte deviendrait immédiatement une RUP dès sa transformation en département d'outre-mer. Plusieurs raisons peuvent expliquer cette croyance erronée[21]. D'un point de vue historique, en 1957, les statuts internes des articles 73 et 74 de la Constitution française ont fortement influencé, à la demande d'ailleurs de la France, les statuts communautaires de l'article 227 du traité de Rome[22]. Aux principes distincts d'assimilation adaptée et de spécialité en droit interne devaient correspondre au plan communautaire les principes distincts d'intégration différenciée et d'association. Ainsi, si les Dom émargeaient à l'article 227 § 2 CEE, les TOM émargeaient, pour leur part, à l'article 227 § 3 CEE relatif au régime d'association. En outre, d'un point de vue sémantique, la rédaction pour le moins ambiguë et trompeuse de l'article 299 § 2 CE, qui a remplacé l'article 227 § 2 CEE, a pu entretenir la confusion jusqu'à sa modification par le traité de Lisbonne. Ainsi, alors qu'il appréhendait les collectivités ultramarines françaises à travers le critère générique de Dom sans les énumérer, l'article 299 § 2 CE citait, en revanche, nominalement une à une les RUP espa-

---

et F. Reno (dir.), *La loi d'orientation pour l'outre-mer du 13 décembre 2000, Quelles singularités dans la France et l'Europe ?*, PUAM, 2001, p. 67, sp. p. 74.

21 Sur le détail de ces raisons, voir H. Pongérard-Payet, « Le statut de Mayotte vis-à-vis de l'Union européenne : enjeux et perspectives », Actes du colloque des 9-11 décembre 2009 à Mamoudzou, *La mise en œuvre de la départementalisation à Mayotte*, Conseil général de Mayotte et Institut de Droit d'Outre-Mer (IDOM, Université d'Aix-Marseille III), *RJOI*, 2011, n° 13, p. 7, sp. pp. 21-22.

22 Voir V. J. Ziller, *Les DOM-TOM*, LGDJ, 2 éd. 1996, pp. 23-24 ; I. Vestris, « Les interactions du droit constitutionnel et du droit communautaire dans l'évolution du régime des départements et des régions d'outre-mer », *in* T. Michalon (dir.), *Entre assimilation et émancipation. L'outre-mer français dans l'impasse ?*, Les Perséides, 2006, p. 199. Voir aussi O. Gohin, « L'organisation des outre-mers européens et l'articulation entre Traité instituant la Communauté et Constitution des États membres », *in* L. Tesoka et J. Ziller (dir.), *op. cit.*, p. 87.

gnole et portugaises. Cette rédaction sibylline a pu faire croire que la perte ou l'acquisition de la qualité de Dom pouvait avoir des incidences sur le statut communautaire des collectivités françaises, alors que l'évolution statutaire interne des régions espagnole et portugaises n'était susceptible d'avoir aucune incidence sur leur statut de RUP, figé dans le traité.

S'il existe une influence indéniable entre les statuts interne et externe et s'il est certain que l'article 299 § 2 CE était d'interprétation ambiguë, des raisons juridiques[23] empêchaient, néanmoins, et ce, même avant le traité de Lisbonne, de conclure à un lien d'automaticité immédiate entre la départementalisation et la rupéisation. En effet, en application du principe de l'autonomie institutionnelle des États membres, qui consacre la neutralité du droit de l'Union européenne à l'égard de l'organisation interne des États membres, dont l'autonomie constitutionnelle est totale[24], les statuts interne et externe ne sont pas interdépendants. Dans la continuité logique de ce principe, une partie de la doctrine[25] a pu considérer que les Dom français tels que visés à l'article 299 § 2 CE devaient être appréhendés à la date de signature et d'entrée en vigueur du traité d'Amsterdam, en tant qu'ils constituaient une « *catégorie communautaire* » et « *non une catégorie du droit français* ». En outre, conformément aux principes du droit international, le basculement d'un territoire du statut de PTOM à celui de RUP implique une révision des traités[26], puisqu'un État partie à un traité ne peut pas le modifier unilatéralement[27]. Enfin, le traité de Lisbonne clôt définitivement le débat en se prononçant en faveur de l'absence d'automaticité entre la départementalisation et la rupéisation. D'une part, l'article 355 § 6 TFUE institue une procédure simplifiée de révision des traités pour passer d'un statut européen à un autre. D'autre part, en mentionnant nominativement toutes les RUP françaises, l'article 349 TFUE supprime la référence à la catégorie générique de Dom et, donc, tout renvoi à une acception de droit interne. Il « *met fin à l'illusion selon laquelle la perte de la qualification interne de Dom entraîne ipso facto un statut*

---

[23] Sur le détail de ces raisons, voir H. Pongérard-Payet, « Le statut de Mayotte vis-à-vis de l'Union européenne : enjeux et perspectives », *op. cit.*, pp. 23-25.

[24] Voir X. Magnon, « Le statut constitutionnel des collectivités infra-étatiques dans l'Union européenne », *RAE*, 2006, n° 3, p. 395, sp. pp. 396-397.

[25] Voir S. Diémert, « Le cadre constitutionnel de la « départementalisation » de Mayotte », *RJOI*, n° spécial 2009, Mayotte 2009 : Questions sur l'avenir du 101e Département, p. 41, sp. p. 57, note n° 1.

[26] Notamment de l'annexe II du TFUE où figure une liste nominative des PTOM pour y retirer le nom de Mayotte (qui ne pouvait cumuler les deux statuts distincts de RUP et de PTOM).

[27] Cf. art. 39 de la convention de Vienne sur le droit des traités du 23 mai 1969.

européen de PTOM »[28] ou encore « *à la thèse selon laquelle le statut de RUP était réservée aux seuls Dom* »[29]. La départementalisation ne constitue pas, en effet, une condition préalable à la rupéisation.

Une rupéisation non conditionnée par la départementalisation

Selon une croyance politique répandue aux niveaux local et national, Mayotte ne pouvait se métamorphoser en RUP que moyennant sa transformation préalable en Dom. Par exemple, en 1998, le rapport Bonnelle soulignait l'incompatibilité entre le statut de PTOM et celui de Dom[30]. De même, le Pacte pour la départementalisation de Mayotte, du 8 janvier 2009[31], présentait la départementalisation comme une condition à la rupéisation. Certes, il est couramment admis qu'il est plus facile pour un Dom de devenir une RUP, puisque son droit est, en principe, un droit d'identité législative incluant le droit de l'Union européenne, qui doit être pleinement respecté par les RUP, en tant qu'elles sont soumises au niveau de l'Union au principe d'intégration. Néanmoins, bien qu'il soit plus facile à un Dom de devenir une RUP, il serait fallacieux de croire que la rupéisation implique nécessairement la transformation préalable en Dom. Ainsi que le reconnaît le Professeur Olivier Gohin, « *le département d'outre-mer n'est pas, en soi, une nécessité pour devenir une région ultrapériphérique* »[32].

En raison même du principe de l'autonomie institutionnelle des États membres, l'article 349 TFUE ne dit mot quant au statut interne que la collectivité ultramarine devrait revêtir pour pouvoir prétendre au statut européen de RUP. Il implique simplement que le statut d'intégration adaptée puisse être respecté. De même, en dépit de l'influence historique et mutuelle entre les statuts interne et externe, les articles 73 et 74 de la Constitution française restent silencieux sur les statuts européens qui seraient plus en adéquation avec les statuts constitutionnels français. Ils n'affirment nullement qu'une COM est un PTOM ou qu'un Dom est une RUP. D'ailleurs, il existe, dans l'histoire territoriale française, des cas

---

[28] D. Perrot, « Les Régions ultrapériphériques françaises selon le Traité de Lisbonne », *op. cit.*, p. 717.

[29] E. Jos, « Les nouvelles collectivités territoriales régies par l'article 73 de la Constitution : des statuts « sur mesure » destinés à répondre aux aspirations des élus et électeurs locaux », *RFDA*, janvier-février 2012, p. 73, sp. p. 81.

[30] En affirmant que « *la départementalisation de Mayotte entraînerait nécessairement le retrait de Mayotte de (la) liste* » des PTOM : F. Bonnelle, *Réflexions sur l'avenir institutionnel de Mayotte*, rapport au secrétaire d'État à l'Outre-mer, La documentation française, collection Les rapports officiels, 1998, p. 30.

[31] http://www.outre-mer.gouv.fr/IMG/pdf/Pacte_departementalisation_Mayotte.pdf. Voir sp. p. 27.

[32] O. Gohin, « La départementalisation de Mayotte », *op. cit.*, p. 16.

de dissymétrie entre les statuts européens et nationaux. Par exemple, alors que Saint-Pierre-et-Miquelon est érigé en Dom en 1976, il est traité en pratique par les institutions communautaires comme un PTOM de 1976 à 1985[33]. Cela prouve que les statuts de Dom et de PTOM ne sont pas nécessairement incompatibles. Le professeur François Luchaire a pu, à ce propos, se demander : « *Faut-il s'étonner du fait qu'une collectivité territoriale dont le régime législatif est celui des départements d'outre-mer occupe dans ses relations avec la Communauté la même situation que les territoires d'outre-mer ? Il ne le semble pas* - a-t-il répondu - : *les intérêts économiques ne sont pas nécessairement en rapport avec les qualifications constitutionnelles* »[34]. Le statut de COM n'est pas non plus en soi incompatible avec le statut de RUP, puisque Saint Martin est actuellement à la fois une COM en droit interne et une RUP en droit de l'Union. En revanche, après avoir revêtu le statut de RUP, Saint Barthélemy (COM) a préféré renoncer en 2012 au statut de RUP au profit de celui de PTOM pour des raisons de compétences douanière et commerciales.

Ces divers cas permettent d'éclairer les limites possibles aux évolutions statutaires internes des RUP françaises, que sont les éventuelles incompatibilités entre les compétences revendiquées et le droit de l'Union européenne[35], qui ne peuvent s'apprécier que de manière casuistique. Pour paraphraser le Professeur Jacques Ziller, « *la plupart des revendications statutaires (….) s'expriment en une demande de compétences nouvelles* »[36]. Or, les compétences exclusives de l'Union européenne ne peuvent en aucun cas être transférées. Par conséquent, en fonction des compétences revendiquées, celles-ci ne pourront être octroyées que moyennant l'acquisition du statut de PTOM ou de celui d'extranéité complète à l'égard de l'Union, puisqu'une RUP qu'elle soit Dom ou Com ne peut exercer que des compétences compatibles avec les règles du droit de l'Union. Ce qui importe ce n'est pas tant le statut institutionnel en lui-même mais ce que l'on veut en faire. Il est, donc, fondamental de choisir les statuts constitutionnel et européen les mieux adaptés au développement de la région concernée[37]. Selon le Professeur Dormoy, le statut de

---

[33] En ce sens, J. Ziller, « L'association des pays et territoires d'outre-mer à la Communauté européenne », *op. cit.*, p. 136.

[34] F. Luchaire, *Le statut constitutionnel de la France d'outre-mer*, Economica, 1992, pp. 178-179.

[35] En ce sens, I. Vestris, *Le statut des régions ultrapériphériques de l'Union européenne…*, *op. cit.*, p. 234.

[36] J. Ziller, « Les possibilités et les limites constitutionnelles et internationales d'évolutions statutaires », *op. cit.*, p. 78.

[37] En ce sens, I. Vestris, *Le statut des régions ultrapériphériques de l'Union européenne…*, *op. cit.*, p. 236 et D. Dormoy, « L'évolution de régions ultrapériphériques (RUP) en pays et territoires d'outre-mer (PTOM)», *op. cit.*, p. 293.

RUP est particulièrement indiqué en cas de recherche d'un développement humain, solidaire et durable[38]. D'où l'importance de permettre à une collectivité de changer de statut en fonction de l'évolution de ses besoins. Tel est l'objet en droit interne de l'article 72-4 de la Constitution et en droit de l'Union de l'article 355 § 6 TFUE, dont il importe d'étudier la mise en œuvre concernant la rupéisation de Mayotte.

Le respect de l'article 355 § 6 TFUE

Introduit à la demande de l'État français, dans l'objectif de faciliter l'accession de Mayotte au statut de RUP, l'article 355 § 6 TFUE[39], issu du traité de Lisbonne, permet aux territoires relevant du Danemark, de la France et des Pays-Bas[40] de changer de statut à l'égard de l'Union européenne[41]. La disposition, qui doit être lue concernant le cas de Mayotte à la lumière de la déclaration n° 43 jointe à l'Acte final du traité de Lisbonne[42], renferme un certain nombre de conditions d'ordre procédural et de fond à respecter.

Les exigences d'ordre procédural de la clause passerelle

Faisant l'économie de la procédure ordinaire de révision des traités régie par l'article 48 TUE (procédure lourde et complexe nécessitant la ratification à l'unanimité des États membres), la nouvelle procédure simplifiée, issue de l'article 355 § 6 TFUE, permet de changer de statut européen à l'initiative de l'État membre concerné sur la base d'une décision du Conseil européen prise à l'unanimité après consultation de la Com-

---

38 D. Dormoy, *ibid.*, p. 297.

39 Il s'agit d'une reprise substantielle de l'art. IV-440, § 7, du traité établissant une Constitution pour l'Europe (TECE). Sur cette disposition, voir notamment J. Ziller, « Article IV-440 - Champ d'application territoriale », *in* L. Burgorgue-Larsen, A. Levade et F. Picod. (dir.), *Traité établissant une Constitution pour l'Europe. Parties I et IV : Architecture constitutionnelle. Commentaire article par article*, Tome 1, Bruylant, 2007, p. 771 ; « L'avenir européen des régions ultrapériphériques face à la crise des ratifications de la Constitution européenne », *in* J.-Y. Faberon (dir.), *Les collectivités françaises d'Amérique au carrefour des institutions*, *op. cit.*, p. 275.

40 A l'exclusion des territoires relevant de l'Espagne et du Portugal exclus du mécanisme conformément à leur souhait.

41 Au profit du statut de RUP ou de PTOM ou encore d'un statut *sui generis*. En ce sens D. Perrot, « Les Régions ultrapériphériques françaises selon le Traité de Lisbonne », *op. cit.*, p. 736.

42 Déclaration *ad* art. 355, § 6, TFUE, qui reprend la déclaration n° 28 *ad* art. IV-440, § 7, annexée au TECE. Voir J. Ziller, « Déclaration *ad* article IV-440, paragraphe 7 », *in* L. Burgorgue-Larsen, A. Levade et F. Picod. (dir.), *op. cit.*, p. 998.

mission. Bien que d'aucuns aient pu le regretter[43], l'article ne prévoit pas - autonomie institutionnelle oblige - la consultation des populations concernées par le changement de statut européen. Si consultation il y avait, elle ne lierait donc pas le Conseil européen mais pourrait l'influencer. En outre, concernant le cas de Mayotte, la déclaration n° 43, jointe à l'Acte final du traité de Lisbonne, tout en étant dépourvue de force juridique contraignante, subordonne la décision du Conseil européen à une notification préalable des autorités françaises indiquant au Conseil européen et à la Commission que « *l'évolution en cours du statut interne de l'île (....) permet* » sa transformation en RUP.

Mettant en œuvre cette procédure simplifiée, le président de la République française de l'époque, M. Nicolas Sarkozy, a par lettre du 26 octobre 2011 saisi le Conseil européen d'une demande tendant à la rupéisation de Mayotte ; lequel a consulté à son tour pour avis la Commission européenne, auprès de laquelle des démarches avaient été entamées dès 2010 afin d'identifier les dispositions à prendre pour permettre la reprise de l'acquis communautaire à Mayotte dans la perspective de la rupéisation à venir[44]. Initialement prévue lors du Conseil européen des 28 et 29 juin 2012, la décision d'accession au statut de RUP a dû être reportée, le Parlement britannique ayant émis une réserve d'examen parlementaire ("*Parliamentary scrutiny reserve*"), qui contraint le gouvernement britannique à attendre la position parlementaire avant de donner son accord à Bruxelles. Cette réserve d'ordre procédural ayant ensuite été levée, le Conseil européen a pu se saisir de la question et la décision de rupéisation a finalement été adoptée le 11 juillet 2012 à l'unanimité par les vingt-sept chefs d'État ou de gouvernement, à la grande satisfaction du ministre français des Outre-mer de l'époque, M. Victorin Lurel[45]. L'article 1er de la décision du Conseil européen[46] dispose : « *À compter du 1er janvier 2014, Mayotte cesse d'être un pays et territoire d'outre-mer, auquel s'appliquent les dispositions de la quatrième partie du traité sur le fonctionnement de l'Union européenne (TFUE), pour devenir une région ultrapériphérique au sens de l'article 349 du TFUE* ». L'article 2 de la décision prévoit pour sa part, d'une part, la modification des articles 349, alinéa premier, et 355 § 1 TFUE pour y insérer les termes « de Mayotte » et, d'autre part, la suppression du nom

43 D. Perrot, « Les régions ultrapériphériques françaises selon le Traité de lisbonne », *op. cit.*, p. 738.

44 Et ce, conformément à la promesse faite en décembre 2009 à la préfecture de Mayotte par la secrétaire d'État à l'Outre-mer.

45 « Mayotte accède au statut de Région ultrapériphérique de l'Union européenne », *AFP*, 12 juillet 2012.

46 Décision 2012/419/UE du Conseil européen du 11 juillet 2012 modifiant le statut à l'égard de l'Union européenne de Mayotte, préc.

de Mayotte de l'annexe II du TFUE. Le délai prévu entre la décision du Conseil européen et la rupéisation effective de Mayotte s'explique par la nécessité de respecter certaines conditions de fond.

Les exigences de fond de la clause passerelle

Les conditions de fond n'apparaissent pas à la lecture de l'article 355 § 6 TFUE, qui doit être lu en combinaison non seulement avec la déclaration n° 43 jointe à l'Acte final du traité de Lisbonne mais également avec les dispositions des traités européens régissant le statut de RUP. L'une des premières conditions à respecter par une collectivité souhaitant devenir une RUP est de remplir les critères cumulatifs de l'ultrapériphérie, visés à l'article 349 alinéa 1 TFUE. Éloignement, insularité ou isolement, faible superficie, relief et climat difficiles, dépendance économique vis-à-vis d'un petit nombre de produits ; tels sont les critères et les handicaps de l'ultrapériphérie, qui nuisent gravement au développement et à l'intégration des RUP dans le marché unique[47] et auxquels Mayotte satisfait pleinement, eu égard à sa « *situation économique et sociale structurelle et (à sa) situation géographique* »[48], ainsi que le souligne la décision du Conseil européen de 2012.

Les autres conditions de fond tiennent en la capacité de l'État membre concerné à convaincre la Commission européenne et le Conseil européen que la collectivité ultramarine souhaitant devenir une RUP sera en mesure de respecter toutes les exigences inhérentes à ce statut et, donc, en particulier de respecter et d'appliquer pleinement le droit de l'Union européenne. C'est ainsi que l'acquisition effective du statut de RUP a été subordonnée à la capacité de Mayotte à reprendre l'acquis communautaire. Dans le Pacte pour la départementalisation du 8 janvier 2009, le gouvernement français en était pleinement conscient, puisqu'il y indiquait que la procédure de rupéisation est complexe et qu'« *elle suppose, entre autres, que Mayotte puisse faire face à l'ensemble de ses obligations de région européenne. Un certain nombre de dispositions préalables devront être prises pour que l'ensemble des règles communautaires s'y applique* »[49]. C'est d'ailleurs en ce sens qu'il faut comprendre la déclaration n° 43 jointe à l'Acte final du traité de Lisbonne lorsqu'elle indique que le Conseil européen prendra une décision de rupéisation « *lorsque les autorités françaises notifieront au Conseil européen et à la Commission que l'évolution en cours du statut interne de l'île le per-*

---

[47] Voir P. Solbes Mira, « Les régions ultrapériphériques européennes dans le marché unique : le rayonnement de l'UE dans le monde », rapport à Michel Barnier, 12 octobre 2011.

[48] Considérant 4 de la décision 2012/419/UE du Conseil européen, préc.

[49] Préc, sp. p. 27.

met»[50]. Certes, cette déclaration renvoie aussi à l'évolution en cours du statut interne de Mayotte vers la départementalisation engagée de longue date[51]. Néanmoins, selon le professeur Daniel Dormoy, qui distingue « l'évolution adaptation » de « l'évolution transformation », cette formule n'implique nullement d'un point de vue juridique qu'une transformation du statut interne de l'île était un préalable indispensable à la transformation de son statut externe[52]. En restant une COM Mayotte aurait pu devenir une RUP comme Saint Martin. En tout état de cause, les autorités françaises ont fait le choix de lier politiquement la rupéisation à la départementalisation de Mayotte, cette dernière ayant reçu l'accueil favorable à 95,24 % de la population mahoraise lors de la consultation du 29 mars 2009. Bien que la population n'ait pas été consultée formellement sur la rupéisation de Mayotte, le Conseil européen a été sensible à cette forte expression démocratique[53], d'autant qu'il serait faux d'affirmer que les autorités locales n'avaient pas déjà exprimé leur désir de rupéisation[54]. Le choix politique de lier départementalisation et rupéisation a alors été présenté par la France à la Commission et au Conseil européen comme une démarche "cohérente", soulignée d'ailleurs par la décision du Conseil européen[55], le rapprochement de Mayotte du droit commun devant faciliter le processus de rupéisation concernant l'application à Mayotte du droit de l'Union européenne[56]. Aussi la décision du Conseil européen a-t-elle laissé un délai à la France jusqu'au 1er janvier 2014, date de la rupéisation effective, afin de permettre dans le cadre d'une départementalisation progressive et adaptée « *d'adopter des textes et des réglementations en vigueur* » et de préparer l'intégration de l'acquis communautaire. Depuis le 1er janvier 2014, Mayotte a cessé d'être un PTOM pour devenir une RUP. Quelles en sont et en seront les implications concrètes ?

---

50 Déclaration *ad* art. 355, § 6, TFUE.

51 Voir F. T. Rakotondrahaso, *Le statut de Mayotte vis-à-vis de l'Union européenne*, *op. cit.*, p. 30 et suiv.

52 D. Dormoy, « L'évolution de régions ultrapériphériques (RUP) en pays et territoires d'outre-mer (PTOM)», *op. cit.*, p. 292.

53 Voir les considérants 3 et 5 de la décision 2012/419/UE du Conseil européen, préc.

54 Des demandes en ce sens ont été formulées à plusieurs reprises par le Conseil général de Mayotte ou son président, notamment le 31 janvier 2003, le 24 novembre 2005, le 5 juillet 2007, le 20 mars 2008 ou le 15 juillet 2009 (source : Conseil général).

55 Voir le considérant 5 de la décision 2012/419/UE du Conseil européen, préc., qui affirme : « *La modification du statut à l'égard de l'Union de Mayotte, qui répond à une demande démocratiquement exprimée, devrait constituer une étape cohérente avec l'accès de Mayotte à un statut proche de celui de la métropole* ».

56 J.-P. Sueur, C. Cointat et F. Desplan, Mayotte : un nouveau département confronté à de lourds défis, Rapport d'information n° 675, Sénat, 18 juillet 2012, pp. 54 et 56.

Les effets de la rupéisation à Mayotte : regard prospectif

En sa qualité de nouvelle RUP, Mayotte doit obtenir de l'Union européenne les avantages correspondants à son nouveau statut, tout en étant soumise, en contrepartie, à certaines contraintes inhérentes au principe d'intégration à l'Union européenne[57].

Les avantages potentiels de la rupéisation

À l'instar des autres régions françaises énumérées à l'article 349, alinéa 1 TFUE, Mayotte est appelée à bénéficier de soutiens financiers européens, sans commune mesure avec les subventions qu'elle a pu obtenir du FED lorsqu'elle était PTOM. En outre, sa situation économique et sociale structurelle propre nécessite de la part du Conseil l'adoption de mesures spécifiques afin d'adapter le droit de l'Union européenne à sa situation particulière dans un certain nombre de domaines.

Le soutien des fonds européens

Afin de rattraper son retard économique et de progresser en matière d'infrastructures, Mayotte accède en 2014, en tant que RUP, à des financements européens importants, en particulier aux fonds structurels[58]. Ces fonds s'inscrivent dans la politique de cohésion économique, sociale et territoriale de l'Union européenne[59], qui vise en particulier, aux termes de l'article 174, alinéa 2, TFUE, « *à réduire l'écart entre les niveaux de développement des diverses régions et le retard des régions les moins favorisées* ». Cette politique, qui a été réformée en décembre 2013[60] dans la perspective de la

---

[57] Sur l'attrait en question du statut de RUP, en termes d'avantages et de contraintes, pour Mayotte, voir H. Pongérard-Payet, « Le statut de Mayotte vis-à-vis de l'Union européenne : enjeux et perspectives », *op. cit.*, pp. 13-20.

[58] Sur ces fonds, voir notamment P. Pelan, *Les fonds structurels de l'Union européenne, Principes et bonnes pratiques*, Adetef, Gualino, 2008 ; DATAR, *Les fonds structurels européens 2007-2013*, DILA, La Documentation française, Collection Territoires en mouvement, 2010 ; J.-P. Duprat, M. Simmony et M. Tubul, *Les fonds structurels européens en région*, LGDJ, 2003.

[59] Sur cette politique, voir notamment M. Jouen, *La politique européenne de cohésion*, La Documentation française, Collection réflexe Europe, 2011 ; S. de La Rosa, « Politique de cohésion économique, sociale et territoriale. Cadre juridique et organisation générale », *J-Cl. Europe Traité*, Fasc. 2110, 30 juin 2012.

[60] Les règlements pour les "Fonds structurels et d'investissement européens" 2014-2020 (dits "Fonds ESI". Cf. considérant 2 et art. 1 du règlement général n° 1303/2013/UE) ont été adoptés par le Parlement européen et le Conseil le 17 décembre 2013. Cf. le règlement général n° 1303/2013/UE relatif aux différents fonds ESI et abrogeant le règlement n° 1083/2006/CE du Conseil (*JOUE*, n° L 347, 20 décembre 2013, p. 320) ainsi que les règlements spécifiques suivants : règlement du FEDER n° 1301/2013/UE abrogeant le règlement n° 1080/2006/CE (*JOUE*, n° L 347, 20 décembre 2013, p.

programmation 2014-2020, a apporté un soutien considérable aux RUP[61], avec pour la période 2000-2006 une aide de 7,7 milliards d'euros et pour la période 2007-2013 une aide de 6,779 milliards d'euros, dont la baisse par rapport à la programmation précédente doit être relativisée. En effet, pour 2007-2013, la politique de cohésion n'a plus été financée, pour les régions, que par deux fonds structurels[62] ; mais les RUP ont obtenu de l'Union plus de 11 milliards d'euros[63]. Pour la programmation 2014-2020, bien que certains chiffres, notamment la dotation des fonds structurels pour Mayotte[64], figurent déjà dans le règlement général sur les fonds structurels[65], le montant global de l'aide pour l'ensemble des RUP, par région et par fonds, ne devrait être connu officiellement qu'une fois adoptés en 2014 les actes délégués et les actes d'exécution de la Commission ainsi que les accords de partenariat[66]. Quoi qu'il en soit, alors que le Sénat français constate « *une baisse des fonds européens dans le cadre financier pluriannuel 2014-2020* »[67] et considère que les RUP « *sont même frappées plus*

289) ; règlement du FSE n° 1304/2013/UE abrogeant le règlement n° 1081/2006/CE du Conseil (*JOUE*, n° L 347, 20 décembre 2013, p. 470) ; règlement du Fonds de cohésion n° 1300/2013/UE abrogeant le règlement n° 1084/2006/CE du Conseil (*JOUE*, n° L 347, 20 décembre 2013, p. 281) ; règlement du FEADER n° 1305/2013/UE abrogeant le règlement n° 1698/2005/CE du Conseil (*JOUE*, n° L 347, 20 décembre 2013, p. 487) ; règlement de la "Coopération territoriale européenne" n° 1299/2013/UE (dit règlement CTE, *JOUE*, n° L 347, 20 décembre 2013, p. 259) ; règlement du groupement européen de coopération territoriale (GECT) n° 1302/2013/UE modifiant le règlement n° 1082/2006/CE (*JOUE*, n° L 347, 20 décembre 2013, p. 303).

61 Voir H. Pongérard-Payet, « La politique de cohésion de l'Union européenne en faveur des régions ultrapériphériques », *Europe*, janvier 2013, Étude n° 1, p. 5, sp. pp. 7-8.

62 FEDER (Fonds européen de développement régional) et FSE (Fonds social européen).

63 Au titre des fonds et programme suivants : FEDER, FSE, FEADER (Fonds européen agricole pour le développement rural), FEP (Fonds européen pour la pêche) et POSEI (Programme d'options spécifiques à l'éloignement et à l'insularité).

64 Voir *infra*.

65 Règlement n ° 1303/2013/UE du Parlement européen et du Conseil du 17 décembre 2013, préc.

66 Voir S. Hakoun, « Les RUP dans la nouvelle politique de cohésion 2014-2020 », dossier d'Eurodom, 23 septembre 2013.

67 G. Patient et S. Sutour, Les politiques de l'Union européenne dans les régions ultrapériphériques : la Guyane en quête de sa singularité, Rapport d'information n° 378, Sénat, 20 février 2013, p. 20 se référant à la baisse affectant l'allocation spécifique des RUP, baisse redoutée dans des précédents rapports du Sénat (Y. Gaillard et S. Sutour, De nouvelles ambitions pour la politique européenne de cohésion après 2013, Rapport d'information n° 266, 26 janvier 2011, pp. 35-36) et de l'Assemblée nationale (P. Forgues et P. Gruny, La politique de cohésion 2014-2020, Rapport d'information n° 4292, 1er février 2012, pp. 7 et 52).

durement que d'autres »[68], l'association Eurodom relève, pour sa part, que « *les RUP ont été épargnées de l'essentiel de la rigueur budgétaire* »[69] qui caractérise le cadre financier pluriannuel 2014-2020. En réalité, les deux points de vue ne sont pas aussi contradictoires qu'il y paraît. En effet, sur certains points, les règlements de la politique de cohésion pour 2014-2020 sont décevants. Ainsi, bien qu'elle ait été maintenue, l'allocation spécifique de compensation des surcoûts est en baisse de 15 % par rapport à la programmation précédente, puisqu'elle passe de 35 à 30 euros par an et par habitant[70]. La baisse est, cependant, inférieure à l'enveloppe de 20 euros par an et par habitant proposée par la Commission[71]. En revanche, sur d'autres points, qui devraient profiter, en principe, à Mayotte, les nouveaux règlements ont mieux répondu aux attentes des RUP et de leur État d'appartenance, qui ont, donc, pesé dans les négociations des propositions de la Commission d'octobre 2011. Ainsi, ont été repris les points positifs de ces propositions, tels que, concernant l'objectif 1, le taux de cofinancement européen à hauteur de 85 %[72] et, concernant l'objectif 2 de coopération territoriale, une aide d'au moins 150 % du soutien reçu du FEDER en 2007-2013 avec un bonus supplémentaire de 50 millions d'euros pour la coopération interrégionale faisant intervenir les RUP[73]. En outre et surtout, par rapport aux propositions initiales de la Commission, les règlements comportent notamment les avancées suivantes : le relèvement du taux de cofinancement européen concernant l'objectif 2 à 85 %[74] (contre 75 % proposé par la Commission) ; la suppression du critère des 150 km pour l'éligibilité des RUP à la coopération transfrontalière[75] ; l'éligibilité, non pas des seules PME (proposition de la Commission), mais de toutes les entreprises des RUP aux aides à

---

68 G. Patient et S. Sutour, *ibid.*

69 S. Hakoun, dossier d'Eurodom préc.

70 Cf. art. 92 § 1, e), du règlement général n° 1303/2013/UE, préc., sp. p. 383 et annexe VII du même règlement, préc., sp. p. 413 *in fine*.

71 La baisse de plus de 40 % proposée par la Commission a été réévaluée lors du Conseil européen des 7 et 8 février 2013. Cf. les conclusions du Conseil européen sur le cadre financier pluriannuel, EUCO 37-13.

72 Cf. art. 120, § 3, b), du règlement général n° 1303/2013/UE, préc., sp. p. 396.

73 Cf. art. 4, § 2, du règlement de la "Coopération territoriale européenne" n° 1299/2013/UE, préc., sp. p. 266.

74 Et ce, pour l'ensemble des régions européennes, y compris les RUP, dans le respect de l'objectif de cohésion territoriale introduit par le traité de Lisbonne à l'art. 3, § 3, alinéa 3, TUE. Cf. art. 120, § 3, avant-dernier alinéa, du règlement général n° 1303/2013/UE, préc., sp. p. 396.

75 Cf. art. 3 § 1 du règlement de la "Coopération territoriale européenne" n° 1299/2013/UE, préc., sp. p. 265. Les RUP pourront, désormais, élaborer des projets de développement avec les régions voisines, qui sont situées à plus de 150 Km de leurs côtes.

l'investissement au titre du FEDER[76] ; la suppression de l'obligation d'allouer au moins 50 % de l'allocation spécifique à trois objectifs prédéterminés de la stratégie Europe 2020[77].

En attendant la répartition officielle par région ultrapériphérique et par fonds, certains chiffres circulent déjà[78], si bien que certains[79] affirment que le niveau de financement des RUP françaises en 2014-2020 serait maintenu, voire légèrement augmenté par rapport à la programmation 2007-2013. Bien qu'une légère baisse des financements soit concevable dans la conjoncture actuelle de restrictions budgétaires, elle serait, toutefois, en contradiction avec la stratégie ambitieuse et renouvelée que la Commission entend mettre en œuvre à l'égard des RUP[80]. Commencée en 2004[81], avec pour objectif de réduire le déficit d'accessibilité et de renforcer la compétitivité et l'insertion régionale des RUP, cette nouvelle stratégie s'est poursuivie en 2008[82] avec la volonté de prendre en compte les défis auxquels les RUP sont confrontées (mondialisation, changement climatique, évolution démographique et flux migratoires, gestion durable des ressources naturelles) et le souci de valoriser leurs atouts dans des secteurs à forte valeur ajoutée pour l'Europe (biodiversité, énergies renouvelables, astrophysique, vulcanologie, etc.[83]). La dernière communication en date du 20 juin 2012[84] marque le point d'orgue de cette stratégie,

---

[76] Cf. art. 12 § 5 du règlement du FEDER n° 1301/2013/UE, préc., sp. p. 297.

[77] Cf. art. 12 § 1 du règlement du FEDER n° 1301/2013/UE, préc., sp. p. 297.

[78] Cf. les fiches de la Commission par pays pour 2014-2020 sur son site web suiv. : http://ec.europa.eu/regional_policy/index.cfm/en/information/publications/

[79] En ce sens, S. Hakoun, dossier Eurodom préc. ; Y. Omarjee (député européen) soulignant en juillet 2013 que le budget pour les fonds structurels des RUP françaises a été sauvegardé (cf. http://younousomarjee.eu/12072013-le-budget-des-rup-francaises-sauvegarde/) alors que celui des régions portugaises et espagnoles est en baisse. Notons qu'une enveloppe de 3,41 milliards d'euros (prix courants) a été attribuée à la France pour les régions les moins développées, catégorie qui concerne exclusivement en France les RUP, soit les cinq Dom (cf. fiche de la Commission sur la France, préc., *supra*, note précédente).

[80] Voir H. Pongérard-Payet, « La politique de cohésion de l'Union européenne en faveur des régions ultrapériphériques », *op. cit.*, p. 11, § 25.

[81] Commission, communication du 26 mai 2004, « Un partenariat renforcé pour les régions ultrapériphériques », COM(2004) 343 final et son annexe du 6 août 2004, SEC(2004) 1030.

[82] Commission, communication du 17 octobre 2008, « les Régions ultrapériphériques : un atout pour l'Europe », COM(2008) 642 final.

[83] Voir Commission, « Les régions ultrapériphériques - Régions d'Europe, d'atouts et d'opportunités », 2012.

[84] Commission, communication du 20 juin 2012, « Les régions ultrapériphériques de l'Union européenne : vers un partenariat pour une croissance intelligente, durable et inclusive », COM(2012) 287 final. Voir son communiqué de presse du 20 juin 2012, IP/12/624.

par laquelle la Commission entend aider les RUP à exploiter leur potentiel pour diversifier et moderniser leurs économies autour de cinq axes majeurs : accessibilité, compétitivité, intégration régionale, développement social et lutte contre le changement climatique. Si la Commission fourmille de bonnes intentions, dans des communications à la nature juridique toutefois incertaine[85], il faudrait que les moyens suivent pour que les belles promesses puissent devenir réalité. Dans une résolution adoptée le 26 février 2014[86], le Parlement européen considère que l'optimisation du potentiel des RUP nécessite la création de synergies entre tous les instruments, fonds et programmes de l'Union (Horizon 2020, Life +, Stratégie Énergie 2020 etc.) pour que les RUP y soient mieux intégrées en 2014-2020 et que leurs atouts soient valorisés dans les différentes politiques sectorielles de l'Union. Mayotte dont la situation économique et sociale est plus que préoccupante à maints égards pourrait bénéficier de ce programme ambitieux de développement économique.

Eu égard à son retard structurel important, l'île aux parfums est éligible à l'objectif 1 de la politique de cohésion 2014-2020, objectif dit d'« Investissement dans la croissance et dans l'emploi »[87], financé essentiellement par le FEDER et par le FSE. Avec un PIB de 26,4 % en 2012[88], Mayotte fait, en effet, partie de la catégorie des régions les moins développées[89], dont le PIB par habitant est inférieur à 75 % de la

[85] Cf. C. Blumann et L. Dubouis, *Droit institutionnel de l'Union européenne*, Litec, collection Manuel, 5e éd., 2013, p. 564, § 726 et 727.

[86] Résolution sur l'optimisation du développement du potentiel des régions ultrapériphériques par la création de synergies entre les Fonds structurels et les autres programmes de l'Union européenne, A7-0121/2014. Le Parlement européen a ainsi adopté le rapport de Y. Omarjee, PE Doc. A7-0121/2014, 17 février 2014, où sont détaillées les diverses options permettant de mettre en œuvre ces synergies dans les différentes politiques sectorielles de l'Union.

[87] Dans le budget de la cohésion 2014-2020, qui s'élève à 325,1 milliards d'euros (prix de 2011) et qui poursuit deux objectifs prioritaires, l'objectif 1, qui remplace l'objectif "convergence" de la période précédente, concentre la majorité des ressources disponibles (96,33 %, soit 313 197 435 409 euros, prix de 2011), alors que l'objectif 2 de "coopération territoriale européenne" (CTE) représente 2,75 % des moyens (soit 8 948 259 330 euros, prix de 2011). Cf. art. 92 du règlement général n° 1303/2013/UE, préc., sp. pp. 382-384.

[88] Source : Eurodom. Voir aussi les chiffres de l'IEDOM, Mayotte - Rapport annuel 2013, éd. 2014, p. 37 et suiv.

[89] Cf. art. 92 § 10 du règlement général n° 1303/2013/UE, préc., sp. p. 384. Cet art. renvoyant à l'art. 3 § 1 et 2 du règlement CTE, Mayotte serait aussi éligible à l'objectif 2 de coopération territoriale, qui bénéficie à toutes les régions européennes. Notons aussi que la catégorie des régions les moins développées obtient 52,45 % des ressources de l'objectif 1 (soit un total de 164 279 015 916 euros, prix 2011), contre 10,24 % desdites ressources pour les régions en transition (soit 32 084 931 311 euros, prix 2011) et

moyenne européenne. Alors qu'un rapport du Sénat français, datant de juillet 2012[90], estimait à 500 millions d'euros le montant des aides européennes à attribuer à Mayotte pour 2014-2020, le règlement général du Parlement européen et du Conseil du 17 décembre 2013, qui régit les fonds structurels et d'investissement européens 2014-2020, octroie, finalement, à Mayotte « *une enveloppe totale de 200 000 000 euros au titre des fonds structurels* »[91], sans doute en raison des difficultés de la région ultramarine à gérer les fonds européens[92]. Quoi qu'il en soit, cette somme apparaît sans commune mesure avec l'aide de 22,92 millions d'euros que Mayotte a pu obtenir du 10e FED, en qualité de PTOM, pour la période 2008-2013, et constitue l'une des raisons principales pour laquelle Mayotte a préféré délaisser le statut de PTOM pour celui de RUP. Toutefois, confronté à la déception des élus mahorais par rapport aux prévisions initiales, le ministre français délégué aux Affaires européennes, en visite dans l'île aux parfums les 13 et 14 février 2014, a indiqué que d'autres politiques européennes que la politique de cohésion viendraient en soutien du département de Mayotte. Le ministre a annoncé une aide européenne de 340 millions d'euros pour le département sur la période 2014-2020[93], soit 15 fois plus qu'en 2008-2013, ainsi qu'une enveloppe supplémentaire, qui sera décidée à Bruxelles afin d'accompagner la restructuration de la filière pêche. Depuis, ces chiffres ont été confirmés à hauteur de 336,7 millions d'euros et sont désormais rendus publics sur le site de la préfecture de Mayotte[94]. De même, à la faveur de sa visite, le ministre a

---

15,67 % pour les régions les plus développées (soit 49 084 308 755 euros, prix 2011) : cf. l'art. 92, § 1, a) à c), du règlement général n° 1303/2013/UE, préc., sp. pp. 382-383. Toutes les RUP françaises, y compris la Martinique, ainsi que les Açores (RUP portugaise) restent considérées comme des régions en retard de développement, car elles sont classées au titre de l'objectif 1 dans la catégorie des régions les moins développées. En revanche, les Canaries (RUP espagnole) font partie des régions en transition et Madère (RUP portugaise) des régions les plus développées. Cf. les fiches par pays sur le site web préc., *supra*, note 78.

[90] J.-P. Sueur, C. Cointat et F. Desplan, Mayotte : un nouveau département confronté à de lourds défis, préc., p. 57.

[91] Annexe VII, point 18 *in fine*, du règlement général n° 1303/2013/UE, préc., sp. p. 433.

[92] Sur ce point, voir *infra*, § « La gestion des fonds structurels ».

[93] « Mayotte : Thierry Repentin annonce 340 millions d'euros de financements européens pour 2014-2020 », Dépêche AFP du 14 février 2014. Dans le même sens, voir la lettre d'actualité juridique des ministères économiques et financiers, N° 157 - 9 janvier 2014.

[94] http://www.mayotte.pref.gouv.fr/DOSSIERS/L-Europe-s-engage-a-Mayotte. Une enveloppe globale de 337,6 millions d'euros pour la période 2014-2020 a été attribuée à Mayotte (148,9 millions au titre du FEDER ; 65,5 millions au titre du FSE pour l'emploi, l'inclusion et la formation ; 9,2 millions dans le cadre de l'Initiative pour

pu souligner que la France a demandé aux institutions de l'Union l'adoption de mesures spécifiques afin de prendre en compte les spécificités du territoire mahorais.

Le bénéfice de mesures spécifiques

Si les RUP doivent appliquer le droit de l'Union européenne, elles bénéficient, en contrepartie, de facultés d'adaptation dans l'application du droit, qui prennent la forme de mesures spécifiques visant à compenser les handicaps permanents des RUP, en application de l'article 349 TFUE (ex-article 299, § 2, alinéas 2 à 4, CE). Initialement rattachées aux POSEI[95], ces mesures ont permis sur le terrain d'améliorer les infrastructures, de promouvoir des secteurs productifs générateurs d'emplois et de développer les ressources humaines dans les RUP. Mayotte étant sinistrée à ces différents égards, les mesures spécifiques existantes[96] pourraient lui être étendues pour permettre son développement économique. Ainsi, la loi du 7 décembre 2010[97] a décidé d'étendre le régime de l'octroi de mer à Mayotte à partir de sa rupéisation le 1er janvier 2014. Toutefois, à cette fin, le Conseil de l'Union européenne a dû prendre une décision[98]

---

l'Emploi des Jeunes sur 2014-2015 ; 60 millions au titre du FEADER pour l'agriculture et le développement rural ; 12 millions en matière de coopération territoriale européenne et 42 millions au titre du POSEI), sachant que l'enveloppe au titre du FEAMP n'a pas encore été arrêtée.

95 Programmes d'options spécifiques à l'éloignement et à l'insularité, institués à l'origine par les décisions suivantes : décision POSEIDOM n° 89/687/CEE du 22 décembre 1989, applicable aux Dom, *JOCE*, n° L 399, 30 décembre 1989, p. 39 ; décision POSEICAN n° 91/314/CEE du 26 juin 1991, applicable aux Canaries, *JOCE*, n° L 171, 29 juin 1991, p. 5, et p. 10 pour la décision POSEIMA n° 91/315/CEE du 26 juin 1991, applicable à Madère et aux Açores.

96 Pour un aperçu de ces mesures, voir l'annexe 5 du rapport de P. Solbes Mira à M. Barnier, « Les régions ultrapériphériques européennes dans le marché unique : le rayonnement de l'UE dans le monde », 12 oct. 2011, p. 80 et suiv. ; l'annexe à la communication de la Commission du 12 septembre 2007 "Évolution et bilan de la stratégie pour les régions ultrapériphériques", (SEC(2007) 1112), pp. 23-45 ; le rapport du 14 mars 2000 « sur les mesures destinées à mettre en œuvre l'article 299 paragraphe 2 », COM (2000), 147 final. Voir aussi sur l'adaptation des politiques communes aux Dom, D. Custos, « Champ d'application territorial du droit communautaire et de l'Union – Départements d'outre-mer (Dom) – Réalité de l'intégration », *J-Cl. Europe Traité*, Fasc. 472, 1er janvier 2008, § 48 et suiv.

97 Cf. art. 12 de la loi n° 2010-1487 du 7 décembre 2010 relative au Département de Mayotte, *JORF*, n° 284, 8 décembre 2010, p. 21459, et art. 48, I, de la loi n° 2013-1279 du 29 décembre 2013 de finances rectificative pour 2013, *JORF*, n° 303, 30 décembre 2013, p. 21910.

98 Décision n° 2014/162/UE du Conseil du 11 mars 2014 modifiant la décision 2004/162/CE en ce qui concerne son application à Mayotte à compter du 1er janvier 2014, *JOUE*, n° L 89, 25 mars 2014, p. 3.

pour étendre à Mayotte ce régime dérogatoire au droit européen commun, qui profite aux autres départements français d'outre-mer et qui est régie par la décision du Conseil du 10 février 2004[99]. La reconduction de ce régime, qui expire le 1er juillet 2014 est en cours de négociation. En dépit des critiques de la Commission européenne à son encontre[100], le Sénat français s'est déclaré relativement optimiste dans un rapport du 7 juillet 2009 quant à une possible reconduction du régime de l'octroi de mer après 2014, qui dépend - selon lui - de la volonté politique de la France de défendre un tel régime[101]. Il faudrait, en effet, que les autorités françaises répondent mieux aux demandes d'évaluation de la Commission[102], concernant l'impact du régime de l'octroi de mer sur la production locale dans les Dom[103], et qu'elles réorganisent - selon les recommandations du rapport de la Cour des comptes de juillet 2011[104] - ledit régime pour que son produit soit davantage affecté au financement du développement des communes et, donc, à leurs investissements. La dernière évaluation française sur le régime de l'octroi de mer, qui a été transmise à la Commission, a été réalisée en 2012 par un cabinet

---

[99] La décision n° 2004/162/CE, relative au régime de l'octroi de mer dans les départements français d'outre-mer (*JOUE*, n° L 52, 21 février 2004, p. 64), a prorogé jusqu'au 1er juillet 2014 la décision n° 89/688/CEE du Conseil du 22 décembre 1989 (*JOCE*, n° L 399, 30 décembre 1989, p. 46). Elle est appliquée par la loi française n° 2004-639 du 2 juillet 2004 (*JORF* n° 153, 3 juillet 2004, p. 12114) et son décret d'application n° 2004-1550 du 30 décembre 2004, *JORF* n° 1, 1er janvier 2005, p. 147.

[100] Dans une lettre du 15 avril 2009 (citée par la Cour des comptes, La situation financière des communes des départements d'outre-mer, rapport public thématique, juillet 2011, Paris, La documentation française, p. 35), la Commission a jugé le rapport d'étape de la France sur l'octroi de mer de 2008 insuffisant en l'état pour en justifier une reconduction et lui a demandé une nouvelle étude. A la suite du complément français au rapport d'étape de 2008, la Commission a rendu un rapport aux conclusions mitigées nécessitant un nouveau rapport de la France (cf. Rapport de la Commission au Conseil relatif au régime de l'impôt "octroi de mer" appliqué dans les départements français d'outre-mer, Com(2010) 742 final, Sec(2010) 1558 final, 14 décembre 2010, sp. point 5 *in fine* du rapport).

[101] Rapport d'information n° 519 (2008-2009) d'E. Doligé, Les Dom, défi pour la République, chance pour la France, 100 propositions pour fonder l'avenir, volume 2 (comptes rendus des auditions et des déplacements de la mission), p. 144. Voir aussi le volume 1 (rapport), sp. pp. 230-231.

[102] Pour une critique en ce sens, voir D. Perrot, « Les modifications du droit de l'Union européenne et de la législation française relative aux collectivités ultramarines : quelles influences croisées ?», *in* J. Daniel, *Les Outre-mer à l'épreuve du changement, Réalités et perspectives des réformes territoriales*, L'Harmattan, Collection GRALE, 2011, p. 239, sp. p. 248.

[103] En application de l'art. 4, alinéa 2, de la décision n° 2004/162/CE du Conseil du 10 février 2004 (préc.) imposant à la France un rapport sur « *l'incidence des mesures prises et leur contribution à la promotion ou au maintien des activités économiques locales* ».

[104] *Op. cit.*, p. 38 et 111.

d'expertise privé[105]. Sur la base des conclusions encourageantes de ce rapport et de celles d'un rapport de l'Assemblée nationale de janvier 2014[106], recommandant le maintien et la prorogation de la taxe de l'octroi de mer - qui serait un appui déterminant à la productivité locale, ne provoquerait pas de distorsions de concurrence et n'aurait pas d'effets inflationnistes - la France a sollicité de l'Union, en mars 2013, la reconduction du régime de l'octroi de mer jusqu'au 31 décembre 2020. Espérons que cette taxe, qui constitue l'essentiel des ressources des collectivités locales et « *la première ressource fiscale des communes mahoraises mais également du département (...) de Mayotte* »[107], connaîtra le même sort que l'AIEM ("*Arbitrio sobre las Importaciones y Entregas de Mercancías en las Islas Canarias*"). Il s'agit d'un impôt équivalent dont bénéficient les Canaries et dont le régime, prévu pour une durée de dix ans, expirait le 31 décembre 2011[108], mais qui a été reconduit, d'abord, jusqu'au 31 décembre 2013[109], puis jusqu'au 30 juin 2014[110]. Afin de se laisser du temps pour étudier les listes de produits pour lesquels la France souhaite appliquer un système de taxation différenciée, la Commission a proposé de prolonger d'ores et déjà la validité de la décision octroi de mer pour une période supplémentaire de six mois jusqu'au 1er janvier 2015[111].

En outre, le ministre français délégué aux Affaires européennes a indiqué, en février 2014, que la France a fait vingt-sept demandes de dérogations concernant des normes européennes devant s'appliquer à

---

105 *Cabinet Louis Lengrand et associés*, Évaluation de l'impact de l'octroi de mer dans les Dom - Rapport final, mai 2012.

106 M. Hanotin et J.-J. Vlody, L'octroi de mer, Rapport d'information n° 659, Assemblée nationale, 29 janvier 2013, selon lequel cinq raisons justifient la prorogation du dispositif fiscal : sa faible incidence sur les prix, l'aide réelle qu'il constitue en faveur des entreprises, son adaptation à la situation des RUP, l'absence d'études approfondies quant à son remplacement par la TVA régionale et l'absence d'alternative fiscale (hormis la TVA) pour compenser la disparition de l'octroi de mer. Voir p. 39 et suiv. du rapport.

107 F. T. Rakotondrahaso, *Le statut de Mayotte vis-à-vis de l'Union européenne*, *op. cit.*, p. 239.

108 Voir le rapport d'information du Sénat n ° 519 d'E. Doligé, volume 1, préc., pp. 231-232 et volume 2, préc., pp. 152-153.

109 Soit pour deux années supplémentaires au lieu de dix. Cf. décision n° 895/2011/UE du Conseil du 19 décembre 2011 modifiant la durée d'application de la décision 2002/546/CE, *JOUE*, n° L 345, 29 décembre 2011, p. 17.

110 Décision n° 1413/2013/UE du Conseil du 17 décembre 2013 modifiant la durée d'application de la décision 2002/546/CE, *JOUE*, n° L 353, 28 décembre 2013, p. 13. La décision reconduit pour six mois l'AIEM, qui constitue une aide d'État, jusqu'au 30 juin 2014, date d'entrée en vigueur des lignes directrices des aides d'État à finalité régionale pour la période 2014-2020.

111 Voir la proposition de décision du Conseil modifiant la décision 2004/162/CE relative au régime de l'octroi de mer dans les départements français d'outre-mer quant à sa durée d'application, COM(2014)0181 – C7–0129/2014 – 2014/0101(CNS).

Mayotte. Force est de constater que, sur le fondement de l'article 349 TFUE, le Conseil a adopté, le 17 décembre 2013, un certain nombre de mesures spécifiques, qui accordent des dérogations, des périodes transitoires ou des délais supplémentaires dans l'application de certains textes européens à Mayotte dans les domaines de la fiscalité[112], de la politique sociale[113], de l'environnement, de l'agriculture[114], de la santé publique[115], de la pêche et de la santé animale [116]. Par exemple, l'état de l'environnement - concernant le traitement des eaux urbaines résiduaires, la qualité des masses d'eau de surface, des bassins hydrographiques et des eaux de baignade - est tellement préoccupant à Mayotte et en-deçà des exigences des normes de l'Union que des délais allant jusqu'au 31 décembre 2020, voire jusqu'au 31 décembre 2031, ont été accordés à la France afin d'améliorer progressivement l'environnement à Mayotte et

---

112 Voir la directive n° 2013/61/UE du 17 décembre 2013 modifiant les directives 2006/112/CE et 2008/118/CE en ce qui concerne les régions ultrapériphériques françaises et en particulier Mayotte, *JOUE*, n° L 353, 28 décembre 2013, p. 5. La directive place Mayotte, à l'instar des autres RUP françaises, en dehors du champ d'application territorial des directives du Conseil n° 2006/112/CE (directive du 28 novembre 2006 relative au système commun de taxe sur la valeur ajoutée, *JOUE*, n° L 347, 11 décembre 2006, p. 1) et n° 2008/118/CE (directive du 16 décembre 2008 relative au régime général d'accise et abrogeant la directive 92/12/CEE (*JOUE*, n° L 9, 14 janvier 2009, p. 12).

113 Voir, par exemple, la directive n° 2013/62/UE du 17 décembre 2013 modifiant la directive 2010/18/UE du Conseil portant application de l'accord-cadre révisé sur le congé parental conclu par BUSINESSEUROPE, l'UEAPME, le CEEP et la CES, en raison de la modification du statut de Mayotte à l'égard de l'Union européenne, *JOUE*, n° L 353, 28 décembre 2013, p. 7. La directive accorde pour Mayotte un délai supplémentaire jusqu'au 31 décembre 2018 dans la mise en œuvre de la directive n° 2010/18/UE précitée (*JOUE*, n° L 68, 18 mars 2010, p. 13).

114 Voir la directive n° 2013/64/UE du 17 décembre 2013 modifiant les directives 91/271/CEE et 1999/74/CE du Conseil, et les directives 2000/60/CE, 2006/7/CE, 2006/25/CE et 2011/24/UE du Parlement européen et du Conseil, suite à la modification du statut de Mayotte à l'égard de l'Union européenne, *JOUE*, n° L 353, 28 décembre 2013, p. 8. L'art. 2 de la directive repousse jusqu'au 31 décembre 2017 l'interdiction d'utiliser à Mayotte des cages non aménagées pour les poules pondeuses dont les œufs ne peuvent être vendus que sur le marché local mahorais, en étant estampillés d'une marque spéciale.

115 Voir l'art. 6 de la directive n° 2013/64/UE, préc., qui accorde un délai supplémentaire jusqu'au 31 juin 2016 pour transposer à Mayotte la directive 2011/24/UE du Parlement européen et du Conseil du 9 mars 2011 relative à l'application des droits des patients en matière de soins de santé transfrontaliers, *JOUE*, n° L 88 du 4 avril 2011, p. 45.

116 Voir le règlement n° 1385/2013/UE du Conseil du 17 décembre 2013 "portant modification des règlements du Conseil (CE) n° 850/98 et (CE) n° 1224/2009 et des règlements du Parlement européen et du Conseil (CE) n° 1069/2009, (UE) n° 1379/2013 et (UE) n° 1380/2013, suite à la modification du statut de Mayotte à l'égard de l'Union européenne", *JOUE*, n° L 354, 28 décembre 2013, p. 86.

de répondre aux différentes normes environnementales[117]. Toutefois, une fois les délais arrivés à échéance, sauf prorogation, la France devra respecter à Mayotte les obligations résultant des textes de droit dérivé dont l'application aura été transitoirement repoussée.

Les contraintes de la rupéisation

Les exigences inhérentes au statut de RUP, qui sont liées au principe d'intégration à l'Union européenne, applicable à Mayotte depuis le 1er janvier 2014, consistent essentiellement dans le respect et l'application intégrale du droit commun de l'Union, sauf mesures spécifiques[118], et dans une gestion saine des fonds structurels.

L'application sanctionnée du droit de l'Union européenne

Jusqu'au 1er janvier 2014, en sa qualité de PTOM seulement associé à l'Union, Mayotte a pu et pouvait faire usage de toutes les facilités offertes par le régime spécial de l'association aux PTOM[119], comme freiner la libre circulation des marchandises - en percevant des droits de douane sur les marchandises des États membres - ou entraver la libre circulation des travailleurs. En revanche, en étant devenue une RUP le 1er janvier 2014, Mayotte a perdu au profit de l'Union européenne les compétences attachées au statut des PTOM, en particulier la compétence douanière, l'Union détenant une compétence exclusive dans le domaine de l'union douanière[120]. Mayotte ne peut, donc, plus percevoir des droits de douane et des taxes d'effet équivalent sur les marchandises provenant des États membres. Toutefois, afin de compenser la perte de la compétence douanière, le régime dérogatoire de l'octroi de mer, dont la reconduction est en cours de négociation, lui a été étendu[121].

Plus largement, depuis le 1er janvier 2014, les autorités nationales et locales sont tenues d'appliquer à Mayotte, comme dans les autres RUP, le droit commun de l'Union européenne, qui irrigue des secteurs clés pour les collectivités territoriales (marché public, service public, environnement etc.)[122]. Le caractère contraignant de l'application du droit de

---

[117] Voir les art. 1, 3 et 4 de la directive n° 2013/64/UE, préc.

[118] Voir *supra*, § « Le bénéfice de mesures spécifiques ».

[119] Sur ces facilités, voir D. Perrot, « Les modifications du droit de l'Union européenne et de la législation française relative aux collectivités ultramarines : quelles influences croisées ?», *op. cit.*, p. 242 et suiv.

[120] Cf. art. 3, § 1, b) TFUE.

[121] Voir *supra*, § « Le bénéfice de mesures spécifiques ».

[122] Autant de domaines à risques en termes de violation potentielle du droit de l'Union. Cf. l'étude du Conseil d'État français du 23 octobre 2003, *Collectivités territoriales et obliga-*

l'Union à Mayotte mérite toutefois d'être relativisé dans la mesure où Mayotte est régie par le principe d'identité législative[123] et qu'un certain nombre de lois françaises ont une origine européenne[124]. Des règles communautaires transposées en droit interne s'appliqueraient, donc, déjà à Mayotte, du moins pour les mesures nationales de transposition antérieures au 31 mars 2011 si elles le spécifient expressément[125]. Néanmoins, des efforts particuliers doivent être accomplis dans des secteurs pour lesquels les autorités françaises ont relevé, avant la départementalisation, que le droit applicable à Mayotte n'était pas conforme au droit de l'Union européenne. Il en va notamment ainsi du droit de l'environnement et du régime de publicité foncière[126] ou encore du droit d'entrée et de séjour des étrangers[127]. Le législateur a d'ailleurs habilité, en

---

tions communautaires, Collection « Les études du Conseil d'État », La Documentation française, 2004, p. 40 et suiv.

123 Et ce, dès avant la départementalisation, depuis le 1er janvier 2008, en application de l'art. 3 de la loi organique n° 2007-223 du 21 février 2007 portant dispositions statutaires et institutionnelles relatives à l'outre-mer, *JORF*, n°45, 22 février 2007, p. 3121. Cet art. excluait, cependant, du principe d'identité six séries de matières. Sur le renforcement progressif du régime de l'identité à Mayotte, voir notamment O. Gohin, « La départementalisation de Mayotte », *op. cit.*, § 10 et suiv.

124 J. Maïa, « La contrainte européenne sur la loi », *Pouvoirs*, 2005, n° 114, p. 53, sp. p. 56, renvoyant au « *débat public estimant à 60% ou même 70% la part de la loi d'origine européenne* ». Le pourcentage est revu, toutefois, à la baisse, en étant estimé à 13 % par S. Brouard, O. Costa et E. Kerrouche, « Les lois françaises sont-elles écrites à Bruxelles ? L'européanisation limitée de l'activité législative en France », *RUE*, septembre 2012, n° 561, p. 503, sp. p. 509.

125 En effet, si les lois et règlements édictés depuis le 31 mars 2011 sont applicables de plein droit à Mayotte, sous réserve d'adaptation (art. 73 de la Constitution), les textes de droit commun antérieurs à cette date ne le sont que s'ils l'ont envisagé expressément. A défaut, la législation spéciale à Mayotte antérieure au 31 mars 2011 continue à s'appliquer à Mayotte, tant qu'un texte ne vient pas y mettre un terme. En ce sens, CE, ord., 30 mai 2012, *M. Sindano Macimba*, n° 3573661 ; CE, 20 juin 2012, *Mme Bahire*, n° 358266. C'était déjà ainsi pour les textes spécifiques antérieurs au 1er janvier 2008 sous l'empire de la loi organique n° 2007-223 du 21 février 2007, préc. : CE, 13 juillet 2011, Caisse des règlements pécuniaires des avocats de Mayotte, n° 325932, *Rec. Lebon*, p. 722, *AJDA* 2011, p. 2030.

126 Voir F. T. Rakotondrahaso, *Le statut de Mayotte vis-à-vis de l'Union européenne*, *op. cit.*, p. 196.

127 Voir F. Roussel, « Mayotte face au défi migratoire : les limites de l'assimilation juridique », *RFDA* 2013, p. 265. En outre, selon la Cimade (*Bulletin Europe*, n° 3, janvier 2014, sp. p. 20), la Commission européenne a refusé d'accorder des mesures dérogatoires à la France concernant certaines directives en matière d'asile et d'immigration (directive "retour" 2008/115/CE et directive 2003/9/CE relative aux normes minimales d'accueil des demandeurs d'asile), sachant que, selon un rapport du Sénat de 2012, la France avait déjà indiqué à la Commission qu'elle souhaitait en la matière maintenir les dérogations existantes à Mayotte par rapport au droit applicable en métropole

novembre 2012, le gouvernement à modifier par ordonnances une série de textes dans un certain nombre de domaines[128], dans un délai de dix-huit mois[129], afin « *de les mettre en conformité avec le droit de l'Union européenne dans le cadre de l'accession du Département de Mayotte au statut de région ultrapériphérique à compter du 1er janvier 2014* ».

Que se passera-t-il si les collectivités locales à Mayotte ne parviennent pas à respecter les exigences européennes alors qu'elles sont tenues de respecter et de mettre en œuvre le droit de l'Union européenne[130] ? La Commission européenne pourrait introduire un recours en manquement à l'encontre de l'État français, qui serait alors condamné en lieu et place des collectivités mahoraises, puisque l'État français est seul responsable devant de la Cour de justice de l'Union européenne des manquements commis par ses collectivités, selon une jurisprudence constante de la Cour[131]. En outre, si les collectivités mahoraises persistent dans le non-respect du droit de l'Union européenne, en ne prenant pas les mesures qu'impose l'arrêt en manquement de la Cour, l'État français pourrait au titre de l'article 260 § 2 TFUE (ex-article 228 § 2 CE) se voir infliger, par la Cour de justice, des amendes et des astreintes fort dissuasives[132]. Néanmoins, les collectivités mahoraises pourraient également voir leur responsabilité engagée en plus de celle de l'État devant les juridictions nationales conformément à la jurisprudence Haim de la Cour de justice du 4 juillet 2000[133]. Il est, donc, important de sensibiliser les acteurs lo-

(J.-P. Sueur, C. Cointat et F. Desplan, Mayotte : un nouveau département confronté à de lourds défis, préc., p. 56).

128 Cf. art. 27 de la loi n° 2012-1270 du 20 novembre 2012 relative à la régulation économique outre-mer et portant diverses dispositions relatives aux outre-mer, *JORF*, n° 271, 21 novembre 2012, p. 18329.

129 Voire de trente mois, en fonction des mesures concernées. Cf. l'art. 27 de la loi n° 2012-1270, préc., tel que modifié en mars 2014.

130 En ce sens, notamment CJCE, 22 juin 1989, *Fratelli Costanzo*, aff. 103/88, *Rec.* p. 1839, point 31.

131 Voir notamment CJCE, 13 décembre 1991, *Commission c/ Italie*, aff. C-33/90, *Rec.* p. I-6001, point 24 ; 5 octobre 2000, *Commission c/ France*, aff. C-16/98, *Rec.* p. I-8315 où la France est condamnée en lieu et place des syndicats intercommunaux, qui n'avaient pas respecté les règles communautaires relatives aux marchés publics lors de la passation de marchés de travaux d'éclairage public dans le département de la Vendée.

132 Voir notamment V. Michel, « Manquement (Recours en constatation de)», *Répertoire communautaire Dalloz*, septembre 2012, sp. § 78, qui précise que les sommes forfaitaires prononcées varient de 1 à 20 millions d'euros et que les astreintes peuvent aller de 20 000 euros par jour de retard à plus de 57 millions d'euros par période de six mois de retard (CJCE, 12 juillet 2005, *Commission c/ France*, aff. C-304/02, *Rec.* p. I. 6263).

133 CJCE, 4 juillet 2000, *Haim*, aff. C-424/97, *Rec.* p. I-5123, point 34 ; *Europe*, octobre 2000, comm. 289, p. 11, obs. A. Rigaux et D. Simon. V. aussi S. Leclerc et X. Mondésert, « Vers une responsabilité des collectivités territoriales en cas de violation du droit communautaire », *AJDA*, 2002, p. 201.

caux à la bonne application du droit de l'Union. La Préfecture de Mayotte a aussi un rôle important à jouer dans le cadre du contrôle de légalité des actes des collectivités territoriales[134]. Son rôle sera aussi fondamental dans la gestion des fonds structurels, qui constitue une autre contrainte de la rupéisation de Mayotte.

La gestion des fonds structurels

L'accès aux fonds structurels n'est pas direct et la gestion des financements alloués est difficile. La procédure de mise en œuvre de la politique de cohésion est si complexe[135] que le taux de consommation des crédits européens par les Dom français est réputé être assez faible. Pour la période 2000-2006, il était de l'ordre de 40 à 60 % en fonction des collectivités concernées[136]. Selon un rapport du Sénat de 2009, « *les principales raisons qui expliquent les faibles taux de consommation des crédits tiennent à la complexité des procédures, aux excès de priorités et de projets, au manque de personnels qualifiés, mais aussi aux faibles ressources disponibles pour abonder les financements européens* »[137]. D'ailleurs, en application du principe d'additionnalité, les collectivités territoriales de Mayotte et/ou l'État français devront abonder les financements des fonds structurels - d'un montant global de 200 millions d'euros[138] - à hauteur environ de 30 millions d'euros, puisque le taux de cofinancement européen pour les RUP est fixé à 85 % maximum pour l'objectif 1 ainsi que pour l'objectif 2[139]. En outre, le risque d'une sous-consommation des crédits européens à Mayotte est réel puisque la non consommation des crédits du FED a pu être constatée par le passé[140]. Aussi, lors de la tenue du colloque les 29 et 30 no-

---

134 "Mission constitutionnelle" du préfet relevant de l'art. 72 de la Constitution. Voir P.-Y. Monjal, « Le niveau local » dans le traité de Lisbonne ou la reconnaissance du rôle européen des collectivités territoriales, *AJDA* 2011, p. 1069.

135 Sur cette procédure, voir S. de La Rosa, *op. cit.*, § 144 et suiv.

136 Pour des détails chiffrés concernant chaque Dom pour la période 2000-2006, voir le rapport d'information du Sénat du 7 juillet 2009 n° 519 d'E. Doligé, volume 1, préc., pp. 240-241.

137 *Idem,* p. 242.

138 Voir *supra*, § « Le soutien des fonds européens ».

139 *Idem.*

140 Par exemple, en novembre 2011, tous les crédits du 9e FED, relevant de la période 2000-2006, n'étaient pas encore consommés, en dépit d'une prolongation d'une durée de 3 ans accordée par l'Union européenne. En ce sens, A. Lafond, « Fonds européens, consommation *in extremis…*», *Malango Actualité*, n° 397, 8 novembre 2011. Voir aussi le Document unique de programmation Mayotte-9ème FED ainsi que le document unique de programmation Mayotte-10ème FED-Programme d'appui au plan de développement territorial de Mayotte (sp. p. 28 et 40 faisant état des difficultés d'absorption des fonds, malgré une amélioration de la situation par rapport au 8e FED).

vembre 2012, avions-nous pu affirmer : « *Si Mayotte n'arrive pas, en tant que PTOM, à consommer 22 millions*[141]*, comment pourra-t-elle, en tant que RUP, consommer les 500 millions du FEDER et du FSE ?*». Les institutions de l'Union se sont posées la même question et ont décidé de réduire l'enveloppe prévisionnelle au titre des fonds structurels, en la faisant passer de 500 millions à 200 millions d'euros[142], enveloppe qui pourrait être revue à la hausse, notamment en 2021, en fonction de la capacité de Mayotte à gérer les fonds européens 2014-2020. Il a aussi fallu former les élus et fonctionnaires locaux à cette gestion complexe. À cette fin, une aide de 2 millions d'euros a été attribuée par l'Union européenne dans le cadre d'une convention signée, notamment entre la Commission européenne et la préfecture de Mayotte[143], laquelle est chargée de gérer les fonds structurels 2014-2020 (FEDER-FSE) dans ce département français d'outre-mer[144].

Lors de la mission envoyée à Mayotte par la Commission européenne, afin de lui permettre d'émettre son avis au Conseil européen, au titre de l'article 355 § 6 TFUE[145], Monsieur José Palma Andres, Directeur en charge de la coopération territoriale européenne à la DG REGIO, a pu souligner, en mars 2012, que « *toute la réussite de la transformation de statut tient, outre le rapprochement aux normes européennes, à la stratégie de développement que vont adopter les conseillers généraux pour entrer dans la programmation 2014-2020* »[146]. De toute évidence, l'efficience du soutien des fonds structurels à Mayotte dépendra, non seulement de la gestion qui en sera faite, mais également des projets de développement qui seront mis en œuvre à Mayotte et qui ont été arrêtés localement dans le respect des priorités de la stratégie Europe 2020, à savoir une croissance intelligente, durable et inclusive, afin de stimuler la croissance et l'emploi. À cette fin, la préfec-

---

141 Exactement 22,92 millions au titre du 10e FED.

142 Voir *supra*, § « Le soutien des fonds européens ».

143 Source : Conseil général de Mayotte. Cf. aussi *Malango Actualité*, n° 591, 27 novembre 2012 et n° 702, 25 octobre 2013.

144 À Mayotte, le Préfet de région est l'autorité de gestion du programme FEDER-FSE 2014-2020 (source : Préfecture de Mayotte) et travaillera en partenariat avec le Conseil général et les services déconcentrés de l'État. Et ce, en dépit de la décentralisation de la gestion d'une partie des fonds européens aux régions par le législateur français (cf. art. 78 de la loi n° 2014-58 du 27 janvier 2014 de modernisation de l'action publique territoriale et d'affirmation des métropoles, *JORF*, n° 23, 28 janvier 2014, p. 1562). Sur l'autorité de gestion en France des fonds européens pour 2014-2020, voir le dossier de presse de la DATAR, « Programmation des fonds européens 2014-2020 », janvier 2014, pp. 4-5.

145 Voir *supra*, § « Les exigences d'ordre procédural de la clause passerelle ».

146 « Mayotte région européenne ?, Réponse dans 3 mois », *Malango Actualité*, n°449, 26 mars 2012.

ture et les services du Conseil général ont retenus, après concertation, un certain nombre de "grands projets structurants" susceptibles d'être financés et les ont présentés, en octobre 2013, dans l'hémicycle Younoussa Bamana, au commissaire européen en charge de la politique régionale, à l'époque M. Johannes Hahn[147]. Quatre secteurs principaux d'intervention ont été définis : désenclavement du territoire, environnement, recherche et développement, et volet social. Il s'agira notamment de développer les dessertes portuaires et aéroportuaires ainsi que les transports en commun, de moderniser le réseau numérique, d'assainir les eaux usées, d'améliorer le traitement des déchets en réalisant un quai de transfert, de faire de la rénovation urbaine, de créer des centres médico-sociaux etc. Les programmes opérationnels (PO) européens FEDER-FSE et Coopération territoriale européenne reprennent ces grands projets de travaux et les complètent, en déclinant quinze axes prioritaires d'action au titre du FEDER et du FSE et sept autres axes au titre de la CTE[148].

Conclusion[149]

En dépit des contraintes inhérentes à la rupéisation, force est de reconnaître que les autorités locales et nationales, en décidant d'abandonner le statut d'association au profit du statut d'intégration pour le département de Mayotte, ont fait le choix d'un développement humain solidaire et durable. Formons le vœu que les espoirs ne soient pas déçus dans l'avenir, d'autant que le processus de rattrapage économique devrait prendre plusieurs années, et formons aussi le vœu que les Mahorais « *saurons être à la hauteur des enjeux de cette entrée de plein pied dans l'UE*" comme l'a affirmé le président du Conseil général de Mayotte, M. Daniel Zaïdani, le 13 juillet 2012[150].

---

147 « Mayotte 2014-2020 : les grands travaux européens », *Le Journal de Mayotte*, 20 octobre 2013.

148 Voir les PO sur le site de la préfecture, préc.

149 Contribution mise à jour au 18 mai 2014.

150 La gazette.fr du16 juillet 2012.
http://www.lagazettedescommunes.com/123147/mayotte-devient-region-ultraperipherique-de-lunion-europeenne/

Le commerce extérieur de Mayotte : analyse comparative avec les autres DOM

Fabien CANDAU
Université de Pau & Pays Adour

Serge REY
Université de Pau & Pays Adour

Malgré son caractère insulaire, « l'île aux parfums »[1] possède, sur un plan économique, de nombreux atouts : des avantages comparatifs traditionnels dans les productions d'ylang-ylang, de vanille ou de cannelle ; un environnement idéal pour développer le tourisme et le secteur de la pêche ; une situation géographique à l'entrée du Canal du Mozambique qui devrait en faire un point de passage privilégié pour le commerce maritime entre l'Asie du Sud, l'Océan Indien, l'Afrique et l'Europe. Mais Mayotte cumule aussi de nombreux handicaps : petite économie insulaire qui la rend vulnérable aux chocs externes ; situation géographique qui rend l'île vulnérable aux chocs naturels ; isolement des grands centres industrialisés qui pèse sur les coûts de transport ; petite taille de l'île qui reste un frein à l'investissement dès lors qu'il devient difficile de réaliser des économies d'échelle, et enfin une immigration très forte et difficilement maîtrisée.

Dans ces conditions, les flux commerciaux de Mayotte peuvent être un bon révélateur du potentiel économique de l'île. D'un coté, ils renseignent sur les performances en matière de compétitivité ; de l'autre ils donnent des indications sur les capacités de l'île à se développer de manière endogène. Or, une simple observation des échanges de marchandises (cf. graphique 1) révèle des caractéristiques assez surprenantes : d'une part, Mayotte a un taux d'ouverture, mesuré comme le ratio des

[1] Mayotte tire en partie son surnom « d'île au parfum » de l'ylang-ylang, dont la fleur est utilisée dans l'industrie cosmétique.

flux commerciaux au PIB[2], très faible autour de 30%, assez comparable à ce qu'on peut trouver dans des pays comme le Rwanda, la Sierra Leone, la Somalie, etc.; d'autre part, si ce taux d'ouverture a doublé sur les deux dernières décennies, cela est dû aux seules importations. Celles-ci ont en effet été multipliées par sept entre 1991 et 2012, pour atteindre 342 millions d'euros en 2012, alors que dans le même temps les exportations sont passées de 4 à 7 millions d'euros. Ces observations soulignent la faible compétitivité de l'économie de Mayotte et probablement une forte dépendance aux produits importés.

Graphique 1. Taux d'ouverture de Mayotte

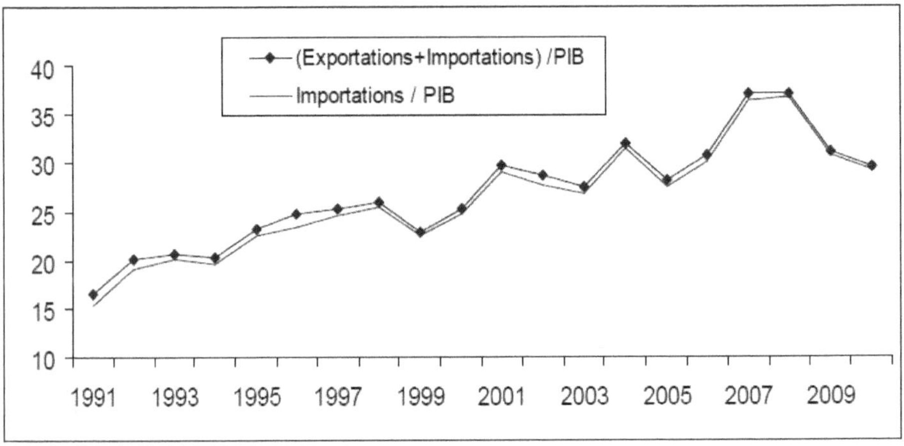

Source : Direction des douanes et IEDOM

L'objet de cet article est, sur la base des spécificités de Mayotte, de révéler les déterminants du commerce extérieur de cette île et de fournir une analyse comparative avec les autres Dom afin de proposer des mesures économiques pour réduire ces déséquilibres.

Dans la section 2 on reviendra en détail sur le commerce extérieur de Mayotte, et on exposera dans la section 3 les spécificités de cette île qui peuvent expliquer cette singularité. Dans la section 4 on présentera une synthèse des résultats d'estimations d'équations de commerce (équations de gravité) réalisées par Candau et alii (2012), Candau et Rey (2013, 2014). Cette présentation aura un double objectif ; d'une part expliquer l'influence de l'immigration sur les importations de marchandises de Mayotte ; d'autre part comparer les déterminants des exportations et des importations de Mayotte avec ceux des autres Dom. La section 5 conclura cet article.

[2] Les données de PIB ne sont pas disponibles pour les années 2011 et 2012.

Le commerce extérieur de Mayotte

Les évolutions des flux commerciaux sur ces deux dernières décennies révèlent une forte croissance des importations alors que les exportations ne progressent que faiblement (cf. graphique 2). Ceci se traduit par un très faible taux de couverture (rapport des exportations aux importations), en dessous de 2% sur la décennie 2000 alors qu'il était à près de 8% au début des années 1990. La remontée de ce taux en 2012 ne doit pas faire illusion, elle reflète une baisse des importations liée à une dégradation de la consommation des ménages. « *Ainsi, les importations de produits alimentaires, textiles et d'équipements ménagers ont diminué respectivement de 6,8%, 10,3% et 39,6% par rapport à 2011. D'autre part, le nombre d'immatriculations de véhicules neufs a fortement chuté de 60,0%* » (IEDOM, 2013).

Graphique 2. Evolution des flux commerciaux

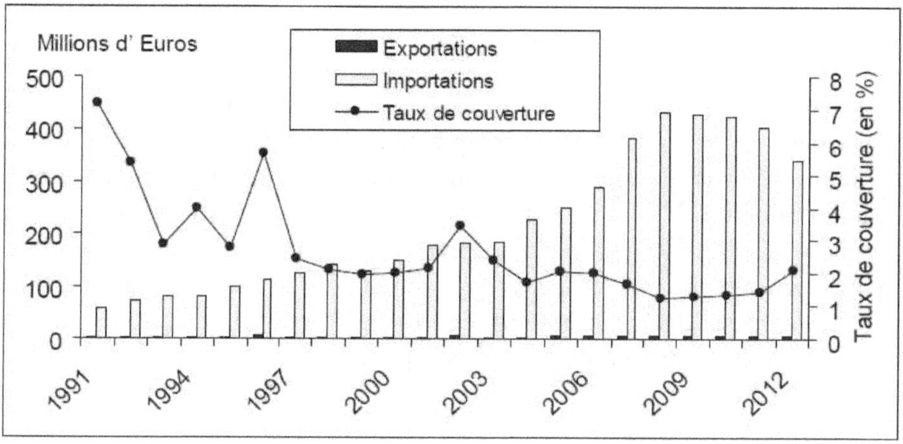

Source : Direction des douanes et IEDOM

Dans ce qui suit on exposera plus en détail la nature des flux commerciaux de Mayotte.

Les importations

En moyenne sur les années 2000, les principaux produits importés par Mayotte sont les produits alimentaires (industrie agro alimentaire IAA, 20-25% du total), les machines et appareils (autour de 20%), les matériels de transports (8-10%) et les produits chimiques (8-10%). Notons qu'en 2011 « l'énergie » est devenue le deuxième poste d'importations. En 2012, après les baisses de 2010 et 2011, les importations ont enregistré un nouveau recul (-14,9 %), observable sur toutes les catégories de produits, excepté les produits pétroliers.

Graphique 3. Importations par produits en 2012 (en % du total)

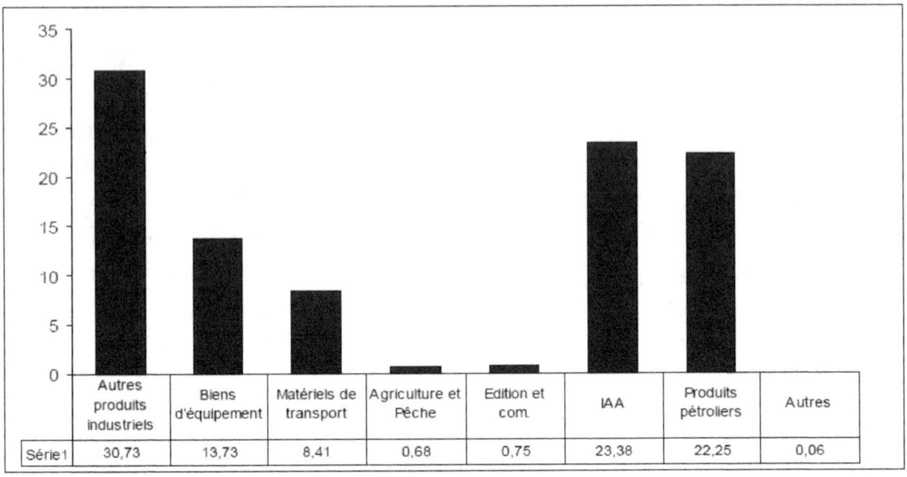

Source : Direction régionale des douanes et IEDOM

Quant à l'origine des importations, en 2012, la France métropolitaine constituait le principal pays d'approvisionnement devant la Chine, l'Allemagne et la Thaïlande. En 2001 la part des importations de métropole culminait à 84% du total. Mais cette part a eu tendance à diminuer (76% en 2009), face en particulier à la concurrence des produits allemands et italiens qui ont progressé sur la période. La croissance de la part de marché des producteurs chinois est aussi significative, puisque dès 2003 ces importations dépassaient les importations de produits d'Afrique du Sud, puis atteignaient 5% du total des importations en 2008, et 10% en 2012.

Les exportations

En 2012, après la France métropolitaine, les principaux importateurs de produits de Mayotte sont les Comores, Madagascar, la Réunion et Maurice.

L'analyse des exportations par produits pour l'année 2012 (cf. graphique 4) met en évidence le faible poids des produits agricoles et de l'industrie agro alimentaire (IAA) qui pourtant devraient constituer un point fort des exportations mahoraises, compte tenu des avantages comparatifs de l'île (Candau et alii, 2012). Les produits industriels, les biens d'équipement ou les matériels de transports rentrent dans le champ des réexportations qui représentent aujourd'hui plus de 90 % des exportations de Mayotte (cf. graphique 5).

Graphique 4. **Exportations par produits en 2012 (en % du total)**

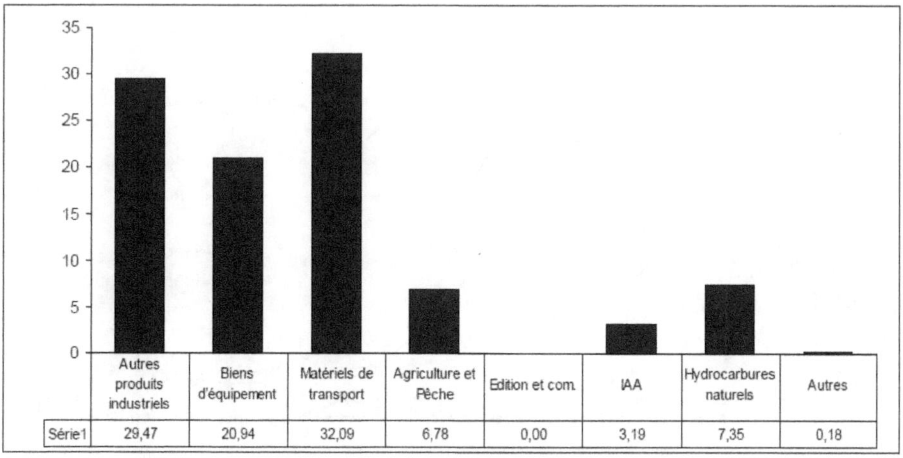

Source : Direction régionale des douanes et IEDOM

Or ce constat est assez récent car on observe sur les deux dernières décennies que les exportations de ylang-ylang et de vanille qui comptaient pour près de 80% des exportations totales au début des années 1990 ont quasiment disparu à ce jour. On peut y voir plusieurs causes.

L'ylang-ylang est utilisée dans l'industrie cosmétique pour la parfumerie de luxe et de masse. On retrouve cette huile essentielle dans la composition de déodorants, de savons mais aussi de détergents. Les principaux producteurs d'ylang-ylang sont par ordre croissants Mayotte, Madagascar et l'union des Comores qui peut satisfaire, suivant les années, 80% du marché mondial. Or la production d'ylang-ylang s'est trouvée fortement concurrencée par une autre variété d'huile essentielle de Cananga qui est produite en Indonésie à moindre coût. De plus les accords commerciaux de l'Union Européenne accordant une entrée plus large au pays en développement (via les accords du Système Généralisé des Préférences et des accords Tout Sauf les Armes) signés dans les années 2000 pourraient avoir érodé l'avantageux accès au marché européen pour les producteurs de Mayotte.

Graphique 5. **Évolutions des exportations par produits (en pourcentage du total)**

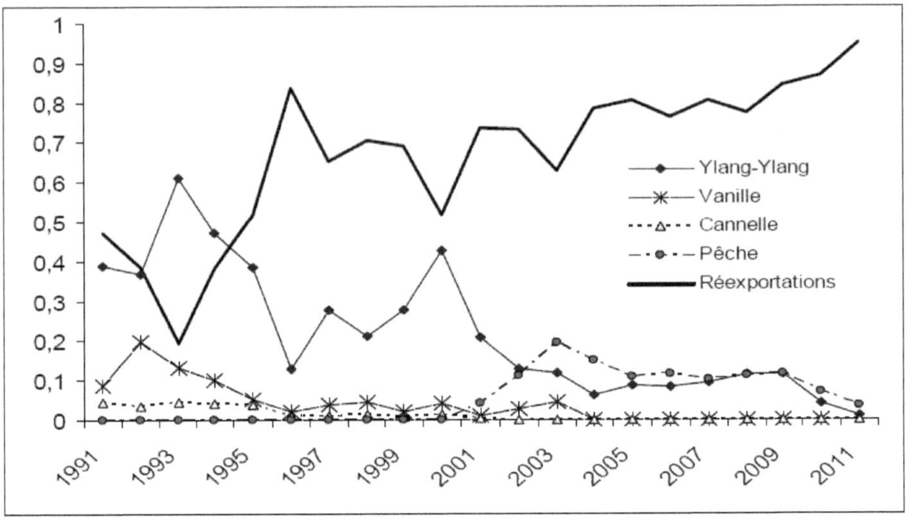

Source : Direction des douanes et IEDOM

On peut en effet noter l'entrée d'une concurrence, pour l'instant mineure sur le marché de l'ylang-ylang, de pays tels que la Colombie, le Costa Rica, les Philippines ou encore la Côte d'Ivoire (Benini et al. 2010). Le Graphique 5 illustre la rapide chute des exportations mahoraises de ce produit depuis 1991. Chute qui s'est intensifiée avec la crise rencontrée dans l'industrie du luxe en 2009-2010. Cette baisse ne se limite pas à cette huile essentielle, entre 2008 et 2010, les exportations totales de Mayotte ont en effet diminué de plus de 45%.

Mayotte est déjà le premier producteur de poisson d'aquaculture d'outre mer. Mais de nombreuses exploitations sont encore artisanales et les exportations de Mayotte ont eu tendance à stagner. Ce secteur souffre de problèmes d'organisation, à la fois au niveau de la production et de la commercialisation. Deux rapports d'audit récents mettent en évidence le manque d'entretien, le mauvais état de santé des plantations, et le manque d'intérêt pour ce marché en raison des revenus faibles générés (IEDOM 2012, p. 79). La baisse des exportations d'ylang-ylang reflète également la difficulté de trouver la main-d'œuvre nécessaire (IEDOM, 2007). Combiné avec la disparition des exportations de vanille et de cannelle, ceci suggère la défaillance d'un modèle agricole que les autorités ont cherché à promouvoir. L'agriculture à Mayotte représente davantage aujourd'hui un « *moyen d'autosuffisance ou de revenus supplémentaires* » (Math, 2012, p. 47).

Les produits de la pêche ont mieux résisté à cette chute de la demande survenue à partir de 2008. Bénéficiant d'une zone économique exclusive de grande superficie (74000km²) et de dotations naturelles exceptionnelles, les potentialités de ce secteur sont fortes, notamment au niveau de l'aquaculture. Avec une capacité de production de 150 tonnes d'ombrine oscellée, Mayotte est déjà le plus grand producteur de poissons d'élevage parmi les départements français d'outre-mer, devant la Martinique (60 tonnes) ou la Réunion (40 tonnes). Mais de nombreuses exploitations sont encore rudimentaires dans leur développement, et les exportations semblent avoir stagné sur la période récente. Ce secteur prometteur pourrait être le plus important pour Mayotte.

Au final la France métropolitaine est le principal partenaire commercial tant pour les importations que pour les exportations de produits spécifiquement mahorais.

Les spécificités de Mayotte

Pour comprendre le commerce extérieur de « l'île aux parfums », et en particulier la forte croissance des importations, il faut revenir sur certaines caractéristiques essentielles de Mayotte, à savoir la démographie, le besoin en équipements de la population, la situation géographique et l'éloignement des grandes zones industrialisées, les conditions de transport etc.

Démographie et immigration

Avec la Guyane, Mayotte est le Dom qui a connu la plus forte progression de sa population qui est passée d'un peu plus de 20 000 habitants en 1958, à 90 000 en 1990 et à plus de 210 000 en 2012 [3] (cf. graphique 6). Cette « explosion » démographique résulte des effets conjoints de la forte natalité (solde naturel) et de la pression migratoire (solde migratoire).

[3] L'INSEE recense la population illégale qui correspond à "toute personne résident dans le territoire depuis au moins 6 mois". http://www.insee.fr/fr/regions/mayotte.

Graphique 6. Dynamique des populations des Dom

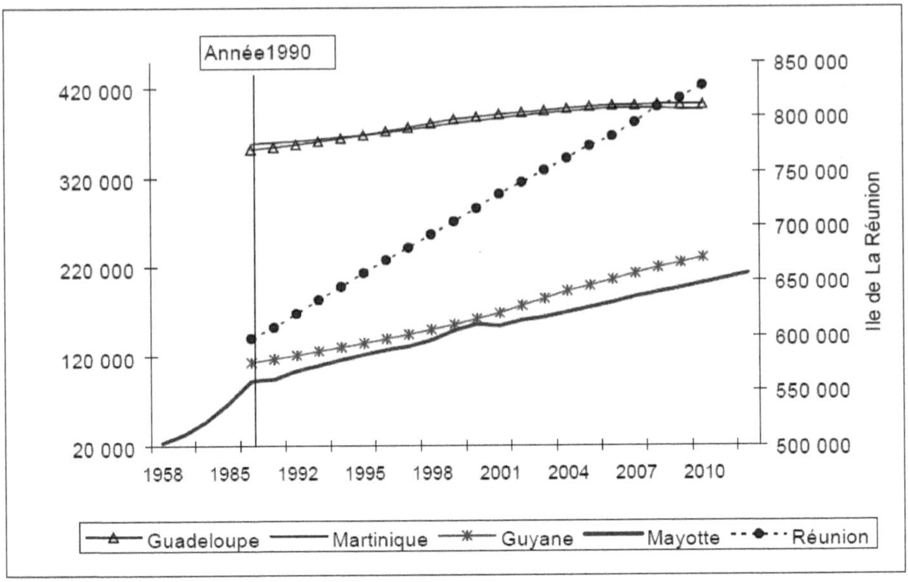

Source : INSEE

Le solde naturel contribue le plus à cette augmentation (cf. tableau 1). Il est le reflet d'un taux de fécondité élevé de plus de quatre enfants par femme contre deux enfants par femme pour la métropole.

Tableau 1. Taux de croissance annuel moyen de la population de Mayotte par sous périodes

	Population (en %)	Solde naturel (en points)	Solde migratoire (en points)
1958-1966	4,3	2,7	1,6
1966-1978	3,1	2,9	0,2
1978-1985	5,2	3,8	1,4
1985-1991	5,8	4,1	1,7
1991-1997	5,7	4,0	1,7
1997-2002	4,1	3,6	0,5
2002-2007	3,1	3,8	-0,7
2007-2012	2,7	3,1	-0,4

Source : Insee, recensements de la population, état-civil, estimation des décès.

D'un autre coté, le solde migratoire a longtemps été positif. Il s'est cependant inversé durant la décennie 2000 notamment en raison du durcissement des conditions d'accueil des immigrants et de l'augmentation du nombre de reconduites à la frontière (éloignements) qui a été multiplié par quatre en 2000 et 2010 (cf. graphique 7).

Néanmoins, Mayotte doit toujours faire face à une importante pression migratoire, principalement en provenance de l'île d'Anjouan de l'archipel des Comores. Il en résulte une très forte proportion de la population en situation illégale, puisque celle–ci est estimée entre 50 000 et 60 000 personnes[4], soit entre un quart et un tiers de la population totale. Sur la décennie 2000 cette population illégale a doublé, ce qui s'est accompagnée d'une hausse des demandes d'asile (DA), mais aussi des rejets de ces demandes et en corollaire d'une hausse des mesures d'éloignements.

Graphique 7. Immigration et population illégale

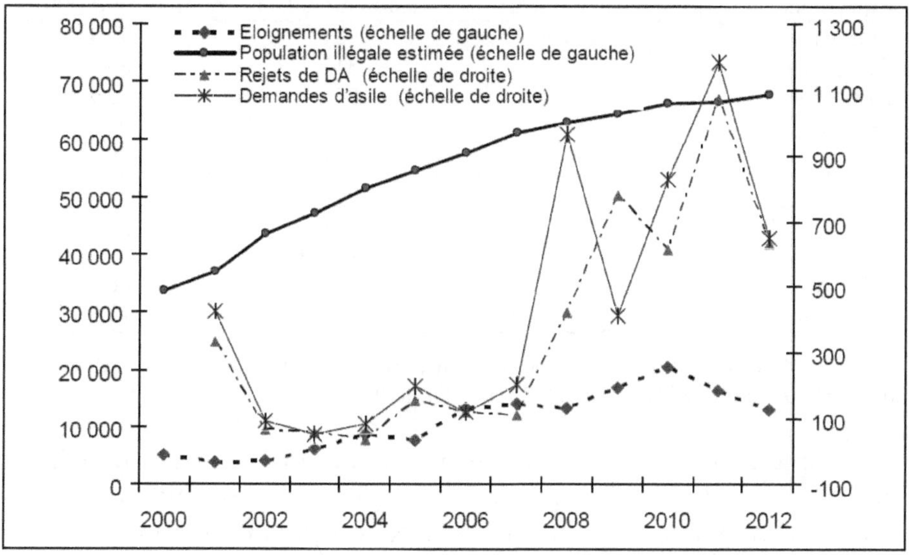

Source : OFPRA (2013), Ministère d'Outre Mer et Préfecture de Mayotte

Cette pression migratoire peut être illustrée par l'origine de la population de Mayotte qui pour plus d'un tiers est née en dehors du département (cf. Tableau 2).

Tableau 2. Répartition de la population mahoraise selon le lieu de naissance (en %)

	Nés à Mayotte	Nés à l'étranger	Nés en France hors Mayotte
2012	64,2	28,5	7,3
2007	63,5	31,7	4,8

Source : Insee, recensements de la population 2007 et 2012.

[4] Le nombre d'immigrants en situation illégale est très certainement sous estimé car de nombreuses personnes refusent d'être identifiées durant le recensement.

Finalement, la population de Mayotte croît aujourd'hui à la même vitesse que celle des îles des Comores ou de Madagascar.

Le besoin en équipements de la population de Mayotte

La croissance de la population entraîne une hausse de la demande de biens. Comme on peut le voir à partir du Tableau 3, Mayotte enregistre un retard significatif par rapport à la métropole mais aussi vis-à-vis des autres Dom en taux d'équipement pour la plupart des biens durables.

Tableau 3. Taux d'équipement des ménages mahorais (en %)

Équipement	Mayotte 2007	La Réunion 2006	Métropole 2007[a]
Réfrigérateur	56.4	98.5	99.8
Congélateur	53.8	54.5	85.2
Lave-linge	20.4	87.6	93.9
Téléviseur	81.9	95.6	97.3
Ordinateur	16.7	38.6	58.9
	Mayotte 2012[b]	Dom 2012[b]	Métropole 2012[b]
Téléphone fixe	18.0	72.0 (65.0 La Réunion)	88.3
Téléphone mobile	77.0	84.0	88.0
« Smartphones »	12.0	24.0	33.0

Sources : Insee, recensement des populations, Enquêtes familles [a] Insee, SRCV-SILC 2007.[b] Médiamétrie-GFK, mars 2012 ; ARCEP juillet 2013.

Compte tenu de ce retard et de la forte progression de la population on peut s'attendre dans les années à venir à ce que les achats de ce type de biens continuent de croître et avec eux donc les importations.

Les transports

Comme toutes les régions ultrapériphériques d'Europe, Mayotte souffre d'un accès difficile aux marchés extérieurs, et vice-versa, qui affecte inévitablement les exportations et importations. Or autant la croissance démographique va impacter positivement les importations, autant les coûts liés à la distance et en particulier les coûts de transport maritimes ou aériens peuvent être un frein aux importations via la hausse des prix.

Le transport maritime

La situation géographique de Mayotte aurait dû faire de cette île un passage incontournable pour le transport maritime dans l'Océan Indien. En effet situé près du canal du Mozambique et représentant la première escale après le canal de Suez, le port se développe dans les années 90.

Mais alors que les concurrents investissent dans de longs quais avec des systèmes de déchargement rapide, le port de Mayotte stagne et les temps de déchargement deviennent trop longs face à la concurrence. En 2008, les armateurs décident d'éviter le port de Longhi à Mayotte et choisissent Port-Louis, capitale de Maurice où les importations sont déchargées pour être rechargées sur des navires grées (i.e. disposant de matériel de déchargement) à destination de Mayotte. [5]

Le taux d'occupation des quais qui est utilisé dans la littérature d'économie maritime comme indicateur de congestion, ou encore d'exploitation des économies d'échelle portuaires (voir Talley, 2009 et Jansson et Shneerson, 1982), peut ici être utilisé comme un indicateur de la dégradation de l'attractivité du port de Mayotte. Le graphique ci-dessous illustre en effet la chute de ce taux d'occupation sur la période 2000-2010.

Les investissements réalisés, comme la construction d'un second quai de transbordement, seront-ils suffisants pour améliorer la compétitivité du port ? Dans quelle mesure ces coûts maritimes affectent-ils le pouvoir d'achat des ménages de Mayotte ? Ces questions sont importantes car la grande majorité des importations entrent dans l'économie mahoraise par la voie maritime.

<u>Graphique 8.</u> Taux d'occupation des quais.

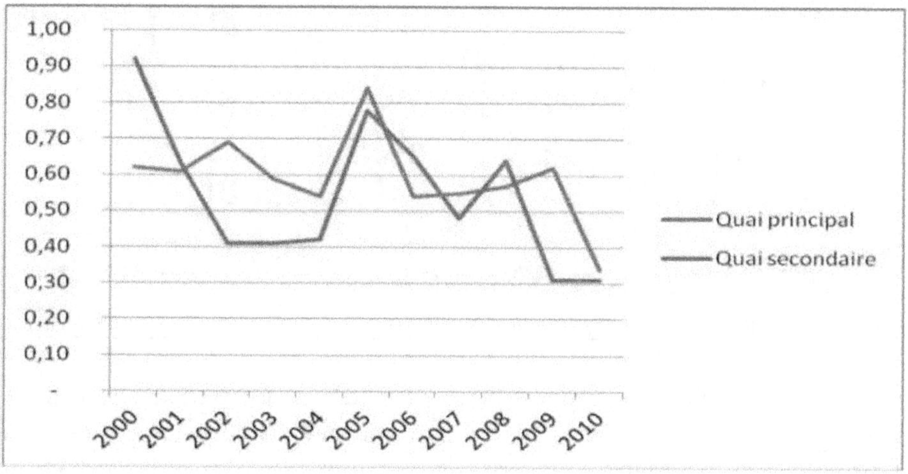

Source : Direction du Port de Mayotte (2007, 2008, 2010)

[5] L'ensemble des informations concernant le transport maritime provient de l'IEDOM (2007).

Le transport aérien

Le transport aérien illustre lui aussi les échanges de Mayotte avec le reste du monde. De ce point de vue, les relations entre Mayotte est Madagascar semblent s'intensifier. En effet, alors que les liaisons Mayotte-Reste du monde sont en croissance relativement modérée, les flux entre l'Hippocampe et la Grande Île augmentent fortement. Entre 2003 et 2010, le transport de passagers entre les deux îles est passé de 6757 à 47009.[6]

Avec 70% du trafic de passagers, Air Austral monopolise le transport aérien de Mayotte. Cette faiblesse de la concurrence pourrait de plus se renforcer temporairement dans la mesure où seule cette compagnie semble avoir les moyens d'investir dans des avions de type Boeing 777-200LR qui relient directement Mayotte à la métropole sans escale technique.

Graphique 9. Fréquentation de l'aéroport de Mayotte

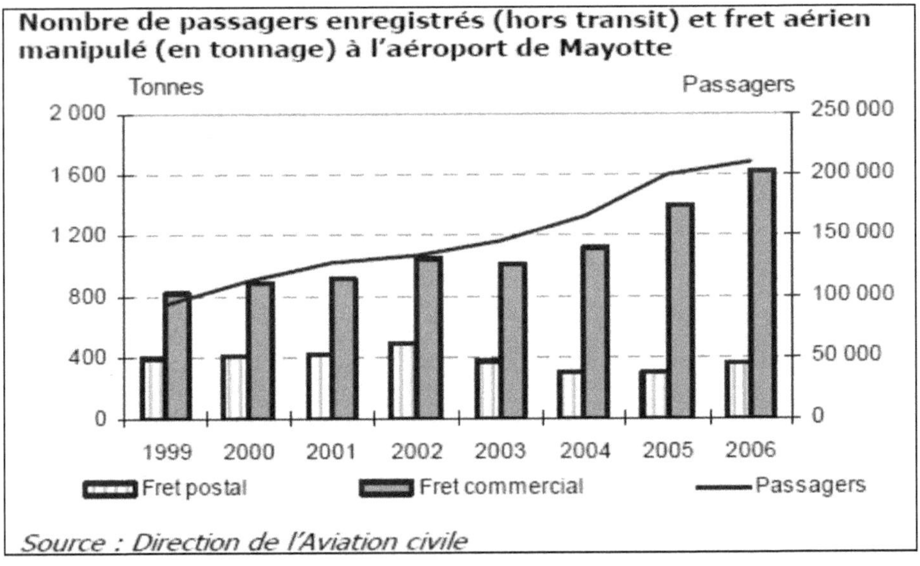

En raison d'une aérogare saturée et d'une piste trop courte, les échanges aériens commerciaux demeurent limités. Toutefois si les importations par voie aérienne ne représentent que 14% des importations en valeur, ce mode de transport est rentable pour 54% des exportations totales (en valeurs). Les projets d'une nouvelle aérogare et d'une piste

[6] L'ensemble des chiffres concernant le transport aérien provient d'un rapport de l'aéroport de Mayotte.

longue pourraient favoriser les exportations (tous modes compris) qui sont en déclin depuis 2008.

Les déterminants des flux commerciaux des Dom

On s'intéressera ici aux déterminants du commerce extérieur par produits de Mayotte, tels qu'ils peuvent être mis en évidence dans les modèles gravitaires (Candau et Rey 2014 a et b, Candau et alii 2012).

Population et flux commerciaux

Mayotte se tourne aussi de plus en plus vers ses plus proches voisins, les vagues d'immigration importante pouvant peut-être expliquer ce changement.

De plus, lorsqu'on observe la structure des importations on remarque qu'elles sont composées pour moitié de produits alimentaires et de machines et appareils. Or dans le cadre d'un modèle de commerce avec démographie, Tian et al. (2011) ont montré que la composition des échanges extérieurs dépendait du taux de dépendance ou de la structure par âge de la population. Dans la mesure où on a à Mayotte, d'un coté une population jeune, et de l'autre une forte immigration qui concerne également des populations relativement jeunes, il est possible que cette dynamique démographique constitue un déterminant essentiel de la consommation interne et donc des importations mahoraises.

Les effets de l'immigration sur le commerce

Les migrations sont souvent considérées par les économistes comme un atout économique permettant de relier des réseaux jusque là séparés et donc de stimuler les échanges en réduisant les coûts informationnels entre économies (Rauch et Trindade, 2002). D'après Granovetter (1973, 2005) les migrants sont des "créateurs de marché", non seulement en raison d'une demande nouvelle qu'ils suscitent mais aussi du fait de l'essor d'un entreprenariat qu'ils initient. Le niveau de qualification des migrants est cependant crucial. Comme le note Saxenian (1999), les anciennes migrations asiatiques peu qualifiées n'ont pas crée la même croissance en Californie que la vague des années 90, où près de 30% des hautement qualifiés de la Silicon Valley étaient des migrants entreprenant le lancement de 16% des start-up de la région.

Dès lors dans le cas de Mayotte, l'immigration massive et peu qualifiée semble être un handicap majeur. Candau et Rey (2014, a et b) montrent ainsi qu'une augmentation de la démographie mahoraise affecte positivement les importations et négativement les exportations. Les auteurs introduisent de plus des variables telles que les demandes d'asile et les mesures d'éloignement à la frontière pour évaluer l'impact des migrations qui confirment ces premiers résultats (voir Tableau 4 pour un résumé).

Pourtant, d'un point de vue théorique même une immigration peu qualifiée peut être bénéfique. Sur le court terme, l'immigration permet aux détenteurs de capitaux d'obtenir une main d'œuvre bon marché et de réaliser des profits, ce qui suscite l'entrée de nouvelles firmes, sources de création d'emplois. Un tel mécanisme, ayant pour inconvénient inacceptable d'employer parfois des travailleurs clandestins (notamment aux États-Unis, voir Hanson, 2006), permet de produire localement des biens importés jusqu'alors et d'améliorer la situation des migrants. Sur le long terme, la hausse de la demande de travail peut entraîner une hausse des salaires permettant d'élargir le marché. La fameuse expérience du "Mariel Boatlift" confirme ce résultat théorique. En 1980 près de 125 000 cubains débarquent à Miami, la force de travail augmente de 7% ce qui laisse craindre une forte chute des salaires des natifs. Or un tel scénario n'a pas eu lieu. David Card (1990) en étudiant l'emploi et les salaires des peu qualifiés avant et après cette immigration massive, conclut à un effet quasi nul pour les salaires et positif pour les emplois.

Tableau 4. Synthèse des déterminants des flux commerciaux (signe des effets)

	Exportations			Importations		
	Dom	Réunion	Mayotte	Dom	Réunion	Mayotte
PIB domestique	+	+	+	+	+	+
PIB du partenaire	+	+	+	+	+	+
Population domestique	-	-	-	+	-	+
Population du partenaire	-	-	+	+	+	-
Immigration						
Demandes d'Asile	NE	NE	NE	NE	NE	+
Éloignements						-
Coûts commerciaux						
Liens coloniaux	+	+	-	+	+	+
Langue commune	+	+	+	+	+	+
Distance	-	-	-	-	-	-
Coûts maritimes	NE	NE	NE	NE	NE	-
Accords commerciaux	-	-	-	+	+	+

Source : Candau et alii (2012), Candau et Rey (2014 a et b). NE : Non estimé

Un tel mécanisme dans les régions ultrapériphériques, permettant de réduire les importations via une production locale (et évidemment en excluant tout travail clandestin), a cependant une probabilité faible de s'enclencher compte tenu de l'étroitesse du secteur privé et de la faible attractivité de ces régions pour les capitaux extérieurs.

L'impact des coûts sur les flux commerciaux

Appartenir au marché unique tout en étant une région ultrapériphérique est un défi majeur. Comme indiqué dans la méta-analyse de Disdier et Head (2008) l'impact de la distance sur les échanges bilatéraux est non seulement fort mais de plus quasi-stable au cours du temps. Ce résultat peut s'interpréter de plusieurs façons : premièrement les coûts aux échanges ont baissé pour tous les intervenants laissant donc à la géographie sa place centrale ; deuxièmement la culture et l'histoire économique jouent un rôle important dans les échanges commerciaux.

Les coûts aux échanges entre Mayotte et ses partenaires doivent donc être analysés de façon relative. De ce point de vue l'élargissement de l'Union Européenne intensifiant les échanges centraux a pu s'opérer au détriment des régions ultrapériphériques. Candau et Rey (2012, 2014 a, b) mesurent ainsi l'impact négatif de la distance pour les Dom et l'effet tout aussi négatif des accords commerciaux européens sur les exportations des différents Dom (voir tableau 4). Ainsi les Dom ont pu souffrir d'une érosion de leur accès préférentiel aux marchés européens à la suite des élargissements successifs.

L'une des questions centrales est donc de savoir s'il est possible de rendre Mayotte plus accessible ? Comme nous l'avons précisé dans une section précédente, les investissements dans les ports et l'aéroport sont une solution, mais elle demeure partielle. En effet, comme le démontrent Behrens et Picard (2013), les économies d'échelle dans les transports sont réalisées lorsque les flux ont lieu dans les deux sens, soit par exemple lorsque les cargos important des produits repartent chargés de biens exportés. Or, compte tenu du faible dynamisme des exportations, on peut craindre que de telles économies d'échelle ne puissent se réaliser. Évidemment il est loisible d'imaginer que de nouvelles infrastructures développeront les exportations, mais la littérature empirique tend à montrer que la croissance des exportations induit la construction d'infrastructures et non l'inverse. Les travaux en économie géographique montrent même qu'une baisse des coûts de transport entraîne une réallocation des activités de la périphérie vers le centre (Behrens et Gaigné, 2006).

Une baisse des coûts de transport aurait cependant un avantage indéniable sur le pouvoir d'achat des ménages, mais aurait pour effet de rendre encore plus difficile la création de productions locales. En somme la distance est un facteur explicatif fort du déficit commercial des régions ultrapériphériques, les producteurs locaux insuffisamment compétitifs échouent dans leur accès aux marchés étrangers alors que les producteurs étrangers franchissent cette barrière plus aisément en raison d'avantages technologiques et salariaux. Mais face à cet handicap de la distance, les politiques économiques doivent davantage se concentrer sur une relance de la compétitivité plutôt que sur une diminution des coûts commerciaux qui non seulement resteront importants mais dont les conséquences induites par leurs diminutions pourraient être opposées à celles envisagées sommairement.

Une stratégie préférable serait une spécialisation de niche permettant de surmonter les coûts commerciaux. A l'heure où les chaînes de production sont de plus en plus fragmentées à l'échelle internationale (Baldwin, 2010), il semble possible pour un petit territoire de trouver une voie de développement sur un fragment de la création de valeur ajoutée de quelques produits.

Conclusion

L'évolution du commerce extérieur de Mayotte sur les deux dernières décennies révèle d'un côté une stagnation des exportations, voire pour certains produits une baisse, et d'un autre côté une hausse continue des importations. Cette dépendance accrue, notamment en matière de biens de consommation, financée par des transferts en provenance de la métropole, et dans les années futures en provenance de fonds européens, est de nature à accroître la vulnérabilité de l'île. On a donc cherché dans cet article à expliquer cette dynamique, préalable nécessaire à d'éventuelles propositions pour rééquilibrer les échanges, c'est-à-dire réduire autant que faire se peut, compte tenu du potentiel économique de Mayotte, le déséquilibre extérieur.

Pour cela on compare les déterminants de ces flux avec ceux obtenus pour l'ensemble des Dom et La Réunion. Les différentes estimations de modèles de gravité réalisées par Candau et Rey permettent de montrer que les importations des Dom et de Mayotte sont positivement impactées par la croissance de la population et de l'immigration. A l'inverse les exportations sont déprimées par une augmentation de la population dans les Dom en général, à Mayotte et à La Réunion en particulier.

Au delà de la maîtrise de son immigration clandestine sans laquelle un développement harmonieux de l'économie de l'île paraît difficilement envisageable, compte tenu de la croissance de sa population, un premier objectif des autorités devrait être de remettre sur pied un secteur agricole qui s'est fortement dégradé durant la dernière décennie. Le développement du tourisme, sans avoir pour ambition de compenser le déficit commercial devrait aussi offrir un potentiel de croissance et de création d'emplois non négligeable. Enfin, le nouveau statut de département français et le futur statut de RUP devraient également contribuer à réduire la perception des risques pour inciter des investisseurs extérieurs à venir s'installer sur l'île aux parfums.

Bibliographie

BALDWIN, R. (2010), "Globalisation: The Great Unbundling(s)", Economic Council of Finland.

BEHRENS K. et GAIGNE C. (2006), Developing the Outermost Regions of Europe, Report for "La situation macroéconomique de l'ultrapériphérie européenne".

BEHRENS K. et PICARD PM. « Transportation, freight rates, and economic geography », Journal of International Economics, 85, pp. 280-291.

CANDAU F., HOARAU J.-F. et REY S. (2012), « L'impact de la distance et de l'intégration sur le commerce d'une région ultrapériphérique d'Europe: l'île de La Réunion », *European Journal of Development Research*, Advance online publication, May 31, doi:10.1057/ejdr.2012.17.

CANDAU F. et REY S. (2014a), « International Trade in Outermost Europe: Comparative Analysis of Mayotte Island and French Overseas Departments », *The European Journal of Comparative Economics*, à paraître.

CANDAU F. et REY S. (2014b), « Impact de la démographie sur les importations de Mayotte », *Revue Économique,* à paraître.

CARD D, 1990. The Impact of the Mariel Boatlift on the Miami Labor Market, Industrial and *Labor Relations Review*, January 1990, 43, 245-57.

DISDIER A.-C. et HEAD K. (2008), The Puzzling Persistence of the Distance Effect on Bilateral Trade," *Review of Economics and Statistics*, 90(1), 37-48.

GRANOVETTER M. (1973), Strength of Weak Ties, *American Journal of Sociology*, 78, 6, 1360-80.

GRANOVETTER M. (2005), The Impact of Social Structure on Economic Outcomes, *Journal of Economic Perspectives*, 19, 1, 33-50.

HANSON, G H. 2006. "Illegal Migration from Mexico to the United States." *Journal of Economic Literature*, 44(4): 869-924.

IEDOM, (2007), *Le Commerce Extérieur à Mayotte, 2002–2006*, n°43, Septembre.

IEDOM (2013), « L'économie de Mayotte en 2012. Des signes d'amélioration malgré des difficultés économiques persistantes », Note expresse, n°199, mars.

JANSSON J. et SHNEERSON D. [1982], *Port Economics,* MIT press

MATH A. [2012], « Mayotte : La situation économique et sociale », *Chronique internationale de l'IRES*, 134, p. 41-54.

OFPRA (2013), La demande d'asile Outre-Mer, dans Rapport d'Activité 2012 de l'Office français de protection des réfugiés et apatrides, 62 pages.

RAUCH J. E. et TRINDADE V. [2002], « Ethnic Chinese Networks in International Trade », *The Review of Economics and Statistics*, February, 84 (1), p. 116–130.

SAXENIAN, A. (1999). *Silicon Valley's New Immigrant Entrepreneurs.* San Francisco, CA: Public Policy Institute of California.

TALLEY W. K. [2009], *Port Economics,* Routledge, New-York.

TIAN W., YAO Y., YU M. et ZHOU Y. [2011], « Dependency ratio and international trade ». SSRN working paper, November.

Le syndrome hollandais dans les DOM : leçons pour Mayotte

Zoulfikar MEHOUMOUD ISSOP
Université de La Réunion

Depuis le 31 mars 2011, Mayotte a accédé au statut de Département d'outre-mer (Dom) et depuis le 1er janvier 2014, c'est également une Région ultrapériphérique de l'Union européenne. Ce double changement de statut implique une augmentation substantielle des transferts financiers publics en provenance de la Métropole et de l'Union Européenne dans le cadre du processus de rattrapage économique de « l'île hippocampe » par rapport à la moyenne nationale.

Les quatre Dom historiques (La Réunion, Guadeloupe, Martinique et Guyane) ont bénéficié, depuis leur accession au statut de Dom en 1946, et bénéficient encore de ces transferts publics. Ces flux de ressources financières ont permis un développement économique indéniable dans ces territoires éloignés de la métropole même s'ils n'expliquent pas à eux seuls leur dynamisme économique (Rochoux, 1997 ; Parrain, 2012 ; CEROM, 2004 et 2005 ; INSEE, 2005 ; AFD, 2006).

Lorsque l'on s'intéresse aux seuls transferts de revenu, la littérature économique enseigne que de tels transferts ont à la fois un effet multiplicateur positif sur la demande, et un effet d'éviction négatif à long terme sur la compétitivité du secteur exposé, notamment le secteur exportateur et le tourisme. Cet effet d'éviction est appelé le mal ou le syndrome hollandais ou encore le « *Dutch Disease* ». Corden et Neary (1982) ont été les premiers à mettre en évidence ce phénomène, appelé ainsi car la Hollande a été l'un des premiers pays touchés, à l'époque de la découverte du gaz naturel en Groningue en 1960[1]. L'exploitation de ce gisement de gaz a entraîné une formidable augmentation des richesses de la Hollande et paradoxalement s'est traduit par des faibles performances économiques

[1] En fait, le terme a été utilisé pour la première fois par la revue « The Economist » en 1977.

du pays dans les années 1970, avec une désindustrialisation du secteur manufacturier et une baisse des exportations conduisant ainsi à une forte détérioration de sa balance commerciale. Dans la littérature économique, ce phénomène a par la suite été étendue à l'étude des petites économies ouvertes bénéficiant d'une « manne » (*windfall*) financière qui s'abat brusquement sur elles lorsque survient la découverte de ressources naturelles comme lors d'un boom minier ou pétrolier[2]ou lorsqu'il y a un afflux massif de l'aide étrangère au développement, ou encore lors de transferts monétaires des migrants vers leurs pays d'origine. Ce phénomène est également observé lors des transferts financiers de l'État vers les agents économiques dans les Dom (Poirine, 2007).

Pourquoi est-ce « mal » ? Le syndrome hollandais implique des déséquilibres macroéconomiques dans les pays ou régions recevant les transferts car ils se développent de façon introvertie, privilégiant le développement des activités économiques tournées vers le marché intérieur au détriment des activités ouvertes. Les territoires en développement ne profitent pas alors des formidables opportunités offertes par le commerce international, et notamment, le développement des échanges de produits manufacturés. A cet égard, le syndrome hollandais dans les Dom expliquerait les faibles performances des exportations de biens et le développement très limité du tourisme. C'est ce syndrome qui serait également à la base de la non participation de ces territoires au sein des chaînes de valeur mondiales associées à la fragmentation mondiale de la production, contrairement aux micro-régions insulaires politiquement souverains. Ces derniers, qui bien qu'ayant les mêmes caractéristiques structurelles et les mêmes handicaps que les Dom[3], ont un statut juridique qui ne leur permet pas de disposer des transferts monétaires exogènes importants provenant d'une métropole mais ont su, à l'opposé, se spécialiser dans la fabrication de biens manufacturés destinés à l'exportation[4].

---

[2] Même si Arezkiet al. (2012) montrent des expériences de pays ayant réussi à combattre le mal. L'Australie, le Botswana, le Canada et la Norvège ont par exemple su efficacement exploiter les abondantes ressources naturelles de leurs territoires pour se développer.

[3] Les Dom partagent des caractéristiques et des problématiques communes aux micro économies insulaires politiquement souverains dans le monde : une insuffisante compétitivité à l'exportation, une spécialisation relative vers les services, l'importance des ressources naturelles et du tourisme, la fragilité environnementale et la vulnérabilité aux catastrophes naturelles.

[4] Par exemple, on peut citer la spécialisation de Saint-Kitts et Nevis, petite nation insulaire des Caraïbes, dans la fabrication commutateurs électriques au sein d'une chaîne de production verticale internationale dans laquelle elle importe des appareils de commutation téléphoniques et télégraphiques et les résistances électriques pour fabriquer les commutateurs.

D'un autre côté, le syndrome lié aux transferts financiers peut-être considéré comme un « mal » nécessaire pour le développement car l'effet positif de la manne sur l'activité économique domestique peut surpasser le « mal » lié à la perte de compétitivité-prix et/ou de coût. Comme le soulignent Magud et Sosa (2010), dans une revue exhaustive de la littérature théorique et empirique, le syndrome est un phénomène d'équilibre (une appréciation du taux de change réel) qui reflète un changement d'équilibre structurel (une désindustrialisation et un éviction du secteur ouvert) mais il n'a pas nécessairement un impact négatif sur la croissance à long terme. Le lien négatif entre le syndrome hollandais et la croissance n'est pas ainsi véritablement établi dans la littérature empirique.

Pour comprendre les mécanismes à la base du syndrome hollandais et avant de voir les leçons à tirer pour Mayotte, un détour théorique par les modèles traditionnels du syndrome hollandais semble nécessaire tout comme un examen empirique (à partir des données statistiques) du développement de trois des plus anciens Dom (la Guyane est laissée de côté). Les questions posées sont alors les suivantes : Quels sont les mécanismes économiques à l'origine du syndrome hollandais ? Les hypothèses à l'origine de ces mécanismes sont-elles vérifiées dans les Dom ? Les statistiques montrent-elles l'existence de ce syndrome aujourd'hui dans les Dom ? Comment éviter, voire limiter l'apparition de ce phénomène à Mayotte d'après les expériences des autres Dom ?

Performances économiques et transferts publics dans les Dom

Les Dom historiques ont connu une croissance économique soutenue ces dix dernières années. Le taux de croissance des Dom a été ainsi de 2,7% par an en moyenne entre 1999 et 2009. Ces performances économiques sont plus que remarquables notamment lorsqu'on la compare à celle de la France métropolitaine (1,4%). Ainsi, entre 1999 et 2009, le taux de croissance moyen annuel a été de 3,9% à La Réunion (5% entre 1997 et 2007), 2,5% en Guadeloupe et 1,5% en Martinique (Parrain, 2012).

Sur la période 2005 à 2009, Mayotte, qui n'était pas encore un Dom mais une collectivité départementale, a connu une croissance annuelle moyenne du PIB nominal de 10,8% (CEROM, 2010). Entre 2001 et 2005, le taux de croissance du PIB en valeur courante a été de 10,3% à Mayotte, supérieur à ceux de la Martinique (5,1%), de la Guadeloupe (5,6%), de la Guyane (5,9%) et de La Réunion (6,7%).

En dépit de cette formidable dynamique de l'activité économique, le PIB par habitant des Dom reste nettement inférieur au niveau moyen français (Parrain, 2012). Ainsi à Mayotte, le PIB par habitant est estimé à

6600 euros en 2009, soit près de cinq fois moins que celui de la France. A contrario, La Réunion (17600 euros), la Guadeloupe (18200 euros) et la Martinique (19200 euros) ont un PIB par habitant plus élevé même s'il reste plus faible que la métropole (entre 60% et 65% du niveau national établi à 29600 euros).

Un autre trait caractéristique des Dom est que leur développement économique est centré sur leur marché intérieur. La consommation finale des ménages et celle des administrations publiques constituent plus qu'en métropole le moteur principal de la croissance. Les exportations ont des poids relativement faibles dans la richesse produite alors que les importations sont relativement élevées en termes de PIB. Le secteur institutionnel des administrations publiques à Mayotte représente par exemple près de la moitié de la valeur ajoutée produite et sa part dans le PIB mahorais a fortement progressé (49% du PIB en 2005 contre 44% en 2001). A titre de comparaison, les services administrés représentent un peu plus de 30% du PIB en moyenne dans les Dom et 22 % en métropole en 2007.

Du côté des transferts financiers publics vers les Dom, on en distingue deux grands catégories :

1. les transferts liés aux investissements publics : construction des infrastructures publics : routes, voiries, ports, aéroports, écoles, université, hôpitaux,.... Ainsi, plus de 50 ans de départementalisation en Guadeloupe, Martinique et La Réunion, a permis la réalisation de nombreuses infrastructures comme l'aéroport de Roland-Garros et le Port de La Réunion, la création des universités de La Réunion et des Antilles-Guyane, la route du Littoral et la route des tamarins à La Réunion, etc.
2. les transferts de revenu soit sous forme de rémunérations des salariés de la fonction publique (nationale, hospitalière et locale), soit sous forme également de prestations sociales et de minima sociaux : revenu solidarité active (RSA), allocation de solidarité aux personnes âgées, prestations de la caisse des allocations familiales, prestations de sécurité sociale, etc.

Dans les transferts de revenu vers les agents publics, la majoration des salaires dans la fonction publique dans les quatre Dom historiques (les fonctionnaires touchent un traitement de 53% en plus que la métropole à La Réunion, et 40% en plus aux Antilles et en Guyane) est souvent accusée comme étant la cause principale des niveau de prix élevés et donc, d'être une des manifestations (voir plus loin) du syndrome hollandais. Jusqu'en 2013, Mayotte était la seule collectivité ultramarine dans laquelle il n'existait pas encore de dispositif de majoration de traitement pour les fonctionnaires civils de l'État. Les fonctionnaires d'État (hors militaires) à Mayotte bénéficiaient d'une indemnité d'éloignement, correspondant à 23 mois de traitement indiciaire net pour 2 ans de service, ce qui est équivalent à environ un doublement de leur salaire[5]. Depuis 2013, la majoration salariale est progressivement appliquée à Mayotte de telle sorte qu'elle sera de 40% à partir du 1er janvier 2017. De même, les prestations (revenu de solidarité active, allocation de parent isolé, allocation de solidarité spécifique) se situent pour le moment à des niveaux en dessous de ce qu'elles représentent en métropole ou dans les autres Dom[6]. Leur alignement est prévu sur une période comprise entre 20 et 25 ans. Par exemple, le montant du RSA versé correspondait à 25% de celui versé en France métropolitaine et dans les autres Dom lors de son introduction début 2012. Au 1er janvier 2013, ce montant a été revalorisé de 52,3 % pour être porté à 37,5 % du montant national (soit 181,22 euros pour une personne seule sans enfant).

Selon le rapport 2012 de l'Institut d'Émission des Départements d'Outre-Mer (IEDOM) de La Réunion, sur un solde net de transferts (recettes moins dépenses) de la métropole (États plus organismes sociaux) de 6,45 milliards d'euros en 2010, les transferts de revenu représentent près de 5 milliards d'euros (3,15 au titre de dépenses de personnels et 1,84 sous la forme des prestations sociales), soit 33,5% du PIB régional (21,15% pour les dépenses de personnels et 12,35% pour les prestations sociales). En Guadeloupe, en 2010, sur des transferts nets uniquement de l'État (hors organismes sociaux) de 1,58 milliards d'euros, les dépenses de personnels représentent 0,94 milliard d'euros, soit 10,93% du PIB de la Guadeloupe (IEDOM, 2011). En Martinique, en 2009, les transferts nets de l'État seul (hors organismes sociaux) représentent 1,5 milliards d'euros et les dépenses pour le personnel 1,25 milliards, soit, 15,8% du PIB martiniquais (IEDOM, 2011).

En 2012, les dépenses de l'État au profit de Mayotte atteignent 519,24 millions d'euros avec des dépenses de personnel qui représentent 67,4% de ces dépenses totales (IEDOM, 2013).

Parallèlement, les niveaux de prix dans les Dom sont plus élevés qu'en métropole (figure 1) même si on observe une certaine convergence des rythmes d'inflation, notamment entre La Réunion et la métropole

---

[5] Cette indemnité d'éloignement a également mise en place dans les années 1950 dans les Dom historiques mais a été supprimée depuis 2001.

[6] L'alignement des prestations sociales dans les Dom historiques, l' « égalité sociale », s'est fait progressivement puisqu'elle a été effectivement réalisée depuis le 1er janvier 1996 avec l'alignement du SMIC des Dom avec celui de la métropole. Avant cela, l'alignement des allocations familiales devient effectif à partir du 1er juillet 1993. L'alignement du RMI et de l'allocation parent isolé s'est fait progressivement entre janvier 2001 à janvier 2007. Pour plus de détails, voir par exemple Clément et Mahieu (2006).

(voir plus loin). Entre décembre 1998 et décembre 2010, les prix à la consommation à La Réunion, Martinique, Guadeloupe et Mayotte ont respectivement augmenté de 23,3%, 23,2%, 23% et 23,6% alors qu'en France métropolitaine, la hausse des prix a été de 20,6%. Les écarts de prix entre les Dom et la France métropolitaine sont en grande partie imputables aux produits alimentaires qui est un des premiers postes de consommation des ménages et de celui pour lequel les écarts de prix sont les plus marqués entre les territoires. Lorsque l'on prend comme référence la structure de consommation de chaque Dom, l'INSEE montre que les prix de ces produits en France métropolitaine sont inférieurs de plus de 22% à ceux pratiqués en Guyane, de presque 14% en Martinique,de près de 11% à La Réunion et de plus de 9% en Guadeloupe (Berthier, Lhéritier, Petit, 2010).

Le poids relativement important des transferts publics vers les Dom, notamment ceux des transferts de revenu, le différentiel de prix fortement positif par rapport à la métropole et la faiblesse relative du secteur ouvert dans le PIB, laissent à penser que ce sont là des manifestations du syndrome hollandais sur ces territoires. En effet, selon le schéma d'un tel syndrome, les transferts de revenu, ont à la fois un effet multiplicateur positif sur la demande, mais aussi un effet d'éviction négatif à long terme sur la compétitivité du secteur exposé, notamment le secteur exportateur et le tourisme, à cause de l'augmentation des prix domestiques.

<u>Figure 1.</u> Indice des prix à la consommation, source : INSEE

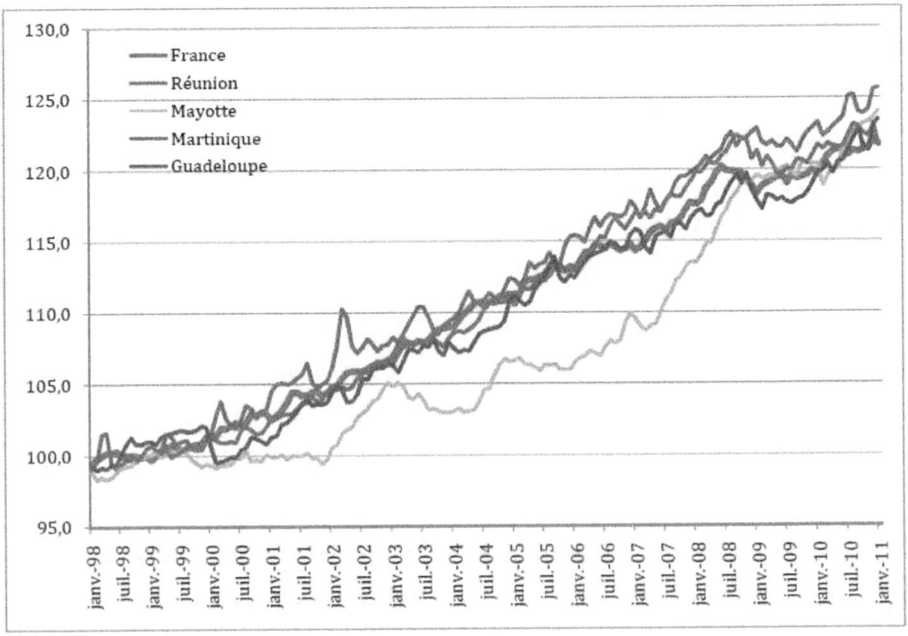

Les effets du syndrome hollandais

L'analyse de Poirine (2007) sur la manifestation du syndrome hollandais dans les Dom historiques sera confrontée aux données récentes. La contradiction avec les données nous amènera à préciser les effets liés au syndrome hollandais en partant du modèle canonique expliquant l'existence d'un tel syndrome.

Le syndrome hollandais dans les Dom d'après Poirine (2007)

Poirine (2007) analyse le syndrome hollandais dans les Dom en s'inspirant des modèles de Corden et Neary (1982) et de Romer (1985). Il distingue deux secteurs dans la structure productive domienne[7] : le secteur abrité de la concurrence internationale et le secteur ouvert.

Le secteur arbitré regroupe les activités suivantes : production de biens non échangeables (BTP, construction, transports intérieurs), services non marchands (administration publique, éducation, santé, etc.), services de commerce, monopoles locaux (électricité, eau, pétrole), substituts domestiques aux importations protégés par l'octroi de mer[8]. Le secteur ouvert regroupe la production des substituts locaux aux importations non protégés, les exportations de biens et les services du tourisme.

Dans cette version du modèle du syndrome hollandais, Poirine (2007) analyse l'impact simultané des transferts de revenu et de la protection tarifaire (octroi de mer). La figure 2 retrace les différents effets. Ainsi, l'augmentation de la demande intérieure pour les produits abrités permise par les transferts de revenu et la baisse de l'offre (liée à l'octroi de mer) impliquent une forte appréciation réelle (hausse du prix relatif du secteur abrité par rapport à celui du secteur ouvert), se traduisant dans les Dom par une inflation plus forte qu'en métropole. Ce différentiel d'inflation, conjugué à la contagion de la hausse de salaires, provoquent

[7] Dans la version initiale du modèle, il y a trois secteurs : le secteur en boom, le secteur en retard, qui sont tous les deux des secteurs échangeables, et le secteur des biens non échangeables. Dans la distinction à deux secteurs adoptés ici, le secteur en retard, ici les substituts aux importations, est intégré dans celui des biens échangeables.

[8] A coté de la fiscalité locale directe de droit commun comme en métropole (taxes d'habitation, professionnelle, bâti et non bâti), il existe une fiscalité locale indirecte spécifique aux Dom comme l'octroi de mer. C'est un impôt datant de l'époque coloniale qui, à l'origine, taxait à leur entrée sur le territoire tous les produits arrivant dans les Dom. Après deux réformes majeures en 1992 et 2004, l'octroi de mer s'assimile aujourd'hui à une taxe indirecte à la consommation, collectée uniquement dans les Dom et qui frappe à la fois, mais à des taux différents, les produits importés et ceux produits localement. Dans les faits, de nombreux produits locaux sont exonérés de l'octroi de mer de telle sorte qu'elle est assimilable à un tarif douanier destiné à compenser les handicaps de coûts de production dans les Dom.

une perte de compétitivité prix et coût. Le production du secteur ouvert, moins rentable, est alors évincée par celle du secteur abrité.

<u>Figure 2.</u> Syndrome hollandais des Dom, Poirine (2007)

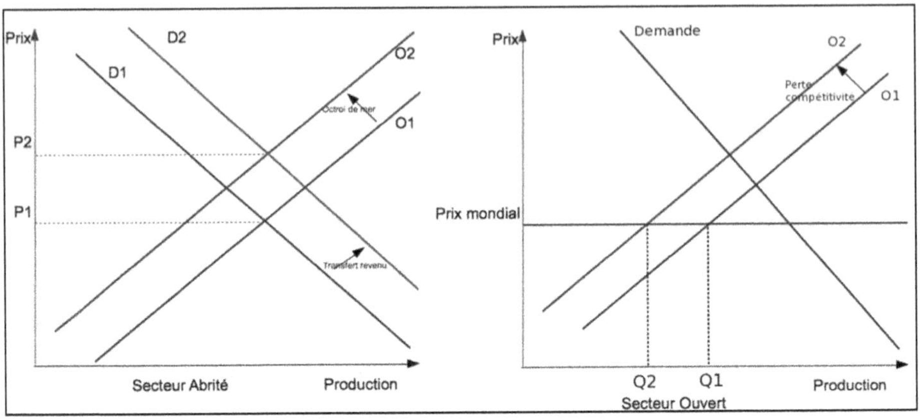

Dans le modèle de Poirine (2007), la contraction de l'offre de biens du secteur abrité est liée aux effets de l'octroi de mer (et des coûts de transports) lequel renchérit les prix des intrants et des équipements. Ce point est critiquable[9] car l'augmentation de la production pour répondre à celle de la demande (de biens non échangeables mais aussi des importations) peut contrebalancer l'impact négatif lié à l'octroi de mer.

Il est ainsi en contradiction avec les études de l'INSEE (CEROM, 2005) sur les nouveaux moteurs de la croissance dans les trois plus anciens Dom (La Réunion, Martinique et Guadeloupe) sur la période 1993-2002. Ainsi, on assiste à une expansion des activités marchandes : augmentation de l'offre des substituts locaux aux importations par exemple à La Réunion (industrie agro-alimentaire hors sucre, produits minéraux, biens intermédiaires, biens d'équipement), accroissement des services marchands destinés aux entreprises et aux ménages (services de télécommunications, services financiers, conseils, services opérationnels, recherche et développement, etc.), hôtellerie et restauration dans les trois Dom. Au total, contrairement à l'analyse de Poirine (2007), on assiste dans les Dom les plus anciens à un déplacement de l'offre du secteur abrité vers la droite tout en ayant une appréciation réelle.

De même l'éviction du secteur ouvert dans les Dom est relativement faible car les données montrent une hausse des exportations et du tourisme (INSEE, 2005). Entre 1993-2002, il y a ainsi une croissance de

[9] Rochoux (1997) montre que les transferts financiers de la métropole ont un effet complexe avec un phénomène d'accumulation du capital qui se superpose à l'effet revenu. Son analyse s'est cependant limitée à celui de l'économie de La Réunion.

7,6 % des exportations de La Réunion dont plus de la moitié concerne le tourisme, le reste venant du sucre (en baisse) et des produits agroalimentaires dont la pêche (Parrain, 2005). La faiblesse du secteur ouvert dans les Dom (en termes de poids dans le PIB) peut s'expliquer par d'autres déterminants défavorables du commerce extérieur que le syndrome hollandais lié aux transferts de revenus. La distance par rapport à la métropole (premier partenaire commercial) rend les exportations de biens coûteux (Candau, Hoarau et Rey, 2010) et explique la cherté des prix des billets d'avion qui constitue alors un frein au développement du tourisme. La faible capacité d'absorption de la demande régionale, les coûts salariaux plus élevés par rapport aux pays de la région (Océan Indien, Caraïbes), une monnaie plus forte, sont autant d'explications à la faiblesse du poids des exportations dans le PIB des Dom.

Il existe une contradiction entre les prédictions du modèle de Poirine (2007) et les données récentes des trois plus anciens Dom. Cette contradiction est probablement liée au fait que l'analyse de Poirine (2007) examine l'impact simultané des transferts et de l'octroi de mer. Cela nécessite alors une clarification des effets du syndrome hollandais qui passe par l'examen des seuls effets des transferts. Examinons les tels qu'ils ont été établis pour la première fois par Neary et Van Wijnbergen (1986) et qui ont distingués l'effet dépenses, l'effet de substitution et l'effet de réallocation des ressources.

Effet dépenses, effet de substitution et effet de réallocation des ressources

L'effet dépenses et l'effet de substitution impliquent la hausse de la demande de biens. Cela concerne la demande de biens du secteur abrité mais aussi celle du secteur ouvert (substitut domestique aux importations et importations). L'effet demande joue sur les prix du secteur abrité qui deviennent plus élevés que ceux du secteur ouvert (dont les prix sont déterminés au niveau international). La conséquence est l'appréciation du taux de change réel (qu'on appelle encore l'*effet Balassa-Samuelson*), ce qui augmente la profitabilité du secteur abrité mais détériore celle du secteur ouvert.

L'effet réallocation des ressources explique la contraction de l'offre dans le secteur ouvert. Il se produit car le secteur ouvert utilise les mêmes facteurs de production que le secteur abrité. Sa plus grande profitabilité attire les capitaux et les salaires plus élevés distribués (surrémunération) attirent les travailleurs du secteur ouvert et comme on suppose qu'il y a mobilité parfaite des facteurs et notamment celle des travailleurs, alors la production du secteur abrité augmente et celle du secteur ouvert diminue.

L'analyse graphique de la figure 3 nous permet de préciser ces différents effets. Les hypothèses sont celles du cadre d'analyse des modèles à deux secteurs à la Salter et Swan, c'est-à- dire, que l'on suppose que les facteurs de production sont utilisés de façon efficace et au plein-emploi, qu'il existe un facteur de production, le travail, qui est mobile entre secteurs et que la demande de biens échangeables (secteur ouvert) est parfaitement élastique au prix mondial selon l'hypothèse de petite économie ouverte. L'économie produit et consomme au point ***B*** sur la frontière des possibilités de production ***PPF*** et la courbe d'indifférence dans le quadrant bas-droite. Les quadrants haut gauche et droit représentent les équilibres sur les marchés des échangeables et non échangeables. Dans le secteur des échangeables, la demande, ***DT***, est parfaitement élastique comme le postule l'hypothèse de petite économie ouverte. Le solde commercial est nul au point ***C*** où la production est égale à la consommation d'échangeables. Sur le marché des non échangeables, le point d'équilibre initial est au point ***M***. La hausse de la demande des non échangeables et de leur prix, induite par les transferts de revenu, implique un déplacement vers la droite de ***DNT*** vers **DNT'** et un nouvel équilibre en ***M'***. Avec le prix des échangeables ***PT*** fixé, le taux de change réel ***PNT/PT*** s'apprécie, ce qui décourage la production du secteur ouvert. C'est l'effet dépense.

Le syndrome hollandais met également en lumière deux autres effets liés à l'appréciation du taux de change réel : l'effet de réallocation des ressources et l'effet de substitution.

L'effet réallocation des ressources est lié à la réallocation du travail du secteur ouvert vers le secteur des non échangeables à cause de la hausse de la productivité marginale du travail dans ce secteur. Sur le graphique, c'est le mouvement de ***B*** à ***B'*** sur la frontière des possibilités de production, du déplacement de ***ST*** vers ***ST'*** et de ***SNT*** vers ***SNT'***.

L'effet de substitution lui implique une diminution de la demande de biens non échangeables liée à l'appréciation du taux de change réel. Sous l'hypothèse que les biens échangeables et non échangeables ne sont pas des biens inférieurs, l'augmentation du prix relatif des biens non échangeables, couplée avec celle du revenu réel, implique une hausse de la demande de biens échangeables de ***OTQT*** à ***OTQDT***, compatible avec un plus haut niveau de consommation, point ***B"*** sur la courbe d'indifférence, ***ID'***.

Enfin, la baisse de la production d'échangeables et l'augmentation de la consommation au prix mondial donné impliquent une détérioration de la balance commerciale et un déficit correspondant à la distance ***C'C"***.

Figure 3. Les effets du syndrome hollandais, Nkusu (2004)

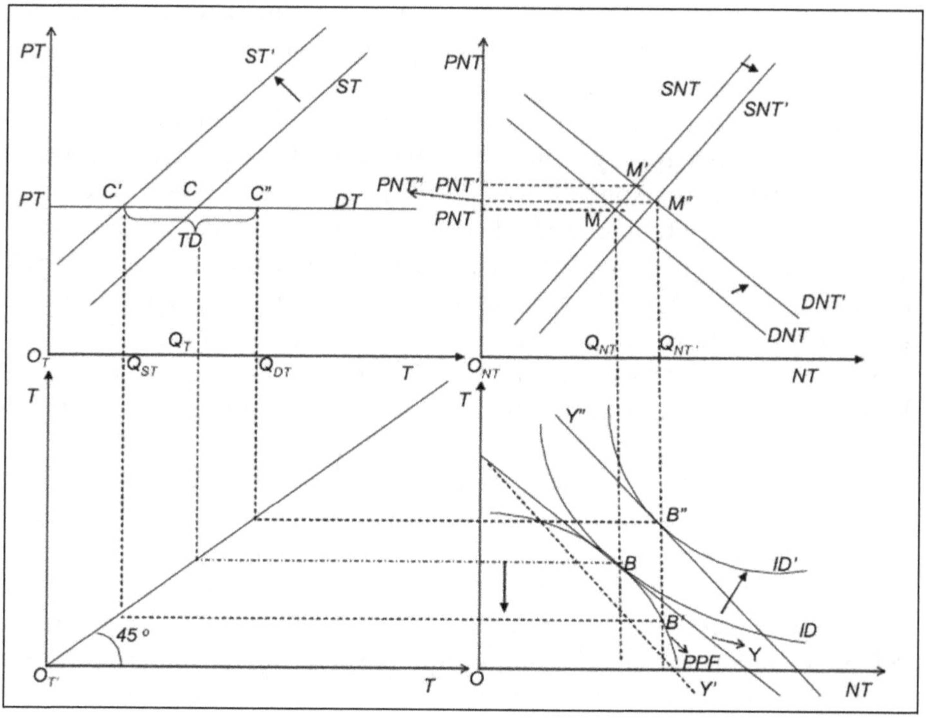

Sous-emploi, investissements publics et gains de productivité

Critiques de l'hypothèse de plein-emploi

L'effet dépense du transfert de revenu, et l'appréciation réelle qui en résulte, supposent que l'économie soit dans une situation de plein emploi de ses capacités de production. Cette hypothèse ne semble pas être réaliste pour les Dom où il existe des niveaux de chômage élevés. En 2011, 29,7% des actifs réunionnais âgés de 15 à 64 ans sont au chômage. Il est de 22,9% en Guadeloupe, 21% en Martinique et 21,2% en Guyane. Au delà du niveau du taux de chômage, il existe une autre statistique parlante par rapport au sous-emploi dans les Dom qui est le taux d'activité. Ainsi, 45,9% des résidents des Dom sont en emploi contre 63,9% en France métropolitaine. Seulement 42,8% des Réunionnais travaillent contre 51,1% des Martiniquais, qui ont le taux d'emploi le plus élevé des Dom (Parrain, 2012).

Par ailleurs, la convergence des rythmes d'inflation entre la métropole et les Dom (CEROM, 2006) et la baisse des écarts des niveaux prix, qui se situe aujourd'hui entre 6 et 13%, semblent indiquer que l'appréciation réelle liée à l'effet dépenses du syndrome hollandais n'est plus aussi forte que dans le passé. En effet, d'après une étude de l'INSEE (2010), l'écart de prix ne serait plus que de 6,2% entre La Réunion et la métropole, 9,7% en Martinique, 8,3% en Guadeloupe, et 13% en Guyane.

Pour Nkusu (2004), les pays à faible revenu recevant de l'aide (transfert) étrangère ne sont pas victimes de syndrome hollandais dans la mesure où dans ces pays il y a une sous-utilisation des capacités de production (des travailleurs sont disponibles lorsque le niveau de chômage est élevé). Leur utilisation permet d'augmenter les productions du secteur abrité et du secteur ouvert afin de satisfaire la demande induite par l'aide (transfert) étrangère. L'effet dépense disparaît ou est limité et l'appréciation réelle (qui peut ne pas se produire) n'affecte pas le secteur ouvert et ne réduit pas la croissance (des 2 secteurs) et cela jusqu'à ce que l'économie retourne au plein emploi (moment où l'effet dépenses pourrait jouer).

Dans ce modèle (voir figure 3) on suppose que l'économie se trouve en dessous de sa frontière de possibilité de production ***A*** et consomme au point ***B***. De même, il y a substituabilité imparfaite entre les substituts aux importations et les importations de telle sorte que la demande d'importables ***DT*** soit décroissante. L'offre totale de biens échangeables ***ST*** est constituée de l'offre domestique H_{ST} (exportations et substituts domestiques aux importations) et ***TD*** qui est l'équivalent en importations du déficit commercial (importations nettes ***m-x***).

En partant d'un équilibre initial (***C*** et ***M***), la hausse des revenus se traduit par effet dépenses augmentant la demande de biens (***DNT'***) et donc le prix des non échangeables (***PNT*** à ***PNT'***). La hausse des revenus permet à l'économie de consommer en ***B"*** et d'utiliser des facteurs de productions afin de produire en ***A'*** sur la ***FPP***. Cela augmente l'offre domestique H_{ST} ' et ***SNT'***. La consommation en ***B"*** est associée à un déplacement vers la droite de la demande d'importables (***DT'***) correspondant à un certain déficit de la balance commerciale et une augmentation du prix des importables. Sur le marché du secteur abrité, le nouvel équilibre est en ***M"***, où on a une appréciation réelle limitée. De même, il n'y a pas d'éviction du secteur ouvert.

Figure 4. Syndrome hollandais modifié, Nkusu (2004)

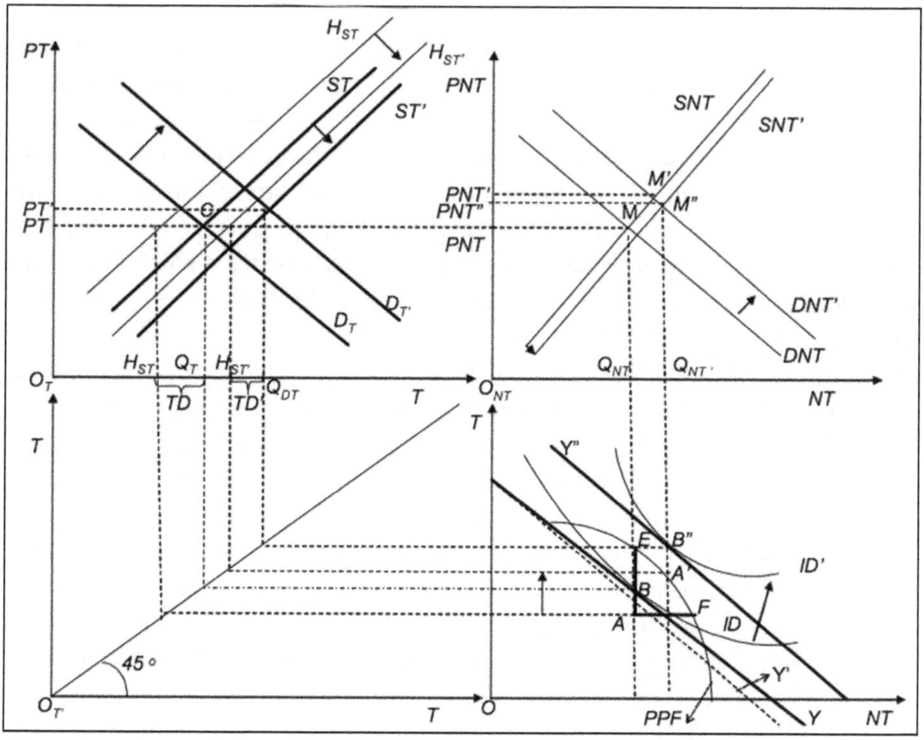

Gains de productivité et réallocation des facteurs de production

La baisse de la production du secteur ouvert est liée aux déplacements des facteurs de production vers le secteur abrité. Torvik (2001) montre que s'il existe des effets d'apprentissage par la pratique (« learning by doing ») dans les secteurs ouverts et dans les secteurs abrités, ainsi que des retombées de ces effets (externalités positives) dans les deux secteurs, alors il n'y a pas d'éviction du secteur ouvert. Les transferts de revenu augmentent certes la demande de biens et de travail dans secteur abrité à court-terme ; toutefois, les effets d'apprentissage et leurs externalités entraînent une augmentation rapide de la productivité dans le secteur abrité. A long terme, cela implique une baisse de la demande de travail dans le secteur abrité qui à l'équilibre nécessite une dépréciation réelle et donc un mouvement des facteurs vers le secteur ouvert. Les externalités liées aux gains de productivités peuvent donc accroître la production dans les deux secteurs.

Ainsi, une étude CEROM (2006) montre que la croissance dans les Dom a été réalisée par d'importants gains de productivité. Les entreprises domiennes ont ainsi absorbé la hausse du coût du travail (alignement du SMIC) en économisant à la fois le travail et le capital. Ces gains de productivité ont permis une croissance de la production dans les deux secteurs.

Adam et Bevan (2004) montrent également que les investissements dans les infrastructures génèrent des retombées de productivité intertemporelles aussi bien dans le secteur ouvert que dans le secteur abrité. En présence d'une pénurie initiale d'infrastructures, les dépenses d'infrastructures publiques financées par des transferts stimulent la productivité des facteurs dans le secteur privé. Les gains potentiels de richesse à moyen terme peuvent être alors significatifs, malgré l'existence de quelques effets à court terme du syndrome hollandais, qui sont compatibles avec l'expansion du secteur exportateur de l'économie. Cependant, lorsque les réactions de l'offre à l'afflux sont prononcées, le surajustement du taux de change peut constituer une caractéristique importante de la réaction de l'économie à cet afflux. Mais de façon plutôt évidente, l'évolution réelle de l'économie dépendra surtout de la forme que prendra l'investissement public, quelle que soit la vigueur (et la vitesse) avec laquelle il rétroagit sur les capacités de production du secteur privé, et les coûts immédiats de la contraction du secteur des exportations. De manière plus significative, la promotion et la croissance des exportations peuvent bénéficier autant, sinon plus, de l'investissement public axé sur l'amélioration de la productivité de la production de biens intérieurs non marchands, que de l'investissement public axé sur la productivité du secteur des exportations proprement dit.

De ce fait, la départementalisation des Dom a permis, grâce aux transferts publics (État et Europe), de construire d'importants infrastructures : routes, aéroports et ports modernes, université, … qui ne peuvent que bénéficier à accroître le potentiel de production de ces économies.

La réallocation des facteurs est également liée à l'attractivité des salaires dans le secteur abrité. Or, les données dans les Dom ne montrent pas une contagion de la sur-rémunération aux salaires du privé ; les salaires des ouvriers, employés et professions intermédiaires restent inférieurs aux salaires publics (INSEE, 2012).

De même, dans le secteur abrité, il faut distinguer d'une part, les emplois dans les fonctions publiques de l'État et des collectivités territoriales et, d'autre part, les emplois privés. Or, dans un contexte national et régional de contraintes sur les finances publiques, la tendance est à la diminution des offres d'emplois publics sur-rémunérés et à une augmentation des contrats en CDI et des recrutements de non titulaires. De ce point de vue, la sur-rémunération a empêché à la fonction publique de prendre un poids plus important (par exemple, 20 % de titulaires dans les communes de La Réunion, cf. rapport Brard, 2007) et à limiter son attractivité par rapport aux emplois offerts dans le secteur privé abrité et le secteur ouvert.

Enseignements et recommandations pour Mayotte

De façon générale, il ressort de cette analyse que l'effet de réallocation des facteurs vers le secteur abrité peut être limité s'il existe des gains de productivité dans les secteurs abrités et ouverts. De même, l'appréciation réelle peut-être contenue si on augmente les capacités de l'offre privée et notamment, si on utilise les transferts publics à des fins d'investissements pour accroître le potentiel de production de l'économie aussi bien dans le secteur abrité que dans le secteur ouvert.

Cogneau et Dumont (2000) montrent sur données réunionnaises que la suppression pure et simple d'une partie des sur-rémunérations aurait un effet récessif assez considérable, en vertu de l'effet dépenses. En contrepartie, l'effet positif de la dépréciation réelle se révélerait assez limité même dans le contexte d'une économie locale très éloignée de sa frontière des possibilités de production car les salaires réels sont rigides. Seule l'affectation à d'autres types de dépenses (investissements d'infrastructures, logement social, ou embauches de fonctionnaires) d'un montant budgétaire équivalent à la baisse de la sur-rémunération empêcherait la baisse du PIB (par l'augmentation de la production du BTP). Cela passe par une très forte augmentation de la production dans les BTP (secteur abrité) et marginalement par celle du secteur ouvert.

Il a fallu des dizaines d'années après la départementalisation pour créer dans les Dom historiques les conditions d'existence d'une offre locale, via des dispositifs comme l'octroi de mer, les lois de défiscalisations, ou encore des allègements du coût du travail ; mais aussi d'importants investissements publics, tout en ayant la majoration salaires des fonctionnaires et l'alignement progressif des prestations sociales (et du SMIC). L'expérience des Dom les plus anciens montre que le syndrome hollandais tend à y disparaître même si le différentiel inflationniste demeure. D'autres causes peuvent expliquer ce biais, notamment la faiblesse de la concurrence dans certaines branches.

Mayotte n'a peut-être pas ce temps ! Cela d'autant plus qu'il n'y existe pas des conditions (d'offre) pour un développement endogène : quasi-inexistence de cultures de rente ; niveau de qualification de la main-d'œuvre relativement faible (accentué par une maîtrise du français encore limitée pour une part importante de la population) ; retard en matière d'infrastructures, en particulier routières, faible capacité d'accueil des touristes (CEROM, 2010), secteur exportateur réduit à la réexportation des produits importés de la métropole vers les Comores et Madagascar.

Mayotte peut ainsi connaître les effets les plus aggravant du syndrome hollandais avec niveau d'inflation élevé (provoqué par la baisse de l'offre du secteur abrité) et une forte éviction du secteur ouvert, notamment celui du tourisme, si les transferts de revenus sont associés à une politique protectionniste, comme nous l'avons vu dans le modèle de Poirine (2007).

Il est alors nécessaire pour qu'il n'y ait pas de syndrome hollandais aggravant à Mayotte de créer les conditions d'un développement via des investissements publics : infrastructures, école, formation, etc. ; via également la création de la production locale marchande en ciblant (par des dispositifs d'incitations comme les mesures de défiscalisation) quelques branches du secteur abrité (agriculture, construction, transport, services à la personne et aux entreprises) et deux ou trois branches du secteur ouvert : tourisme, centres d'appels, voir pêche. Il serait également opportun de lisser dans le temps les transferts de revenus, le temps que les conditions de l'offre locale suivent afin d'éviter un syndrome hollandais aggravant.

Si l'étalement n'était pas possible (à cause des risques de conflits sociaux ou du manque d'attrait pour la main-d'œuvre qualifiée), une autre solution serait de libéraliser fortement les importations car l'absorption domestique des importations peut limiter l'effet dépense du syndrome hollandais. Des dispositifs comme l'octroi de mer n'auraient donc pas être étendus à Mayotte. Une piste envisageable serait la création d'un marché unique Réunion-Mayotte sans octroi de mer et autres droits de douane, à l'instar du marché unique antillais et Guyane. Le marché unique serait une stratégie gagnante pour les deux territoires. Il fournirait des débouchés pour les produits et services réunionnais, permettrait des transferts de savoir-faire et de capitaux et limiterait l'impact des transferts de revenus sur les prix domestiques à Mayotte.

Conclusion

D'après Hutchison (1990), le secteur manufacturier hollandais s'est adapté aux changements provoqués par le boom gazier de telle sorte que la Hollande n'a en fait jamais souffert du syndrome qui porte son nom ! Le mal hollandais était en quelque sorte imaginaire. Nous n'allons pas jusqu'à cette conclusion pour les Dom qui ont certainement connu des manifestations du syndrome hollandais, notamment lorsque les transferts se sont trouvés associés avec une politique de substitution aux importations. Cependant, les statistiques montrent également que les effets du syndrome hollandais commencent à s'estomper dans la mesure où les caractéristiques structurelles, comme les gains de productivités réalisées, ou à cause des handicaps de ces territoires (comme le chômage), ont plutôt limitées les maux associés à ce phénomène : inflation et éviction du secteur ouvert.

En ce qui concerne les leçons que l'on peut tirer pour Mayotte, il apparaît que ce territoire n'échappera pas à ce mal d'autant qu'il n'existe quasiment aucune offre locale ou qu'elle est fortement limitée aussi bien dans le secteur ouvert que dans le secteur abrité. Toutefois, les impacts négatifs peuvent être limités grâce à la création d'un marché unique avec La Réunion, via des investissements publics dans les infrastructures, et grâce à des dispositifs, comme les mesures de défiscalisation, qui en attirant des investissements privés permettront de créer une offre locale, aussi bien dans certains secteurs abrités que dans celui du tourisme.

Enfin, vouloir rechercher une politique visant à limiter le syndrome hollandais lié aux transferts de revenus peut paraître incongru pour Mayotte eu égard à la pauvreté du territoire par rapport à la Métropole et des autres Dom (Goujon et Hermet, 2012). Les transferts sociaux semblent nécessaires pour combler les inégalités.

Bibliographie

Adam C. et Bevan D. (2004) : « Aid and the Supply Side : Public Investment, Export Performance and Dutch Disease in Low-Income Countries », Department of Economics, University of Oxford Working Paper 201.

AFD (2006) : « Les Dom : fausses idées et vrais problèmes », La Lettre des économistes de l'AFD, N°12.

ArezkiR., Gylfason T. et Sy A. (2012) :« Beyond the Curse: Policies to Harness the Power of Natural Resources », (Washington, DC: International Monetary Fund).

Brard J-P. (2007) : « Rapport relatif à l'amélioration de la transparence des règles applicables aux pensions de retraite et aux rémunérations outre-mer », Assemblée nationale.

Candau F., Hoarau J-F. et Rey S. (2010) : « Avantages comparatifs et distance, le cas de l'île de La Réunion », CATT WP No. 4. Novembre 2010.

Clément J. et Mahieu R. (2006) :« Les allocataires de minima sociaux dans les Dom : caractéristiques et évolution », publié dans « Pauvreté et exclusion sociale dans les Dom en 2005-2006 : état des lieux » des les Cahiers Antilles-Guyane de mars 2006.

CEROM (2004) : « Guadeloupe : une économie en déficit … d'image".

CEROM (2004) : « Une double transition presque réussie : chômage, productivité et politique d'emploi à la Réunion », octobre 2004.

CEROM (2005) : « L'économie martiniquaise au passage de l'an 2000 : une trajectoire vertueuse ? », juin 2005.

CEROM (2005) : « Emergence de nouveau moteurs de croissance : Le rattrapage économique réunionnais expliqué 1993- 2002 », novembre 2005.

CEROM (2006) : « L'ultrapériphéricité définit-elle un modèle de croissance ? », octobre 2006.

CEROM (2010) : « Mutations et évolutions de l'économie mahoraise à la veille de la départementalisation », novembre 2010.

Corden Max W. (2012), « The Dutch Disease in Australia: Policy Options for a Three-Speed Economy », Melbourne Institute Working PaperSeries,Working Paper n° 5/12, 2012

Corden Max W. et Neary J. Peter (1982) : « Booming Sector and Deindustrialisation in a Small Open Economy », Economic Journal, 92, Dec., pp. 825-848.

Cogneau D. et Dumont J-C (2000) : « Effets des sur-rémunérations des agents des administrations sur l'économie de la Réunion », DIAL Document de travail, DT/2000/13, IRD.

Goujon M. et Hermet F. (2012) : « L'indicateur de Pauvreté Humaine : une évaluation pour Mayotte. » Région et développement n° 36.

Hutchison M. M. (1990) : « Manufacturing sector resiliency to energy booms : empirical evidence from Norway, the Netherlands, and the United Kingdom », BIS working papers, N°13, september 1990.

IEDOM (2013) : « Mayotte, rapport annuel », juin 2013.

IEDOM (2012) : « La Réunion, rapport annuel », juin 2012.

IEDOM (2012) : « La Guadeloupe, rapport annuel », juin 2012.

IEDOM (2011) : « La Martinique, rapport annuel », juin 2011.

Berthier J-P, Lhéritier J-L, Petit G. (2010) : « Comparaison des prix entre les Dom et la métropole en 2010 », INSEE Première, N°1304 - juillet 2010.

INSEE (2012) : « Emplois et salaires », Fiches thématiques Territoire, éditions 2012.

Magud N. et Sosa S. (2010) : « When and Why Worry About Real Exchange Rate Appreciation? The Missing Link between Dutch Disease and Growth », IMF Working Paper 10/271 (Washington: International Monetary Fund).

Neary P. et Van Wijnbergen S. (1986) : « Natural Resources and the Macroeconomy: A Theoretical Framework. » in Natural Resources and the Macroeconomy. eds. J.P. Neary and S.Y. Wijnbergen. The MIT Press: Cambridge, MA, 1986, pp. 13-45.

Nkusu M. (2004) : « Aid and the Dutch Disease in Low-Income Countries: Informed Diagnoses for Prudent Prognoses », IMF Working Paper 04/49 (Washington: International Monetary Fund).

Parrain C. (2012) : « Une croissance économique remarquable - Approche comparée des évolutions macro-économiques des outre-mer », Économie de La Réunion, N° 138 - mars 2012.

Poirine B.(2007) : « Éloignement, insularité et compétitivité dans les petites économies d'outre-mer », document de travail, AFD.
Rochoux J-Y (1997) : « Transferts financiers publics et développement régional, le cas d'une région outre-mer : La Réunion », Revue Région & Développement n° 5-1997.
Romer M. (1985) : « Dutch Disease in Developing Countries: Swallowing Bitter Medecines », in Lundahl, M. (dir. pub.), The Primary Sector in Economic Development, Londres, Croom Helms, pp. 234-252.
Torvik R. (2001) : « Learning by Doing and the Dutch Disease », European Economic Review, Vol. 45, No. 2, 285-306.

L'émigration des natifs de Mayotte[1]

Didier BRETON
Université de Strasbourg – Ined

Carole BEAUGENDRE
Ined

François HERMET
Université de La Réunion

Mayotte, 5ème département d'outremer (Dom) depuis 2011 partage au moins une caractéristique démographique avec les quatre autres Dom : celle d'une forte émigration de natifs, notamment des jeunes adultes, vers la métropole ou un autre Dom, en l'occurrence vers La Réunion. Si de nombreuses recherches ont été menées depuis plus de 20 ans sur les natifs des Dom « historiques » vivant en métropole (Marie, 1986, 1991, 1994, 2002 ; Collignon, 2002 ; Temporal et al., 2011 ; Abdouni, 2012) et quelques études sur la population des Comoriens vivant en France (Vivier, 1996 ; Zakaria, 2002), très peu sont consacrées aux natifs de Mayotte vivant en métropole ou à La Réunion - à l'exception de traitements réalisés par l'Insee à l'occasion des recensements de la population, notamment de 1999 (Insee, 2001a, 2001b). Notre travail cherche à combler ce manque, en étudiant la population des natifs de Mayotte vivant en métropole et à La Réunion en 2010, à la veille de devenir le nouveau département français. A combien peut-on estimer la proportion de natifs de Mayotte vivant en métropole et à La Réunion ? Cette proportion est-elle ou non en augmentation ? Les Mahorais[2] vivant en métropole d'une part et à La Réunion d'autre part ont-ils des profils démographiques et socioéconomiques proches ? Existe-t-il des échanges migratoires des natifs de Mayotte entre

---

[1] Une version plus synthétique de cet article a été publiée dans la revue « Informations Sociales » (n° 186, nov-dec 2014) sous le titre « *Quitter Mayotte pour aller où ?* ». La version présentée dans le présent ouvrage contient l'ensemble des résultats mis en avant à l'occasion du colloque de 2012 à l'Université de La Réunion.

[2] « Mahorais » est dans cet article synonyme de « natif de Mayotte »

La Réunion et la métropole ? Autant de questions auxquelles nous tentons de répondre, grâce aux données issues des recensements de la population réalisés dans les différents territoires[3].

Les spécificités culturelles de Mayotte (linguistiques et religieuses en particulier) constituent, ou ont longtemps constitué, un frein important à l'émigration de la population des natifs de l'île (Rallu, 1997 ; Bachéré et al., 2003 ; Insee, 2014). Les émigrations sont cependant en augmentation constante depuis une vingtaine d'années ; à tel point que malgré une immigration importante, notamment en provenance des trois autres îles comoriennes, le solde migratoire de Mayotte est négatif, et ce depuis plus de 10 ans (Bachéré et al., 2003). Les émigrations concernent pour partie une population estudiantine, implantée principalement en métropole, mais aussi des jeunes et des femmes ayant un faible niveau scolaire (Math, 2012). Le premier motif de migration demeure d'ordre économique, permettant dans le même temps aux migrants de fuir les difficultés économiques survenues à Mayotte avec la transformation de l'économie locale et la monétarisation croissante des échanges, et de bénéficier des revenus sociaux de la société d'accueil[4] (Roinsard, 2012).

Tendance et destinations des émigrations des natifs de Mayotte

De plus en plus de Mahorais quittent leur île

En 2010, on estime à 22 735 le nombre de natifs de Mayotte vivant en France hors Mayotte, dont 6 600 environ à La Réunion[5], soit, tous âges confondus, un natif de Mayotte sur six, contre moins d'un sur vingt en 1990[6]. Le nombre de natifs de Mayotte vivant à La Réunion a été multiplié par 3 durant les deux dernières décennies (presque exclusivement entre 1990 et

[3] Les recensements à Mayotte n'ont pas été réalisés simultanément à ceux de métropole et de La Réunion. Les derniers ont eu lieu en 1985, 1991, 1997, 2002, 2007 et 2012 contre 1982, 1990, 1999 et chaque année en continu à partir de 2004 en métropole et à La Réunion.

[4] En 2012, les habitants de Mayotte ne bénéficient pas des mêmes droits économiques et sociaux que ceux de métropole ou des autres Dom. En particulier, le régime de solidarité chômage et le RSA, qui n'ont été instaurés qu'en 2012, y sont moins favorables et les conditions d'accès plus restrictives (Math, 2012).

[5] Cet effectif de natifs de Mayotte est très nettement inférieur à l'effectif de « Mahorais » vivant à La Réunion parfois avancé par les associations mahoraises (entre 40 000 et 60 000) mais malheureusement invérifiable.

[6] Pour obtenir ces proportions, nous avons calculé une estimation du nombre de natifs de Mayotte vivant à Mayotte les années de recensement métropolitains et réunionnais en utilisant un accroissement annuel moyen lui-même calculé à partir des effectifs de natifs de Mayotte vivant à Mayotte aux différents recensement mahorais. Nous remercions l'Insee de La Réunion pour nous avoir mis à disposition les effectifs par sexe et âge des natifs de Mayotte vivant à Mayotte aux recensements de 2007 et 2012.

2000) et par 8 en métropole (Figure 1). Ces dix dernières années, les émigrations se sont davantage concentrées vers la métropole, le nombre de natifs de Mayotte vivant à La Réunion étant resté quasiment stable. La proportion des natifs de Mayotte vivant à La Réunion parmi ceux vivant en France hors Mayotte a ainsi chuté de 43% à 29% entre 1999 et 2010.

Figure 1. Evolution du nombre et de la part de natifs de Mayotte vivant en France hors Mayotte entre 1990 et 2010

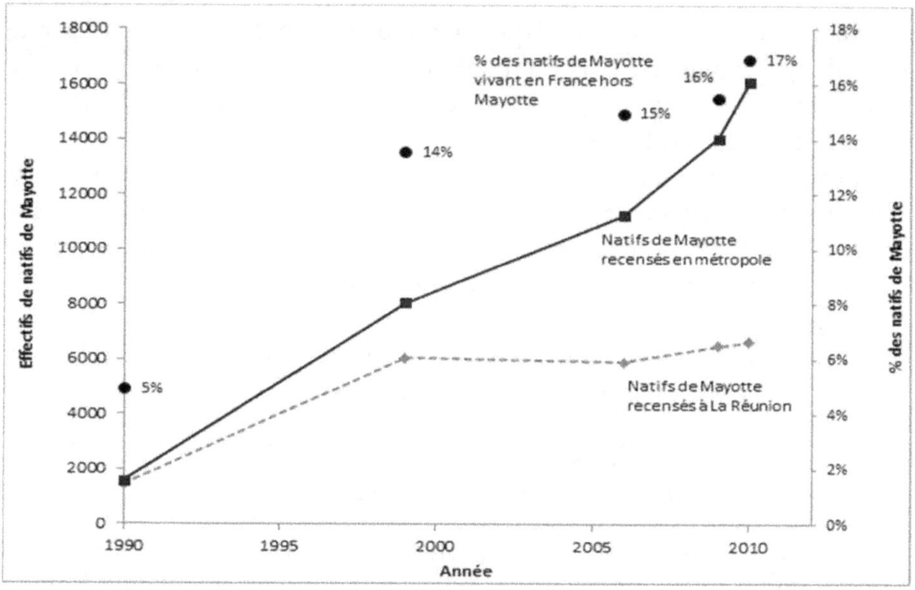

Lecture : environ 2000 natifs de Mayotte vivaient à La Réunion en 1990 et autant en métropole ; ils représentaient 5 % du total des natifs de Mayotte.
Source : Insee, recensements de la population

Une forte émigration des jeunes adultes

La proportion de natifs de Mayotte vivant en France mais en dehors de Mayotte est particulièrement élevée dans la classe d'âge des 18-25 ans, comme l'illustrent deux indicateurs que nous avons calculés. Un premier indicateur transversal estime qu'en 2010, 40% des 18-25 nés à Mayotte et vivant en France, vivraient hors Mayotte. L'autre indicateur est longitudinal et s'appuie sur les données des deux derniers recensements réalisés à Mayotte : un natif de Mayotte sur deux, âgé de 15-19 ans et vivant à Mayotte en 2007, ne vivrait plus dans l'île en 2012. Un certain nombre de ces départs sont suivis de retour[7].

[7] En effet, le rapport entre l'effectif de personnes des générations âgées de 20 à 35 ans en 2007 et l'effectif de ces mêmes générations 5 ans plus tard est légèrement supérieur à 1 (signe d'un solde migratoire positif).

La Réunion et le Sud de la France, premières régions d'implantation des Mahorais

Si les migrations se font de plus en plus en direction de la métropole, La Réunion reste en 2010 la première région d'implantation des Mahorais ayant quitté leur île (29%). Les régions du Sud ou du Sud-est de l'Hexagone attirent également nombre d'entre eux (28%), notamment les régions PACA (12%, dont 86% dans les Bouches-du-Rhône), Midi-Pyrénées (7%) et Rhône-Alpes (7%). Au regard de la taille de ces régions d'accueil, c'est à La Réunion que la population mahoraise reste la plus « visible ». Par ailleurs, plus d'un sur six (17%) s'installe dans les régions de l'Ouest : Bretagne (6%) et Pays de Loire (5%) notamment. Enfin, 5% s'installent en Île-de-France.

A titre de comparaison, des proportions comparables de natifs de La Réunion installés en métropole vivent dans les régions du Sud/Sud-est (32%) et de l'Ouest (18%) – avec cependant une répartition au sein de ces régions légèrement différente (notamment Rhône-Alpes 11% et PACA 9% pour le Sud-est, et Aquitaine 6% et Pays de Loire 5% pour l'Ouest). En revanche, les Réunionnais sont nettement plus présents en Île-de-France que les Mahorais (27% contre 5%) (Insee RP2010 ; Abdouni et al., 2012).

Au-delà des natifs de Mayotte, qu'en est-il de la communauté mahoraise ?

Pour estimer la communauté mahoraise vivant en métropole ou à La Réunion en 2010, on ajoute aux **22 735** natifs de Mayotte vivant en France hors Mayotte les personnes nées hors de Mayotte vivant dans le même logement que ces derniers. Il s'agit principalement des enfants nés après la migration, des conjoints ou des concubins non mahorais. On obtient ainsi une population de **40 664** personnes composant la communauté mahoraise : soit un rapport de 1,8 personne pour 1 natif (rapport identique en métropole et à La Réunion)

Qu'en est-il des Comoriens ?

Il n'est pas possible, à partir des fichiers détails individuels mis à disposition sur le site de l'Insee, d'isoler les natifs des Comores. L'examen des nationalités renseigne partiellement sur cette question : en 2010, 19 647 personnes de nationalité comorienne résident en France métropolitaine ou dans les Dom, dont 70% sont nées hors du territoire français (très probablement aux Comores), 27% en métropole, 1% à Mayotte, 1% à La Réunion. Les Comoriens de métropole vivent majoritairement en région PACA (38%) et en Île-de-France (34%), ainsi qu'en Rhône-Alpes (8%) et à La Réunion (5%).

De forts contrastes entre les Mahorais émigrant vers La Réunion et ceux se dirigeant vers la métropole

Une migration plus jeune et plus féminine à La Réunion

Que ce soit en métropole ou à La Réunion, les Mahorais sont majoritairement âgés de 15 à 34 ans, soit nettement plus jeunes que les natifs des Dom « historiques » installés en métropole ou dans un autre Dom, mais plus âgés que la population des natifs restée à Mayotte (Figure 2). Cela reflète à la fois la jeunesse de la population de Mayotte,*« département le plus jeune de France »* (Balicchi et al., 2014) et l'âge au départ des migrants, majoritairement entre 15 et 20 ans, comme nous l'avons vu précédemment.

La population mahoraise installée à La Réunion est plus jeune (notamment les hommes), et plus féminisée (54%) que celle installée en métropole. Le poids des mineurs y est particulièrement important ; ceux-ci peuvent avoir accompagné leur(s) parent(s) ou les avoir rejoint un peu plus tard. Le déséquilibre hommes/femmes est particulièrement marqué à La Réunion à partir de 25 ans (rapport de masculinité inférieur à 0,5 entre 25 et 65 ans, soit deux fois plus de femmes que d'hommes).

<u>Figure 2.</u> Répartition par sexe et âge des natifs de Mayotte (à gauche) et des autres Dom (à droite) selon leur région de résidence

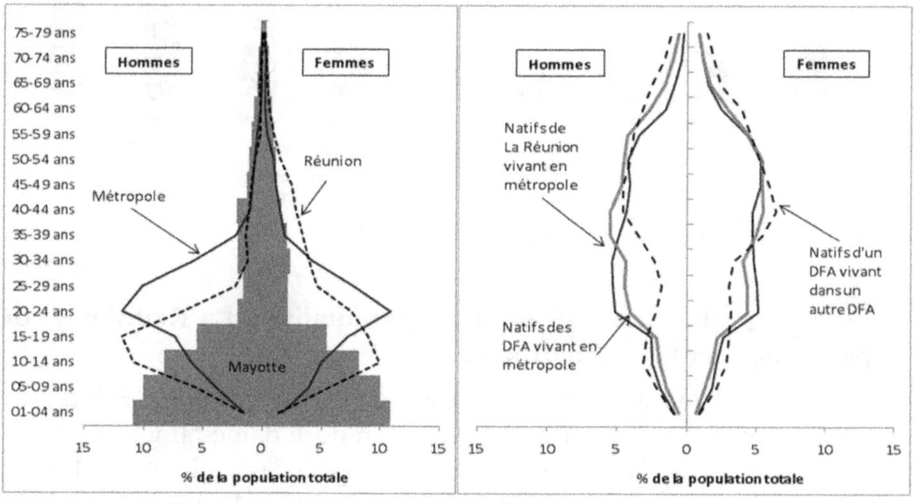

Lecture : Les femmes âgées de 20-24 ans représentent environ 12% de la population des natifs de Mayotte vivant en métropole.
Note : DFA = Département français d'Amérique (Guadeloupe, Martinique, Guyane)
Source : Insee, recensements de la population(RP2010, sauf natifs de Mayotte à Mayotte : RP2012)

Des Mahorais moins diplômés et moins souvent en emploi à La Réunion

La part des natifs de Mayotte, âgés de 18 ans et plus, sans diplôme est nettement plus forte à La Réunion (2/3 des femmes et plus d'un homme sur deux, contre une femme sur trois et un homme sur quatre en métropole). La part des diplômés du supérieur est, à l'inverse, trois fois plus importante en métropole qu'à La Réunion (37% vs. 12%) (Figure 3).

Le taux d'emploi est toujours plus faible chez les femmes (en métropole, 20% des natives de Mayotte âgées de 18 ans et plus occupent un emploi, contre 46% des hommes) et à La Réunion, rares sont celles qui sont actives occupées (5%) ou au chômage (24%) (Figure 3). Les étudiants représentent 1/4 des natifs âgés de 18 ans et plus installés en métropole (un homme sur deux et six femmes sur dix parmi les 18-24 ans) contre 1/3 des hommes (2/3 des 18-24 ans) et une femme sur cinq (6/10 parmi les 18-24 ans) à La Réunion.

Figure 3. Statut d'activité (à gauche) et niveau de diplôme (à droite) des natifs de Mayotte âgés de 18 ans et plus vivant en métropole ou à La Réunion

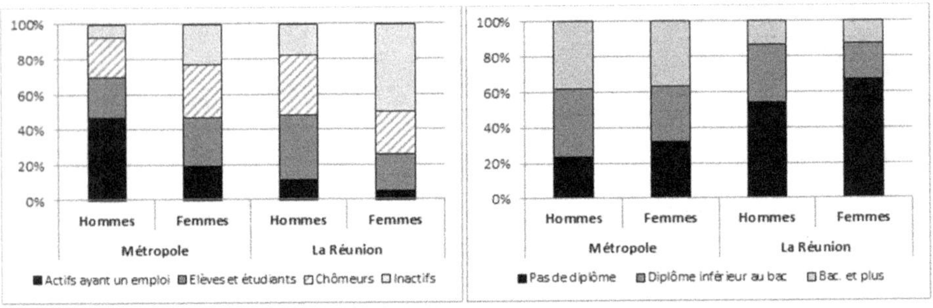

Source : Insee, recensement de la population (RP2010)

Davantage de situations de monoparentalité à La Réunion et de personnes seules en métropole

En 2010, les natifs de Mayotte vivant en métropole ou à La Réunion appartiennent très souvent à un ménage composé d'une famille monoparentale. C'est même la situation majoritaire pour les natives de Mayotte vivant à La Réunion, quel que soit leur âge (Tableau 1). Les moins de 20 ans, qui sont le plus souvent des enfants des familles, sont particulièrement concernés par cette situation (de 44% à 60%). Pour les adultes, une situation de monoparentalité ne signifie pas forcément que la personne n'a pas de partenaire mais qu'au moment de l'enquête, elle ne vit pas avec ce dernier. Les natifs de Mayotte vivant en métropole appartiennent plus souvent à des ménages composés d'une personne seule ou d'un couple sans enfant, situations pratiquement inexistantes à La Réunion.

Enfin, quel que soit le département de résidence, le sexe ou l'âge, une proportion non négligeable de natifs de Mayotte vit hors ménage ordinaire ou au sein d'un ménage composé de plusieurs familles.

<u>Tableau 1.</u> Situation familiale des natifs de Mayotte selon leur âge et leur lieu de vie – Hommes et femmes – 2010

		Vivant à La Réunion				Vivant en métropole			
		Moins de 20 ans	20 à 34 ans	35 à 60 ans	60 ans et plus	Moins de 20 ans	20 à 34 ans	35 à 60 ans	60 ans et plus
Hommes	Couple avec enfants	37%	31%	70%	38%	35%	20%	54%	26%
	Famille monoparentale	52%	42%	12%	21%	48%	9%	6%	4%
	Couple sans enfants	0%	2%	1%	5%	1%	13%	7%	24%
	Personne seule	0%	3%	6%	16%	1%	24%	20%	31%
	Hors ménages ordinaires et plusieurs familles	11%	22%	12%	19%	14%	34%	13%	15%
	Total	100%	100%	100%	100%	100%	100%	100%	100%
Femmes	Couple avec enfants	31%	31%	31%	17%	39%	23%	35%	7%
	Famille monoparentale	60%	47%	58%	63%	44%	27%	52%	18%
	Couple sans enfants	0%	1%	0%	3%	1%	11%	1%	19%
	Personne seule	0%	1%	3%	6%	1%	17%	3%	34%
	Hors ménages ordinaires et plusieurs familles	9%	19%	8%	12%	15%	21%	9%	21%
	Total	100%	100%	100%	100%	100%	100%	100%	100%

Lecture : 70 % des hommes natifs de Mayotte vivant à La Réunion en 2010 et âgés de 35 à 60 ans vivent dans un ménage comprenant un couple avec enfant.
Source : Insee, recensements de la population (RP2010)

Couples mixtes et vie en couple hors mariage : des situations plus faciles quand on vit loin de Mayotte ?

Les migrations rendent souvent possibles des comportements alternatifs au modèle traditionnel ; c'est notamment le cas dans le domaine de la famille. Une exploitation spécifique du recensement de la population de 2010 montre ainsi que les natifs de Mayotte ayant émigré, notamment ceux vivant en métropole, adoptent dans des proportions non négligeables des comportements encore relativement rares à Mayotte : la vie en couple sans être marié (au recensement la situation matrimoniale est déclarative, une personne qui se déclare mariée peut l'être à l'état civil ou de manière traditionnelle) et la vie en couple avec une personne non native de Mayotte.
Ainsi, en métropole, les couples « mixtes » (un(e) natif(ve) de Mayotte en couple avec un(e) non natif(ve)) sont très fréquents pour les natifs de Mayotte vivant en couple et même majoritaires chez les hommes (leur part varie de 40% des personnes vivant en couple - pour les femmes de 18-24 ans - à 67% - pour les hommes de 18-24 ans).
De même, parmi les personnes vivant en couple, la part de celles mariées augmente assez logiquement avec l'âge, mais il est possible de faire l'hypothèse que les jeunes natifs de Mayotte ayant émigré se marient moins que leurs aînés et moins que leurs contemporains restés à Mayotte : à La Réunion chez les moins de 25 ans, 1 natif de Mayotte sur 4 et une native sur 6 vivant en couple ne sont pas mariés.

Une fécondité très forte des natives de Mayotte vivant à La Réunion

Il est possible, à partir des seules données du recensement, d'estimer la fécondité au sein de sous-populations. Les résultats obtenus montrent la très forte fécondité des natives de Mayotte vivant à La Réunion avec un Indice Conjoncturel de Fécondité (ICF) égal à 5,1 contre 3,4 pour les natives vivant en métropole (tableau 2). Cette valeur dépasse même la valeur de l'ICF des femmes vivant à Mayotte (natives et non natives). Notons cependant que l'estimation obtenue s'appuie sur les enfants cohabitant avec les femmes recensées ; or certains de ces enfants peuvent être des enfants confiés aux femmes, entraînant alors une surestimation des indicateurs de fécondité[8].

[8] En appliquant la méthode Décompte des enfants au foyer (DEF), qui permet de calculer des indicateurs de fécondité par âge à partir d'un seul recensement, en utilisant les enfants des foyers comme indicateurs des naissances des années passées. Elle entraîne classiquement une sous-estimation du niveau de fécondité (entre 5% et 10%) du fait notamment de la proportion d'enfants ne vivant pas avec leur mère, de la mortalité (des enfants et des femmes) et de la qualité de la déclaration des liens de famille. Il est probable que dans le cas des natives de mahoraises vivant à La Réunion, la méthode conduise à une surestimation, compte tenu du fait que certains enfants vivant avec les femmes ne sont pas leurs propres enfant mais des enfants confiés.

Tableau 2. Indicateur conjoncturel de fécondité (ICF) et âge moyen estimés

	Natifs de Mayotte vivant à La Réunion*	Natifs de Mayotte vivant en métropole*	Métropole*	La Réunion*	Mayotte**
ICF estimé	5,1	3,4	1,9	2,1	4,5
Age moyen estimé	31,8	31,7	30,5	29,4	28,7

Lecture : les femmes natives de Mayotte vivant à La Réunion auraient en moyenne 5,1 enfants dans les conditions de l'année 2010 et leur âge moyen à la maternité serait de 31,8 ans.

Sources : * Insee, recensements de la population(RP 2010, estimations par la méthode DEF) / ** Insee - État civil et recensement de la population – 2004

Deux modèles migratoires en fonction de la destination

Métropole versus La Réunion : des profils différents

Afin de comparer les profils entre les natifs de Mayotte vivant à La Réunion et ceux vivant en métropole, une fois contrôlés les effets de structure, nous avons modélisé la probabilité pour un natif de Mayotte de résider à La Réunion plutôt qu'en métropole (Tableau 3). Si l'effet du sexe n'est pas significatif (les hommes ont la même probabilité que les femmes, toutes choses égales par ailleurs), l'âge, le niveau de diplôme, le statut d'activité et le type de famille ont en revanche des effets significatifs. Notamment, les diplômés (quel que soit le niveau du diplôme) et les actifs occupant un emploi ont une probabilité nettement inférieure de résider à La Réunion, ainsi que, dans une moindre mesure, les chômeurs et les étudiants comparativement aux inactifs. L'effet de l'âge apparaît significatif mais de faible intensité, les 35-54 ans ayant une probabilité légèrement supérieure de résider à La Réunion. C'est le cas également des familles avec enfant(s) cohabitant(s) (qu'il s'agisse d'un couple ou d'un foyer monoparental), par opposition aux personnes vivant seules ou aux couples sans enfants qui ont une probabilité bien supérieure de résider en métropole plutôt qu'à La Réunion.

Tableau 3. Coefficients d'un modèle de régression logistique modélisant la probabilité de résider à La Réunion plutôt qu'en métropole pour un natif de Mayotte (Personnes de 18 ans et plus)

		Valeur estimée
Constante		0,2
Sexe Ref = Homme	Femme	- 0,03
Age Ref = 25-34 ans	18 à 24 ans	- 0,12
	35 à 44 ans	0,37**
	45 à 54 ans	0,32**
	55 ans et plus	0,13
Statut d'activités Ref = inactifs	Actif ayant un emploi, y compris apprentissage ou stage rémunéré	-1,98***
	Chômeur	-0,56***
	Élève, étudiant, stagiaire non rémunéré de 14 ans ou plus	-0,78***
Niveau de diplôme Ref = sans diplôme	Baccalauréat et plus	-1,50***
	Diplôme inférieur au bac	-1,20***
Type de famille Ref = couple avec enfant	Couple sans enfants	-1,62***
	Famille monoparentale	0
	Hors famille dans ménage de plusieurs personnes	-0,34**
	Personne vivant seul	-1,60***
Effectif		4411
-2 log l		3263,34

Notes : Le seuil de significativité est indiqué par *** (p<0,01), ** (p<0,05), * (p<0,1) ; les valeurs sans astérisque ne sont pas statistiquement significatives. Si elle est significative, une valeur positive (respectivement négative) indique une probabilité plus importante (respectivement plus faible) de résider à La Réunion plutôt qu'en métropole, par rapport à la modalité de référence et toutes choses égales par ailleurs.
Lecture : Les diplômés ont une probabilité inférieure aux sans diplôme de migrer à La Réunion plutôt qu'en métropole, toutes choses égales par ailleurs.
Source : Insee, recensement de la population (RP2010)

Peu de mobilité entre La Réunion et la métropole.

Le recensement de la population comportait jusqu'en 2010 une question sur le lieu de résidence 5 ans auparavant[9] qui permettait d'estimer la mobilité des natifs de Mayotte vivant d'une part en métropole et d'autre part à La Réunion. Concernant les natifs de Mayotte en migration, la grande majorité vivait déjà 5 ans plus tôt sur le territoire dans lequel elle a été recensée : c'était en particulier le cas de 80 à 90% des natifs de Mayotte vivant à La Réunion, quel que soit leur âge, et de près de 90% des plus de 30 ans en métropole. C'était moins le cas en revanche pour les 20-24 ans en métropole, dont quatre sur dix vivaient à Mayotte cinq ans avant le recensement (Figure 4)

Les trajectoires de migration semblent se faire majoritairement de Mayotte directement vers la métropole ou vers La Réunion. Cependant, une installation à La Réunion est un plus souvent précédée d'un passage en métropole que l'inverse.

Figure 4. Lieu de vie 5 ans avant le recensement des natifs de Mayotte vivant en métropole (à gauche) et à La Réunion (à droite)

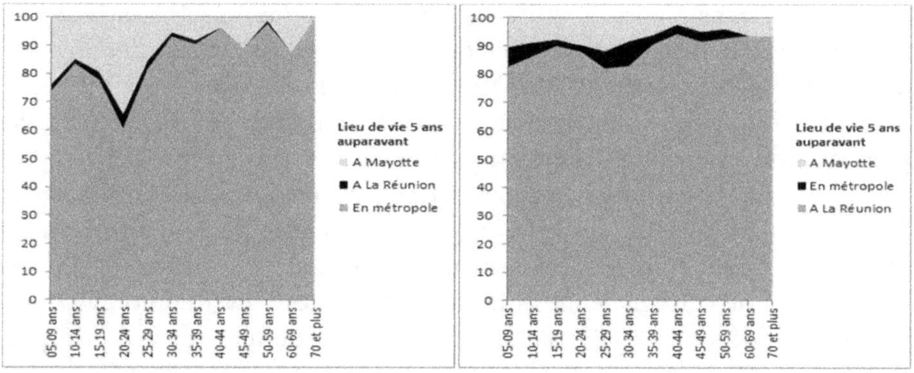

Lecture : 73% des enfants natifs de Mayotte, âgés de 5 à 9 ans au moment du recensement et vivant en métropole y vivaient déjà 5 ans avant, 2% vivaient à La Réunion et 25% n'avaient pas encore émigré.
Source : Insee, recensement de la population (RP2008)

Conclusion

Durant la décennie qui a précédé la départementalisation, les flux d'émigration se sont intensifiés et concentrés vers la métropole, La Réunion restant toutefois la première région d'accueil des natifs de Mayotte.

---

9 A partir de 2011, la question a été changée et concerne non plus la résidence 5 ans avant le recensement mais l'année précédant celui-ci. Compte tenu de la nouvelle méthodologie du recensement, la variable de la résidence antérieure ne sera de nouveau diffusée par l'Insee qu'à partir du RP2013. Pour l'étude de la résidence antérieure, nous utilisons les données disponibles les plus récentes, celles du RP2008 et non 2010.

Nos résultats mettent en lumière des profils contrastés entre les natifs de Mayotte vivant en métropole et ceux vivant à La Réunion, reflétant pour partie des stratégies migratoires différentes : la métropole attire des personnes plutôt diplômées ou souhaitant faire des études, plus souvent en emploi et sans enfant tandis que La Réunion accueille davantage de femmes, souvent non diplômées, vivant seules et ayant des enfants, très rarement des actifs occupés ou au chômage.

Nous pouvons faire l'hypothèse qu'à mesure d'un alignement des droits sociaux sur ceux de la métropole et de La Réunion, le flux migratoire vers La Réunion devrait fortement diminuer et les candidats à l'émigration se concentrer toujours davantage vers la métropole, dans une dynamique de promotion sociale forte. Mayotte était en 2013 le Dom ayant délivré le plus de passeports pour la mobilité des études pour des primo demandeurs (LADOM, 2013). Une fois diplômés, certains pourraient revenir à Mayotte et bénéficier des transferts financiers dédiés au développement de l'île, notamment dans la fonction publique et les services. Mais il est fort probable qu'une partie importante de ces natifs, une fois diplômés, choisissent de rester en métropole, pour des raisons économiques mais aussi culturelles. En effet, comme le montrent nos résultats, les comportements occidentaux, familiaux notamment, sont plus faciles à vivre loin de Mayotte, petit territoire dans lequel les modèles traditionnels sont encore forts et structurent la vie sociale. L'émigration contribue à l'émancipation de ces jeunes mahorais et ces nouveaux comportements (couples mixtes, vie en couple hors mariage...) devraient, petit à petit, se diffuser parmi les natifs de Mayotte restés à Mayotte. Nous pouvons poser une dernière hypothèse, celle de l'installation de certains jeunes Mahorais diplômés à La Réunion à condition que le développement économique de ce dernier territoire le permette.

Cette analyse s'appuie sur les données des recensements de la population. Elles sont menées au prix d'hypothèses, compte tenu notamment de dates et méthodologies de recensement différentes. L'harmonisation des méthodologies devrait à terme faciliter ce type de travaux. De plus, la prochaine enquête Migrations Famille Vieillesse (MFV) pour Mayotte apportera sans nul doute de nombreux éléments de connaissance sur la société mahoraise et ses mutations, mais aussi sur les enjeux de ces mutations en termes de cohésion sociale.

Bibliographie

Abdouni S., Sabre E., 2012, « 365 000 Domiens vivent en métropole », *Insee Première*, n°1389

Bacheré H., Frouté O., 2003, « Mayotte : recensement de la population du 30 juillet 2002 », *Insee Première*, n°940

Balicchi J., Bini J-P., Daudin V., Actif N., Rivière J., 2014, « Mayotte, le département le plus jeune de France », *Insee Première*

Célestine A., 2012, « Originaires d'outre-mer », *La vie des idées*, 8 mai 2012

Collignon D., 2002, « Les natifs des Dom résidant en métropole en 1999 », *Insee Données sociales*, p. 49-57

Frouté O., 2000, « Les Dom : une population encore jeune, mais de moins en moins », *INSEE Première*, n° 747

Insee, 2001a, « Les mahorais vivant à La Réunion en 1999 », *Insee-Infos*, n°12

Insee, 2001b, « Les mahorais en métropole en 1999 », *Insee-Infos*, n°13

Insee, 2014, « Les difficultés face à l'écrit en langue française - Quatre jeunes sur dix en grande difficulté à l'écrit à Mayotte », *Mayotte Infos*, n° 70

KatibouA., 2011, « Les migrations comoriennes en France », *Recherches internationales*, n° 90, pp. 135-152.

LADOM, 2013, « Rapport d'activité 2013 », 102 p. ; www.ladom.fr

Marie C-V., 1986, « Les populations des Dom-Tom en France métropolitaine », In: *Espace, populations, sociétés, 1986-2. Visages de la population de la France*, pp. 197-206.

Marie C-V., 1991, « La population des Dom en 1990 », *Économie et Statistique*, n° 248

MarieC-V., 1994, « Les populations des DOM-TOM, nées et originaires, résidant en France métropolitaine », *Antiane éco*, n° 24, p. 29-32.

Marie C-V., Qualité L., 2002, « Un quart des personnes nées aux Antilles vit dans l'hexagone », *Antiane éco*, pp. 15-18.

Math A., 2012, « Mayotte - La situation économique et sociale »,*Chronique internationale de l'IRES*, n° 134, p. 41-54

Piguet E., 2013,« Les théories des migrations. Synthèse de la prise de décision individuelle », *Revue Européenne des Migrations Internationales*, 29 (3), p. 141-161.

Rallu J-L., 1997, « La situation démographique à Mayotte », *Population*, n°3, p. 731-739

Roinsard N., 2012, « Le 101ème département », *La vie des idées*, 8 mai 2012

Temporal F., Marie C-V, Bernard S., 2011, « Insertion professionnelle des jeunes ultramarins : Dom ou métropole ? », *Population* 3-4/2011, 46 pages.

Vivier G., 1996, « La migration coutumière en France : histoires de migrations coutumières », *Les dossiers du CEPED*, n°35

Océan Indien
aux éditions L'Harmattan

Dernières parutions

FEUILLETONS DES COLONIES (Volume I) Maurice
Des poèmes et feuilletons pour découvrir l'Histoire des Iles-Sœurs Bourbon et Maurice et pour suivre les abolitions de l'esclavage en marche
Textes rassemblés et commentés par Fabienne Jean-Baptiste
Cet ouvrage regroupe des poèmes et récits extraits des journaux de Bourbon et de Maurice de 1817 à 1848. Parus dans la rubrique «feuilletons» des journaux insulaires, ces textes, majoritairement des poèmes, apparaissent comme de fines réparties, réactions aux événements qui bouleversent les colonies dans cette première moitié du XIXe siècle. Au fil des feuilletons, se précisent les mentalités, les marches vers l'abolition de l'esclavage...
(26.00 euros, 222 p.)
ISBN : 978-2-343-02293-2, ISBN EBOOK : 978-2-336-36153-6

FEUILLETONS DES COLONIES (Volume II) Bourbon
Des poèmes et feuilletons pour découvrir l'Histoire des Iles-Sœurs Bourbon et Maurice et pour suivre les abolitions de l'esclavage en marche
Textes rassemblés et commentés par Fabienne Jean-Baptiste
Ce volume donne à découvrir les poèmes écrits par les Créoles et Européens de Bourbon et imprimés dans la presse bourbonnaise de 1820 à 1848. Des commentaires éclairent les allusions aux personnages et faits historiques. Ces feuilletons témoignent des mentalités coloniales en même temps qu'ils tournent une page de l'Histoire réunionnaise, clôturant le chapitre de la société esclavagiste de Bourbon.
(22.00 euros, 220 p.)
ISBN : 978-2-336-30320-8, ISBN EBOOK : 978-2-336-36154-3

CULTURE ET IDENTITÉS : APPROCHES CLINIQUES, SOCIOLOGIQUES ET ANTHROPOLOGIQUES
Kabaro 12, 13
Sous la direction d'Y.-L. Live et J.-F. Hamon
Les identités culturelles constitutives des identités individuelles sont questionnées au travers d'une double approche s'inscrivant dans les champs de la clinique interculturelle, transculturelle et freudienne, de la psychosociologie et de l'anthropologie de la construction identitaire dans des contextes complexes à Madagascar et Mayotte. L'approche clinique est complétée par l'évaluation psychométrique du développement cognitif et de ses troubles en contexte multiculturel à la Réunion.
(16.50 euros, 146 p.)
ISBN : 978-2-343-04194-0, ISBN EBOOK : 978-2-336-36226-7

DÉFENSE ET DÉFENSEURS DE L'ÎLE BOURBON (1665-1810)
Fontaine Olivier
Comment et par qui l'île Bourbon est-elle défendue entre 1665, date de son peuplement officiel et 1881, année de la prise de l'île par les Anglais ? Quelles stratégies sont successivement élaborées et mises en place ? De quels matériaux et matériels Bourbon bénéficie-t-elle pour sa défense ? La

présente étude tente de répondre précisément à ces questions et inventorie tous les obstacles qui pénalisent cette organisation et qui favorisent la conquête de l'île par les Anglais.
(Coll. Chemins de la Mémoire, série Histoire de l'océan Indien, 49.00 euros, 572 p.)
ISBN : 978-2-343-02465-3, ISBN EBOOK : 978-2-336-35333-3

OBSERVATOIRE DE LA VIE PUBLIQUE À MADAGASCAR
SeFaFi - Préface de Jean-Michel Dewailly
Sont réunis ici les communiqués publiés par le SeFaFi (Observatoire de la vie publique à Madagascar) de sa création en 2001 à 2013, fin de la Transition ouverte en 2009. Se démarquant d'une société civile prisonnière du consensus et de la sacralisation du pouvoir, le SeFaFi ne se contente pas de réagir à l'événement ; il observe, analyse, interpelle si nécessaire, et fait part de ses recommandations dès lors que la démocratie et l'État de droit lui semblent être menacés. Cette période est dominée par Marc Ravalomanana, pour s'achever avec l'interminable Transition dirigée par Andry Rajoelina.
(41.00 euros, 434 p.)
ISBN : 978-2-343-03487-4, ISBN EBOOK : 978-2-336-35454-5

CRÉOLISATION, PLURILINGUISMES ET DYNAMIQUES SOCIALES
Conduire des recherches en contexte plurilingue : le cas de Maurice
Tirvassen Rada
Cette étude est un questionnement de l'ensemble des interprétations opérées sur le plurilinguisme mauricien pendant ces trente dernières années. À cet égard, elle interroge la manière dont les sociolinguistes ont conçu leurs objets de recherche, élaboré leurs outils conceptuels et choisi les approches méthodologiques pour faire «du terrain». Elle trace, par ailleurs, des pistes pour d'autres types de recherches sociolinguistiques en contexte plurilingue.
(Coll. Espaces discursifs, 25.00 euros, 248 p.)
ISBN : 978-2-343-03355-6, ISBN EBOOK : 978-2-336-35544-3

EN SUIVANT LES MOUSSONS
Voyageurs et marchands sur les routes de l'Océan indien (IXe-XVIe siècle)
Unali Anna
Dans cette immense zone que l'Océan Indien représente, le fait de suivre les moussons a impliqué, pendant des siècles, de naviguer le long de routes déterminées par les vents périodiques. Au cours de l'année, ceux-ci prennent deux directions alternatives : nord-est et sud-ouest. Ainsi, ce sont les localités d'intérêt commercial qui deviennent les foyers incontournables d'un réseau complexe de relations, assurant le déplacement de quantités importantes de produits, entre des territoires très éloignés les uns des autres...
(Harmattan Italia, 34.00 euros, 312 p.)
ISBN : 978-2-336-30702-2, ISBN EBOOK : 978-2-336-35338-8

MÉMOIRES D'UN JEUNE HOMME
Henry Bauër - Fils d'Alexandre Dumas – De la boue de Ducos à l'or des théâtres
Bauër Henry - Édition commentée et annotée par Luc Legeard
Henry Bauer, le fils naturel d'Alexandre Dumas se remémore sa jeunesse, sa vie d'étudiant engagé, sa lutte contre le Second Empire. Communard ardent, il est arrêté, jugé et déporté en Nouvelle-Calédonie en 1872, où il purgera sa peine. Amnistié, il entre à *L'Écho de Paris* grâce à l'amitié protectrice d'Alphonse Daudet et devient rapidement un critique remarqué. Journaliste écouté, visionnaire et passionné, il défend dans ses chroniques des artistes novateurs (Wilde, Verlaine, Zola, Wagner, Ibsen, Rodin...).
(Coll. Fac-similés océaniens, 30.00 euros, 294 p.)
ISBN : 978-2-336-30232-4, ISBN EBOOK : 978-2-296-53929-7

UNE POLITIQUE POUR DIEU
Influence de l'Église protestante du Tahiti colonial à la Polynésie autonome
Pouira Lombardini Annick
Depuis son implantation, le protestantisme en Polynésie apparaît comme une religion militante qui mêle étroitement Dieu aux affaires de la cité terrestre. Le présent ouvrage retrace l'évolution

de cet engagement social et politique, au nom de Dieu. Adoptant un point de vue comparatif entre trois séquences temporelles, du Tahiti colonial à la Polynésie actuelle, il nous fait pénétrer dans les arcanes des cités terrestres rêvées par les dirigeants protestants.
(Coll. Lettres du Pacifique, 29.00 euros, 286 p.)
ISBN : 978-2-343-00900-1, ISBN EBOOK : 978-2-296-53953-2

SEXE, GENRE, IDENTITÉ
Approches pluridisciplinaires – Occident, Océanie, océan Indien, monde arabe
Sous la direction de Chatti Mounira
Sexe, genre et identité ne se distinguent plus. Cet ouvrage pose une réflexion pluridisciplinaire autour de la domination et de l'inégalité des sexes. Sillonnant les champs culturels et littéraires de l'Océanie, l'Occident, l'océan Indien et le monde arabe, les présentes contributions examinent les discours, les significations et les modalités selon lesquelles opèrent les notions de masculin, féminin, sexe et genre.
(Coll. Portes océanes, 21.00 euros, 204 p.)
ISBN : 978-2-336-30227-0, ISBN EBOOK : 978-2-296-53778-1

MONDES PARALLÈLES DANS LES ESPACES COLONIAUX – XVIe-XXIe siècles
Regards croisés dans le monde indiano-océanique :
histoire, patrimoine, fiction
Textes réunis par Amélie Adde, Norbert Dodille et Vilasnee Tampoe-Hautin
Les dix-huit contributions de ce volume, explorent la manière dont les centres de gravité, au coeur des échanges industriels, commerciaux et culturels, se sont déplacés depuis les métropoles vers ce qui constituait initialement les « périphéries » coloniales, en particulier celles de l'océan Indien. Partant de l'émergence de ces nouveaux espaces, elles analysent la vitalité des colonies qui ont su tirer profit des activités locales pour créer de nouveaux réseaux en dehors de la sphère métropolitaine.
(Coédition Université de la Réunion, 37.00 euros, 356 p.)
ISBN : 978-2-336-00663-5, ISBN EBOOK : 978-2-296-51679-3

MAYOTTE À L'HEURE DE LA DÉPARTEMENTALISATION
Bertile Wilfrid
La départementalisation de Mayotte est un défi pour la République. Il s'agit d'intégrer en son sein une île comorienne de tradition et de religion musulmanes, en proie au surpeuplement, à une immigration «clandestine» omniprésente et à l'hostilité d'une bonne partie de la communauté internationale. La population mahoraise attend l'égalité sociale et le développement économique. Rien ne sera possible sans une relation apaisée avec le reste des Comores dans le cadre d'un co-développement régional.
(26.00 euros, 226 p.)
ISBN : 978-2-336-00484-6, ISBN EBOOK : 978-2-296-51149-1

MÉMOIRES DU PRÉSIDENT DES COMORES
Quelques vérités qui ne sauraient mourir
Djohar Said Mohamed
Cette autobiographie posthume de Saïd Mohamed Djohar apporte des réponses pertinentes à de nombreuses interrogations sur l'histoire contemporaine des Comores. Son auteur porte un regard singulier, parfois acerbe sur la période coloniale et notre époque, ainsi que sur les élites politiques et civiles de son pays. Voici un éclairage nouveau sur des évènements majeurs qui ont secoué cet archipel aux sultans batailleurs, pris en otage à un moment donné par l'ancien mercenaire Bob Denard.
(35.00 euros, 350 p.)
ISBN : 978-2-296-99512-3, ISBN EBOOK : 978-2-296-51139-2

GENRE ET DYNAMIQUES INTERCULTURELLES : LA TRANSMISSION
Textes réunis par Sophie Geoffroy, Claude Féral, Sophie Jorrand et Marie-Françoise Bosquet
Cet ouvrage rassemble des actes du colloque international organisé à l'Université de la Réunion sur le genre baptisé : « Penser le féminin dans l'océan Indien, au croisement des cultures et des

peuples ». Les contributions abordent notamment les thématiques suivantes : la conquête de la citoyenneté ; la transmission de la mémoire culturelle par les femmes ; la transmission d'images et de stéréotypes féminins dans les médias et les jeux destinés à la jeunesse en France...
(Coédition Université de la Réunion, 31.00 euros, 304 p.)
ISBN : 978-2-336-00373-3, ISBN EBOOK : 978-2-296-51119-4

PARCOURS D'UN SOCIOLINGUISTE
Banlieue Nord de Paris / La Réunion
Simonin Jacky
Textes réunis par Bernard Idelson et Gudrun Ledegen
Jacky Simonin couronne ici sa carrière de professeur en sciences de l'information et de la communication à l'université de La Réunion. Son parcours de sociolinguiste débute à l'université Paris-Nord de Villetaneuse. Il travaille alors sur l'école et l'urbain. Il s'imprègne des courants interactionnels issus de la sociologie de Goffman, de Garfinkel et de Sacks, ainsi que de l'ethnographie de la communication de Hymes, et de Gumperz. Ce recueil de textes souhaite lui rendre hommage.
(Coll. Espaces discursifs, 33.50 euros, 328 p.)
ISBN : 978-2-336-00101-2, ISBN EBOOK : 978-2-296-50906-1

POURQUOI AVOIR FAIT DE MAYOTTE LE 101e DÉPARTEMENT FRANÇAIS ?
Du Payrat Christophe
En pleine crise économique, quelle peut être l'utilité pour la France de conserver le territoire de Mayotte dépourvu de richesses naturelles et confronté à une forte pression migratoire ? Cet ouvrage s'attache à expliquer cette évolution qui fait de Mayotte le 101e département français ; tout en s'interrogeant sur notre rapport aux valeurs de la République, aux principes d'égalité, de laïcité et de développement.
(Coll. Questions contemporaines, 17.50 euros, 174 p.)
ISBN : 978-2-336-00286-6, ISBN EBOOK : 978-2-296-50596-4

1975 ANNÉE SANS PAREILLE À MADAGASCAR
Saura André
Le 25 janvier 1975, le général Ramanantsoa décidait de dissoudre le gouvernement qu'il avait formé le 27 mai 1972 après que le président Philibert Tsiranana lui eut remis les pleins pouvoirs pour diriger le pays. Suivirent l'assassinat de Richard Ratsimandrava, son remplaçant, et la prise du pouvoir par Didier Ratsiraka : dès lors, la Grande Île devait rapidement s'enfoncer dans les grands fonds de l'illusion révolutionnaire «socialiste» conduite par un pouvoir personnel et autoritaire jusqu'en 1992.
(Coll. Études africaines, 29.00 euros, 282 p.)
ISBN : 978-2-296-99359-4, ISBN EBOOK : 978-2-296-50609-1

«SÉNÉGALAIS» (LES) À MADAGASCAR
Militaires ouest-africains dans la conquête et la colonisation de la Grande-Île (1895-1960)
Ba Amadou
Voici l'histoire retracée des militaires de l'AOF recrutés par la France pour les besoins de conquête, de «pacification» et de répression à Madagascar entre 1895 et 1960. Cette étude éclaire les véritables raisons du recrutement de soldats africains par la France, les fonctions qu'ils ont exercées à Madagascar, et s'achève sur la question des descendants, symboles vivants de cette histoire de Madagascar.
(Coll. Etudes africaines, 32.00 euros, 320 p.)
ISBN : 978-2-296-99520-8, ISBN EBOOK : 978-2-296-50351-9

L'HARMATTAN ITALIA
Via Degli Artisti 15; 10124 Torino

L'HARMATTAN HONGRIE
Könyvesbolt ; Kossuth L. u. 14-16
1053 Budapest

L'HARMATTAN KINSHASA
185, avenue Nyangwe
Commune de Lingwala
Kinshasa, R.D. Congo
(00243) 998697603 ou (00243) 999229662

L'HARMATTAN CONGO
67, av. E. P. Lumumba
Bât. – Congo Pharmacie (Bib. Nat.)
BP2874 Brazzaville
harmattan.congo@yahoo.fr

L'HARMATTAN GUINÉE
Almamya Rue KA 028, en face
du restaurant Le Cèdre
OKB agency BP 3470 Conakry
(00224) 657 20 85 08 / 664 28 91 96
harmattanguinee@yahoo.fr

L'HARMATTAN MALI
Rue 73, Porte 536, Niamakoro,
Cité Unicef, Bamako
Tél. 00 (223) 20205724 / +(223) 76378082
poudiougopaul@yahoo.fr
pp.harmattan@gmail.com

L'HARMATTAN CAMEROUN
BP 11486
Face à la SNI, immeuble Don Bosco
Yaoundé
(00237) 99 76 61 66
harmattancam@yahoo.fr

L'HARMATTAN CÔTE D'IVOIRE
Résidence Karl / cité des arts
Abidjan-Cocody 03 BP 1588 Abidjan 03
(00225) 05 77 87 31
etien_nda@yahoo.fr

L'HARMATTAN BURKINA
Penou Achille Some
Ouagadougou
(+226) 70 26 88 27

L'HARMATTAN SÉNÉGAL
10 VDN en face Mermoz, après le pont de Fann
BP 45034 Dakar Fann
33 825 98 58 / 33 860 9858
senharmattan@gmail.com / senlibraire@gmail.com
www.harmattansenegal.com

L'HARMATTAN BÉNIN
ISOR-BENIN
01 BP 359 COTONOU-RP
Quartier Gbèdjromèdé,
Rue Agbélenco, Lot 1247 I
Tél : 00 229 21 32 53 79
christian_dablaka123@yahoo.fr

653803 - Mai 2016
Achevé d'imprimer par

1livre.com
du rêve à la réalité !

www.ingramcontent.com/pod-product-compliance
Lightning Source LLC
LaVergne TN
LVHW050810061126
851857LV00012B/749
9782343056821